基于农户微观视角下的耕地
质量变化驱动机制研究

刘洪彬　吕　杰　王秋兵　著

中国农业出版社

本专著得到以下课题资助

国家自然科学基金青年项目"快速城镇化进程中农户土地利用行为响应及其对耕地质量影响研究"（71503174）

国家重点研发计划课题"东北一熟区种植模式资源效率与生态经济评价"（2016YFD03002－4）

辽宁省农业领域青年科技创新人才培养资助计划项目（2015049）

辽宁省社会科学基金项目（L15BJY037）

中国博士后科学基金特别资助（2016T90229）

中国博士后科学基金面上项目（2014M551127）

沈阳市青年科技创新人才支持计划项目（RC170180）

前　　言

在中国以快速城镇化为特征的经济增长过程中，将不可避免伴随着社会经济及政策等各方面的变迁，而由此产生的土地问题无疑是其中非常敏感而关键以及波及效应十分强烈的一个问题。其主要特征表现在大量的优质耕地资源被占用和耕地质量的急剧退化。耕地资源保护的实质是对耕地生产能力的保护，数量保护是关键，质量保护是核心。但相对于耕地面积减少而言，耕地质量下降是隐形的，不容易被人们察觉。耕地质量的变化正在对生态环境和社会经济发展构成严重的威胁，耕地质量下降和耕地生态退化导致的最终结果是耕地生产能力的下降。

为此，党的十八届三中全会明确提出在我国快速城镇化进程中，要积极构建新形势下国家粮食安全战略，健全农产品质量安全监管体系。历年中央1号文件也强调随着我国新型城镇化的不断推进，虽然我国的粮食产量实现了历史性的"连增"，但粮食增产并不意味着农产品质量和食物安全。产量与安全需要耕地质量的保证，需要实施耕地质量保护与提升行动。因此，在城镇化进程快速发展的背景下、耕地数量持续减少的态势下、耕地后备资源匮乏的情况下，耕地质量保护问题日益凸显，对于耕地质量保护的研究就显得非常重要。

我国自改革开放以来，特别是家庭联产承包责任制后，农户已经成为广大农村投资、经营与生产等经济活动的主体，是耕地利用最基本的决策单位。他们的行为对耕地质量影响显著，作为耕地利用的直接参与者，在耕地利用方式的选择、耕地管理措施以及在农业生产中的投入产出差异都会导致耕地养分失衡而引起耕地质量的变化。同时，农户土地利用行为变化是农户在特定的社会经济环境中，为了实现自身经济利益面对外部经济信号做出的反应。因此，以快速城镇化为特征的社会经济及政策因素的变化并不直接引起耕地质量变化，而是通过引起农户土地利用行为变化间接地促进耕地质量变化。

目前，国内外学者都重视将农户土地利用行为纳入土地利用变化的研究创新之中，在研究中基于农户土地利用行为提出了耕地利用的驱动机制，建立了农户土地利用变化的驱动机制模型，但是对以快速城镇化为特征的社会经济和政策因素变导致农户土地利用行为演变规律，以及这种变化规律对耕地质量又有何影响研究较少。对耕地质量的研究也主要集中于从耕地质量内涵的界定、农户在低外部技术投入下的土壤养分管理措施以及养分退化影响、农户土壤管理决策的影响因素、农户对土地质量认知、基于农户土地利用行为的耕地质量评价等自然科学方面，专门分析农户土地利用行为对耕地质量变化影响的研究不多，换言之，将三者联系起来的研究鲜见，尤其缺乏的是实证研究。究其原因主要是目前在作为自然学科的土壤学和作为社会学科的经济学之间尚未建立起很好的联系和沟通的桥梁。

基于此，本书构建基于农户土地利用行为的压力—响应—效应 (Press-Response-Effect) 分析框架，以快速城镇化区域——沈阳市为研究对象，根据距离城市主城区的远近，选择近郊、远郊以及纯农村三种类型区域，采用土壤定点采样分析测试与对应的农户调查数据、社会经济统计资料，分析、探讨以快速城镇化为特征的社会经济及政策等因素的变化——农户土地利用行为响应——耕地质量之间的影响机制。第一，可以深入研究已有研究成果中发现的新的问题，为今后学者进一步研究耕地质量变化的规律及微观驱动机制提供思路；第二，可以深化农户行为理论，丰富土地科学、农户经济学、发展经济学等相关学科的研究内容，促进相关学科不断发展；第三，有助于政府和政策制定者有的放矢制定相应制度、政策，调节农户土地利用行为和农业生产活动，为建立我国新形势下保护耕地质量的激励机制找到落脚点，最终实现耕地的可持续生产能力的提高和环境的可持续发展。

很幸运的是，在对本书相关问题的探索过程中，得到了国家自然科学基金青年项目"快速城镇化进程中农户土地利用行为响应及其对耕地质量影响研究"（71503174）、国家重点研发计划课题"东北一熟区种植模式资源效率与生态经济评价"（2016YFD03002－4）、辽宁省农业领域青年科技创新人才培养资助计划项目（2015049）、辽宁省社会科学基金项目（L15BJY037）、中国博士后科学基金特别资助（2016T90229）和中国博士后科学基金面上项目（2014M551127）、沈阳市青年科技创新人才支持计划项目（RC170180）的资助。通过持续研究，已经形成了一些研究成果。该书虽然署名为3人，但是研究成果集中了团队集体的力量和智慧，这里感谢在数据收集和处理过程中沈阳市苏家屯区农业技术推广中心土肥站于国锋站长，沈阳农业大学李双异老师、王冰老师和吴岩、郭英、安海娇、王仁静、么欣欣、杨晶、江凡、李晓磊等硕士研究生的大力帮助。本书在编写过程中也得到了诸多前辈的指点和同行师友的帮助，也参考了部分学者的研究资料，在此一并表示感谢。感谢中国农业出版社的编辑同志们，没有他们的支持，本书不会如此顺利的出版。

当然，基于农户视角下的耕地质量变化驱动机制的相关研究仍处于起步和探索阶段，对于许多问题有的研究还需要深化，由于著者水平有限，书中的疏漏之处在所难免，恳请同行和读者不吝赐教。

著　者

2017 年 12 月

目　　录

第一章　绪　　论

1.1　研究背景

1.1.1　耕地保护是我国一项基本国策，耕地质量保护尤为重要

土地是人类赖以生存和发展的基础，土地已成为我国宏观经济调控的重要手段，耕地是土地的精华，是一种重要的稀缺性不可再生资源，是确保国家粮食安全的基础，是切实解决"三农"问题的根本，是建立和谐社会的一个重要方面，是落实科学发展观，走可持续发展之路的必然选择。因此，耕地保护是我国一项基本国策，对于耕地保护问题也越来越引起国人的关注。

我国耕地保护的根本是对耕地生产能力保护，耕地保护内涵包括数量和质量两个方面，耕地数量保护是关键，耕地质量保护是核心（国家农用地分等定级估价办公室，2007）。对于耕地质量保护的意义主要体现在：第一，实现粮食安全、维护国家的政治独立的基本保障需要，耕地不能保证一定的生产力，粮食就不能自给，就不利于国家在国际社会上保持政治的独立（王雨濛，2010）；第二，经济发展、社会稳定需要把耕地质量保护作为重要的基石，在我国农村社会保障体系还不是很完善的情况下，耕地就起到了社会保障的功能，耕地质量保护行为更多地体现为一种社会行为（余振国，2003）；第三，生态环境的可持续发展需要对耕地质量的保护；第四，全面建设小康社会、增加农民收入需要保护耕地质量（赵其国等，2006）。因此，要保护好耕地，对于耕地质量的保护就非常重要。

长期以来，虽然对于耕地的保护已经进入法制轨道，但是对于耕地质量保护则仍处于一种"自觉状态"，没有引起足够的重视，造成耕地保护内容缺失。调查显示，1998—2005 年，我国累计减少耕地 760 万 hm^2，平均每年约净减少 95 万 hm^2（中国国土资源报，2005），完全强调耕地数量的平衡难以达到耕地保护的目标。耕地生产能力保护是我国耕地保护的根本，其不仅包括数量保护更包括质量保护，数量扩增受后备资源不足制约，潜力十分有限，如何有效挖掘耕地生产潜力，充分合理、可持续地利用现有耕地资源成为解决问题的关键（张乐杰，2007）。因此，对于耕地质量保护就成为耕地保护问题的核心。调查显示，我国耕地质量平均等别为 9.80 等，等别总体偏低。优等地、高等

地、中等地、低等地面积占全国耕地评定总面积的比例分别为 2.67％、29.98％、50.64％、16.71％。全国耕地低于平均等别占调查与评定总面积的 57％以上，全国生产能力大于 1 000kg/亩*的耕地仅占 6.09％。中国耕地质量总体明显偏低（孙英兰，2010）。同时，相对于耕地面积减少而言，耕地质量的下降是隐形的，不容易被人们察觉，而其影响却不亚于耕地数量减少，耕地质量的变化正在对生态环境和社会经济发展构成严重的威胁，耕地质量下降和耕地生态退化导致的最终结果是耕地生产能力的下降（杨庆媛等，2010）。因此，在高强度的土地开发背景下、耕地数量持续减少的态势下和耕地后备资源匮乏的情况下，对于耕地质量的保护研究就显得更加重要。

1.1.2　工业化、城市化进程中耕地质量保护问题凸显

世界经济发展的历史经验表明，人类社会的进步，是一个不断由传统农业文明转向现代工业文明的全方位的结构转换过程，这一过程的社会标志便是工业化和城市化。工业化和城市化的产生和发展，是农业不断发展和社会不断分工的结果（王昉，2003）。我国要实现工业化不仅仅是工业占 GDP 的比例要达到一定水平，而且工业的就业份额也要达到一定水平。推进城市化也不仅仅是搞城市建设和扩大城市规模，最重要的任务是引导和帮助大部分农业人口转移到城镇，城市带动农村，实现城乡协调发展。从这个意义上说，实现工业化和城市化，是我国现代化建设的重要任务，也是解决"三农"问题的根本途径。

同时又要看到，由于我国是一个人口众多的发展中大国，还处在社会主义初级阶段，实现工业化、城市化将是一个长期任务。按照邓小平同志提出的现代化建设"三步走"的战略部署，到 21 世纪中叶，也只能达到中等发达国家的水平（韩长赋，2004）。因此，必须立足我国基本国情，树立科学发展观，按照客观规律办事，既要抓住机遇，创造条件，积极推进，又要循序渐进，健康发展，不能超越阶段，操之过急，毕其功于一役。在工业化、城市化过程中，要始终注意处理好工业与农业、城市与农村、经济社会与资源环境、当前发展与长远发展等方方面面的关系，尤其是工业化和城市化进程，要同农业的发展水平和农产品供给能力相适应，同经济发展水平和资源环境支撑能力相适应。

但是，在我国工业化、城市化进程中，遇到的一个突出问题就是土地问题。随着工业比重不断上升，城市规模不断扩大，需要占用一部分土地。西方发达国家土地资源比较丰富，人口又比较少，人地矛盾不突出，在工业化、城

---

* 亩为非法定计量单位，1 亩＝1/15 公顷（hm^2）。——编者注

市化过程中土地占用引发的矛盾相对少一些（高艳梅，2008）。我国的基本国情是人多地少，主要是农民多，人地矛盾相当突出。因此，处理好工业化、城市化过程中的土地问题，就显得十分重要。在整个工业化、城市化进程中，土地问题的核心是保护土地特别是保护耕地的问题，这是一项长期的重大任务。因为推进工业化、城市化要占用大量土地，同时加强农业、保证粮食安全又必须保护土地尤其是耕地资源，两者之间是有矛盾的，再加上比较效益差距过大，决策者和使用者往往会重视前者而忽视后者。同时，工业化、城市化进程中占用的土地资源主要来源于城市周边的集体土地，这些土地往往是区位较好、生产能力较高的耕地。虽然我国实行的征地占补平衡制度，但是在实际上往往只重视数量的平衡，而忽略了耕地质量上的平衡，造成了耕地生产能力的下降。因此，只有切实有效地保护耕地质量，才能巩固农业的基础地位，确保国家粮食安全，保持社会长期稳定，同时，又能保证工业化、城市化所必需的土地资源的供给。

1.1.3 导致耕地质量变化的因素错综复杂，人文因素对耕地质量的影响越来越显著

众所周知，导致耕地质量变化的因子错综复杂，归纳起来有人文因素（社会经济因素）和自然因素两方面，其中，自然环境条件是土地覆盖与耕地利用分布的基础条件，比如地形、气候、土壤和生物这些因子的变化在某种程度上具有一定的主导作用，是一个长期的累积过程，在短时间内具有一定的稳定性；而随着人类活动对耕地质量的影响越来越显著，特别是在土地集约利用区，社会、经济等人文因素则对耕地质量的变化具有决定性的影响，在中国以工业化、城市化为特征的经济增长过程中，将不可避免伴随着经济、社会和制度等各方面的变迁，而这些因素并不直接引起耕地质量变化，而是通过引起农户的土地利用行为的变化间接地促进耕地质量变化。

1.1.4 农户是土地利用的基本单位，是人文因素中影响耕地质量变化的主体

由于土地利用的主体是人类，人类的土地利用行为决定着区域土地利用变化和土地能否持续利用。随着20世纪80年代农村家庭联产承包责任制在我国广大农村的建立，农户日益成为相对独立的经济利益主体，是我国最基本的农村微观经济单位，农户的土地利用行为是决定农业生产总量及增长速度的直接力量。他们的行为决定着土地资源是否合理利用，作为土地利用的直接参与者，在土地利用方式的选择、土地管理措施以及在农业生产中的投入产出，都

可能会引起农村耕地质量的变化。这种影响在首轮土地承包后已表现出来，比如随着工业化、城市化进程的加快，农户土地利用结构变化引起的耕地土壤肥力变化以及农户非农就业机会的增加，农业劳动力的机会成本上升，加之农业经营的比较效益低下，农户在农业生产中将采取资本替代劳动的投入组合，忽视对耕地地力的培肥和管理投入，有机肥的施用、绿肥的种植、秸秆还田的面积都大幅减少，造成耕地土壤肥力供求失衡而导致的耕地质量下降等问题（秦明周，2001；陈志刚等，2010）。一些地区盲目单纯追求耕地数量的增加，重用轻养，导致耕地出现水土流失和荒漠化等严重问题。同时由于农户单纯为了追求耕地的高产，滥施农药、化肥，污水灌溉等现象严重，造成耕地的污染和质量退化。由于农户对耕地的不合理利用，我国耕地质量'低、费、污'问题严重（孙英兰，2010），造成了耕地资源的不可持续利用问题严重（李福兴，2002；李效顺等，2009）。

因此，为了实现工业化、城市化进程中土地资源可持续利用和农业的可持续发展，就有必要研究在工业化、城市化进程中农户土地利用行为的变化机理及其对耕地质量变化的影响。从而及时矫正工业化、城市化进程中各项经济政策的实施内容或方式，合理引导农户土地利用行为，规范其用地方式，促使耕地利用更趋合理，实现土地资源的优化配置和区域经济的可持续发展。

1.2 研究目的与意义

1.2.1 研究目的

本研究的研究目的是分析工业化、城市化进程中引起的一系列的社会经济及政策因素的变化对农户土地利用行为的影响，以及农户土地利用行为的变化对耕地质量的影响，构建工业化、城市化进程中农户土地利用行为和耕地质量变化作用机理的关系框架，明确农户土地利用行为与耕地质量变化关系的演变趋势。本研究将为实现耕地资源的可持续利用提供理论上的借鉴和实证支持。具体的研究目标为：

（1）回答"农户土地利用行为为什么发生变化"的问题。弄清楚工业化、城市化进程中导致农户土地利用行为变化的社会经济、政策因素及其传导机制。

（2）回答"农户土地利用行为发生怎样变化"的问题。从耕地功能的多样性和农户耕地需求偏好的多变性，通过构建农户单元和土地利用单元之间相互影响的农户土地利用行为演变的概念框架，分析在工业化、城市化进程中农户土地利用行为的演化规律及其空间分布特征。

（3）回答"农户土地利用行为产生了怎样效果"问题。阐明农户土地利用方式、程度和投入强度变化对耕地质量的作用方向、程度及演变趋势，将社会经济因素、农户土地利用行为及耕地质量三者有机结合起来，从而能更加精确地把握三者之间复杂的耦合关系。并在此基础上，通过对工业化、城市化进程中不同发展时期耕地质量的对比分析，弄清楚从 20 世纪 80 年代到现在，在农户土地利用行为作用下，耕地质量的时空动态演变特征与规律。

（4）探讨基于农户土地利用行为的耕地质量保护对策。从而为政策制定者制定和调整经济政策及耕地利用和保护政策提供科学的理论和实证依据。

1.2.2 研究意义

从理论上，本研究从农户角度出发，利用土地科学、农户经济学、发展经济学、计量经济学的原理和方法，对农户在耕地利用中的行为方式进行研究，通过研究明确农户在耕地利用中的地位和作用、构建农户耕地利用行为微观理论，探索工业化、城市化进程中农户微观层面影响耕地利用的作用机理及其演变规律，以及农户土地利用行为的变化对耕地质量的影响，可以深化农户行为理论，丰富土地科学、农户经济学、发展经济学等相关学科的研究内容，促进相关学科不断发展。

同时，本研究通过对工业化、城市化进程中农户土地利用行为与耕地质量变化作用机理的研究，探讨快速城镇化进程中影响农户土地利用行为的社会经济及政策因素；深入分析这些因素对农户土地利用行为的传导机制及其响应规律；阐明由此产生的土地利用方式、程度和投入强度变化对耕地质量的作用方向、程度及演变趋势；弄清楚工业化、城市化进程中在人文因素（社会经济因素）的作用下耕地质量的时空变化规律，在此基础上，探寻基于农户土地利用行为的耕地质量保护对策。有助于政府和政策制定者有的放矢制定相应制度、政策，调节农户的土地利用行为和农业生产活动，为建立农户保护耕地质量的激励机制找到落脚点。为进一步完善耕地保护提供政策选择，为制定相关耕地保护政策奠定实证基础，促进耕地的可持续生产能力的提高和环境的可持续，基于此目的又具有很强的现实意义。

1.3 本书结构安排

第一章绪论。主要介绍研究背景，提出研究的主要问题，阐述研究的目的、理论意义和现实价值。并从耕地质量变化、农户土地利用行为、农户土地利用行为对耕地质量影响、耕地质量保护政策建议等方面梳理国内外研究相关文献，在此基础上，深入分析现有研究已经取得的成果，并指出存在的不足和可以深入研究的问题。

第二章理论分析框架的构建。首先，明确界定工业化、城市化、农户土地利用行为和耕地质量等4个基本概念；其次，从土地利用系统理论、人地关系协调理论、地域分异理论、土壤学基本理论、土地报酬递减规律和土地资源可持续利用理论等6个方面构建本研究基本的理论框架，并在此基础上，构建本研究的主要分析框架，细化研究内容和确定研究思路。

第三章研究区域选择、资料收集与数据处理，主要介绍研究区域选取的依据，社会经济发展概况、土地利用基本情况，耕地质量数据、农户调查数据和社会经济数据主要的来源，数据处理和分析的主要方法等。

第四章工业化、城市化进程中农户土地利用行为影响因素识别。首先，从理论上构建工业化、城市化进程中社会经济及政策变化对农户土地利用行为影响机理分析框架，找出影响农户土地利用行为的因素及作用机理。其次，利用农户调查数据，构建计量经济模型，验证理论分析的结果。研究结果表明由于工业化、城市化的实质是由一系列的社会经济及政策因素的变化构成，这些因素导致农户所处的外部环境和内部环境的发生改变，其中外部环境包括城市规模的扩张、社会经济结构调整、农产品与生产资料价格改变、政策制度安排的变化等社会经济及政策因素的变化，内部环境包括农户拥有的土地、劳动力、资本、技术等生产要素数量的变化，使得农户土地利用行为在空间上呈现近郊区是"以兼业为主，以农为辅型"的农户，研究区域中部是"兼业型"农户，远郊区是"以农为主型"的农户。造成农户土地利用行为演替规律的原因是由于工业化、城市化进程改变了农户所处的外部环境和内部环境，并把这些因素具体化为12个可以量化的影响因子，结果显示不同影响因子的作用方向、影响程度与显著性表现均有所不同。在这些因子的共同作用下，农户土地利用目标产生差异，直接导致农户土地利用行为时空变化规律。

第五章农户耕地质量认知差异及其对土地利用行为影响研究。基于认知心理学和认知行为理论构建PSER分析框架，揭示农户耕地质量认知行为差异及其影响因素。研究结果表明，从总体来看，农户对耕地质量保护感知、认知程度较高，保护意愿也较为强烈，而在耕地质量保护方式判断方面还存在一定的误区，且不同区域差异较为明显。通过构建理论计量经济模型的分析可以看出，土地调整次数、农产品价格、农户参与技术培训的次数和家庭中农业收入的比例4个变量是导致农户耕地质量保护认知行为差异的主要原因，且农户的耕地质量认知与行为决策响应存在一定的一致性和因果关系。对耕地质量保护政策认知与意愿是影响其行为决策响应的主要方面，不同区域在影响因素、作用方向和程度上都存在明显差异。政府及相关部门应该通过确保城市郊区耕地产权的稳定性、制定更为合理的农产品和农资产品的价格机制、提高农业技术推广服务的力度、效果和鼓励耕地向以农业收入为主的农户家庭流转等提高大城市郊区农户对耕地质量保护的认知行为。

第六章农户土地利用行为响应规律研究。首先基于耕地功能的多样性和农户需求偏好的差异性，构建农户土地利用行为演变规律理论分析框架，然后利用研究区域 1978—2010 年的社会经济统计数据，分析研究区域工业化、城市化的发展进程以及外部政策制度环境的变化。在此基础上，阐释农户土地利用行为在时间上变化规律，采用研究区域 238 户农户调查数据，阐释农户土地利用行为在空间上的分异规律，验证已构建的理论分析框架。研究结果表明，在时间上，在农户所处的外部社会经济及政策制度环境变迁压力的基础上，大城市郊区农户土地利用行为演变呈现阶段性的变化趋势。其中，在土地利用方式上，集约程度和利润相对较低的粮食作物种植面积在逐渐减少，集约程度和利润相对较高的经济作物种植面积在逐渐增加；在土地利用程度上，复种指数呈现逐渐增长的趋势，从 21 世纪初开始，复种指数增长幅度明显；在土地投入强度上，随着大城市郊区劳动力机会成本的上升，农户开始选择更多投入化肥、农业机械、农膜和农药替代传统的以农家肥和劳动力投入为主的种植模式，在化肥投入内部结构上，虽然仍以氮肥的投入为主，但是氮肥、磷肥和钾肥的投入比例更趋于合理。在空间上，近郊区临湖街道的农户以种植玉米等大田作物为主，土地利用程度低，土地投入强度小；研究区域中部的王纲堡乡的农户以种植玉米和陆地蔬菜为主，土地利用程度较高，土地投入强度较大；远郊区永乐乡的农户以种植陆地蔬菜和大棚蔬菜为主，土地利用程度最高，土地投入强度最大。农户土地利用行为从中心城区向外形成圈层结构，在空间上呈现"反屠能圈"式的分布模式，这是古典农业区位论的一种特殊的表现形式。

第七章农户土地利用行为响应对耕地质量影响研究。首先在理论上构建工业化、城市化进程中农户土地利用行为与耕地质量变化作用机理理论分析框架，然后利用研究区域农户调查数据，通过构建计量经济模型进行实证研究，研究结果表明农户会随着工业化、城市化进程的加快不断调整土地经营目标，导致农户在土地利用方式、利用程度、投入强度上产生差异，对土壤中有机质、碱解氮、速效磷、速效钾含量和 pH 产生不同程度的影响。从总体来看，改种经济作物对土壤养分含量的提高有显著的正向影响；农户土地利用程度的提高，对土壤养分含量增加具有显著的负向影响；农户土地投入的增加，对土壤养分含量提高有显著的正向影响，导致土壤的酸化。由于农户土地利用行为对耕地土壤肥力质量的 5 个具体的肥力因子的作用方向和影响程度不同，造成耕地质量空间变异性的特征规律。其中近郊区的农户"以兼业为主，以农为辅"，其行为突出表现为劳动力投入的"非农化"趋势，对耕地的粗放利用和掠夺式经营现象比较普遍，主要影响因素土地利用程度每增加一个单位，导致耕地土壤的碱解氮、速效磷和速效钾的含量平均下降 11.496mg/kg、44.078mg/kg 和 15.469mg/kg；研究区域中部农户"以兼业为主"，突出表现为集约化程度比近郊区农户有所提高，种植结构也不断调整，对土地的投入、管理都得到很大的提高，主要影响因素土地利用方式转变会促使土壤有机质、碱解氮、速效磷和速效钾含量平均提高 4.799g/kg、7.454mg/kg、100.170mg/kg 和 61.205mg/kg；远郊区的农户"以农为主"，突出表现为"非粮化"趋势，由于比较高的就业机会成本，种地收入超过农户预期，耕地集约化、规模化程度较高，主要影响因素土地投入强度每增加一单位，土壤碱解氮、速效磷和速效钾含量平均增加 0.007mg/kg、0.025mg/kg 和 0.037mg/kg。

第八章农户土地利用行为影响下耕地质量时空动态演变研究。主要采用地统计学与 3S 技术相结合的分析方法，利用 1980 年、2000 年和 2010 年三期土壤样品数据，构建耕地质量时空动态演变数据库，通过叠加和对比分析，揭示研究区域近 30 年土壤有机质、速效磷、碱解氮、速效钾及 pH 等土壤肥力指标的时空变化规律，并深入分析产生差异的原因，阐释人文驱动因素的重要作用。研究结果表明在时间上，研究区域耕地土壤肥力质量中土壤有机质含量趋于下降、土壤 pH 趋于降低，均值从 1980 年的 24.94g/kg 和 6.33，下降到 2010 年的 22.80g/kg 和 5.92；碱解氮和有效磷的含量逐渐上升，均值分别从 1980 年的 109.38mg/kg 和 11.46mg/kg，上升到 2010 年的 126.80mg/kg 和 54.31mg/kg；速效钾含量先下降后上升，均值从 1980 年的 149.58mg/kg，下降到 2000 年的 103.62mg/kg，然后再上升到 2010 年的 134.29mg/kg。从空间上看，离市区越近，土壤有机质含量、pH 下降的幅度越大，离市区越远，下降的幅度越小；土壤速效养分含量离市区越近，上升的幅度越小，离市区越远，上升的幅度越大。这种变化特点与人们以往对耕地土壤肥力质量随区位变化规律的认识有所不同。

第九章结论及政策建议。政府相关部门应该从深化农村土地产权制度改革、规范政府征地行为、适度扩大耕地经营规模、增加对农村的投入和经济刺激、提高农业生产的比较效益、进一步优化农业产业的合理布局等方面引导农户保护耕地质量，达到耕地生产能力保护的目的，实现工业化、城市化进程中土地资源可持续利用和农业的可持续发展。

1.4 主要研究成果与创新

1.4.1 主要研究成果

（1）基于发展经济学、农户行为决策和制度变迁理论，构建了农户土地利用行为受外部压力影响理论分析框架，探讨快速城镇化进程中影响农户土地利用行为的社会经济及政策因素。

（2）在耕地的多功能、多价值体现和农户耕地需求偏好多样性理论基础上，构建了社会经济及政策因素变化对农户土地利用行为的传导机制及其响应理论分析框架，深入分析了农户土地利用行为在时间上和空间上的演替规律。

（3）构建了农户行为对耕地质量产生的效应理论分析框架，阐明农户土地利用方式、程度和投入强度变化对耕地质量的作用方向、程度及演变趋势。

（4）基于3S技术，探讨了在农户土地利用行为驱动下的耕地质量时空变化规律。

1.4.2 主要创新点

本研究将社会经济因素变化、农户土地利用行为响应和耕地质量变化的分析放在一个理论框架下，重点考察农户土地利用方式、土地利用程度、土地投入强度对耕地质量变化的影响，使得本研究提出的政策建议更加具有现实性，研究结论将能够为耕地资源的合理利用提供很好的实证分析支持，为政府科学决策科提供依据。

（1）众所周知，耕地质量变化受自然过程和人类活动两个方面的共同影响，以往对于耕地质量的研究主要从自然科学的角度讨论，很少涉及社会经济因素对耕地质量影响的研究，作为自然学科的土壤学和作为社会学科的经济学之间尚未建立联系和沟通的桥梁，本研究将自然科学与社会科学相结合，在研究耕地质量变化的基础上，通过调查农户生产行为，从社会经济角度分析耕地质量变化的原因，在研究视角上有所创新。

（2）本研究在工业化、城市化进程中的一系列社会经济因素变化的背景下，在多时段、大面积、多点土壤采样的基础上，了解耕地质量变化规律，通过深入农户调查土地利用情况，分析耕地质量变化的原因。将宏观层面和微观层面相结合，在研究方法上有所创新。

（3）以往的研究从研究内容上将社会经济及政策因素、农户土地利用行为和耕地质量变化三者联系起来的研究很少，尤其缺乏实证研究，本研究通过构建农户土地利用行为的"压力—响应—效应"（Pressure-Response-Effect）理论分析模型，从理论和实证两个方面深入揭示了三者之间的耦合关系。

第二章　理论分析框架的构建

理论分析框架的构建是研究的核心，因此，本章首先从本研究的需要出发，对工业化、城市化、耕地、耕地质量、农户、农户土地利用行为等研究中核心概念加以界定，这是研究的前提。然后介绍研究的基本理论，主要包括土壤学基本理论、土地利用系统、地域分异理论、土地报酬递增递减规律、人地关系理论及土地可持续发展理论。在对工业化、城市化进程中农户土地利用行为变化的影响因素识别过程中，主要运用农户行为经济学相关理论；在阐述农户对耕地质量认知行为机制时，主要运用人地关系协调理论；对于农户土地利用行为响应规律及其对耕地质量影响研究理论分析框架构建主要运用土地利用系统、地域分异理论、土地报酬递增递减规律；对于农户土地利用行为影响下耕地土壤质量的时空动态演变研究以土壤学基本理论为基础；在提炼出规范农户土地利用行为和完善耕地质量保护的政策设计时，主要运用土地可持续发展理论。基于以上的基础理论，构建了基于压力—响应—效应（PRE）理论分析框架，并提出了研究的具体内容和思路。

2.1　相关概念与理论基础

2.1.1　相关概念界定

2.1.1.1　工业化和城市化

（1）工业化

"工业化"一词源于 20 世纪初经济学文献中，后来广泛出现于报纸、杂志和学术文献中，综合国内外学者对于工业化内涵的界定，现在还没有统一的定义。主要是从以下几个方面对其定义：第一，从生产要素投入与产出组合角度定义，认为工业化是"国民经济中一系列基要生产函数（或生产要素组合方式）连续发生由低级向高级的突破性变化（或变革）的过程"；第二，从经济结构演变的角度定义，工业化实质上是农业在国民收入和就业中份额下降，非农产业份额上升的过程，是工业脱离农业的结构转变；第三，从工业化的表现形式角度定义，认为工业化是工业在国民经济和劳动人口中的份额连续上升的过程（高艳梅，2006），因此工业化表现为从事制造业和第二产业的劳动人口一般也表现为上升的趋势。

本研究综合以上定义，认为工业化的实质是工业在国民生产中的比重逐渐上升，从而导致产业结构的变化，以及由此引起的就业结构变化，表现为从事第二、三产业就业人数比例急剧上升的过程。

（2）城市化

城市化是外来语"Urbanization"意译，是"使……具有城市属性"之意。由于城市化不仅是一个经济现象，而且是一个社会现象，因而对城市化定义的争议，一点也不比工业化定义所引起的争议少。社会学强调人们的行为方式和生活方式由农村社区向城市社区的转化过程；人口学强调人口从乡村向城市的流动和集中；地理学强调乡村地域向城市地域的转化；历史学强调的是人类社会由传统落后的乡村社会向现代先进的城市社会转化的自然历史过程；经济学强调的是农村经济向城市经济转化的过程、动力和机制。

综合各学科关于城市化定义，本研究认为城市化实质是伴随着工业化而来的非农产业向城市集聚，以及由此所决定的农村人口向城市集中与城市数量增多和规模不断扩大的社会经济发展过程。包含两个过程：一是城市人口和规模的扩张过程，首先是农业人口不断转化为非农产业人口、农村人口不断转化为城市人口，同时，城市地域不断扩张，城市数目增多，城市区域规模不断扩大；二是城市化还是一个社会的物质流、资金流、信息流和文化流逐步向城市集聚的过程。

（3）工业化、城市化进程的实质特征

通过前面对于工业化、城市化含义的确定可以看出，工业化、城市化实际上是生产要素和产品市场变动的过程，包括经济结构向第二产业和第三产业的转移，农村劳动力大量的向非农产业的转移，城市化的发展带来城市的不断扩

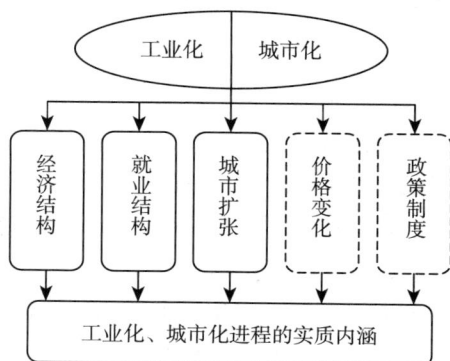

图 2-1　工业化、城市化进程的实质内涵

张，需要征用城市周边农村集体的土地，同时，城市化为农产品销售提供了广阔的市场，特别是瓜果蔬菜等经济作物农产品的销售。因此，这种变动的实质主要是由一系列的社会经济及政策因素的变化所构成，包括经济结构的变化、产业结构的变化、城市的扩张、价格的变化及政策制度的变化。

第一，工业化、城市化与经济结构的演进。工业化、城市化是工业在国民生产总值中的比重上升以及由此引致的产业结构的变化过程，换言之，经济结构变化是工业化、城市化的本质特征之一，即经济发展经历由第一产业占优势逐渐向第二、三产业占优势演进；在第二产业内部，经历由轻工业到重工业的演变，该过程反映了工业化程度，即在工业化过程中，产业结构的演进遵循"第一产业—轻工业—重工业—第三产业"递次升级的轨迹，是以农业为主到以轻工业为主，继而发展到以重工业为主，最终转向以服务业为主的过程。

产业结构的质态转变首先通过相应的土地利用变化得到反映，具体体现在土地资源及其他资源在不同产业、部门之间的重新分配和组合，这也构成了土地资源利用结构变化的主要内容。因此，通过对工业化、城市化进程中产业结构变动研究，可以揭示出这种变动对土地资源利用变化的制约和影响。

第二，工业化、城市化与就业结构的变化。产业结构的演进直接导致就业结构发生变化。本研究中就业结构是指一个国家或地区的劳动力在各产业部门之间的分布、构成和比例关系。主要表现为农业劳动力向工业部门的转移，是产业结构演进的必然要求与结果，同时也是工业部门和农业部门劳动边际收益差异率和成本差异的结果。随着非农就业机会的增加，农业劳动的机会成本增加、边际收益率降低，这对农户的农业经营目标和行为方式产生很大影响，进而影响到耕地利用以及耕地质量变化。

第三，工业化、城市化与城市扩张规模。城市规模是指城市地域空间内集聚的物质与要素在数量上的差异及层次性，是城市特征量的表现与概况，反映城市各要素的集中和扩散程度，是一个数量概念。工业化发展的直接结果就是带来了产业结构的递次升级和劳动力的非农就业，这就构成了人口和企业向城市集聚的动力机制，而人口、企业的集聚还带来生活服务需求的集聚、第三产业市场的集聚。因此，城市化过程应运而生，城市规模不断扩张。城市规模的扩张，不仅原有城市规模不断扩大，同时伴随着新的城市不断产生，即工业化、城市化进程中的城市规模扩张不仅仅是城市人口和非农人口的增加，还包括城市数量的增加和城市地域空间的扩展。

第四，工业化、城市化与价格的变化。工业化、城市化对价格变化的影响主要体现在两个方面，一方面是对农产品价格的影响，另一方面是对农资价格的影响。首先，我国工业化、城市化的过程中，减少了城市郊区农产品种植面积，进而影响供应；原来的农民进城打工，从生产者变成了消费者，居民收入提高，吃菜、吃肉的比重也增加了。此外，蔬菜生产基地从大城市郊区逐步转向外地农村，流通环节增多、运输成本增加。这些都导致农产品价格的上升。随着工业化、城市化带来的对农产品需求数量和结构的改变，以及农业本身商品化程度的不断提高，农业的生产结构会发生重大改变。其次，伴随着我国工业化、城市化的加快，柴油、化肥、种子、农药、农膜的价格也在不断地上升，其主要原因：一是农资原料价格的上涨。由于工业化、城市化发展迅速，各地面临严峻的节能减排任务，许多省份相继关闭"两高"企业，同时多个地区强制推出"限电减排"措施，其中农药生产的最基础原料液氯和黄磷属于"两高"装置范畴。二是农资渠道成本的增加。农资经销商、零售商的经营成本也在增加。随着工业化、城市化进程的加快，现在农村青壮劳力大多进城务工，农资商对售出的农资产品一般都提供送货上门服务，有的甚至把肥料运送到农户的田间地头，这些无疑增加了农资商的运输成本。同时，员工工资的逐步提升，也是农资商不小的一笔开支。

第五，工业化、城市化与政策制度的演进。随着工业化、城市化进程的加快，许多问题随之出现，这就需要出台相关的政策制度加以解决，比如进城务工要比在家务农的比较效益更高，很多农民纷纷选择非农就业，这样就造成了农民种粮积极性不高，为了解决这个问题，国家出台了减免农业税和粮食直补等措施，大大提高了农民种粮的积极性。随着工业化、城市化进程的加快，对城市周边土地征收频次的增加，造成了滥用征收权的现象严重，为了规范政府征收土地的行为，国家对于土地征收的范围又做了明确的规定。

2.1.1.2　耕地

耕地，英语有 cultivated land、farm land 和 arable land。在《韦伯斯特英语字典》中，farm land 包括种植农作物的土地、牧地、果园等农业用地，是农场范围的总称。Cultivated land 包括 till land 和 grass land。till land 指种植农作物的土地、果园、花卉、葡萄园等用地。在中国，所谓耕地，就是指种植农作物的土地。本研究中耕地的概念界定为：耕地是一种特定的土地，是人类活动的产物，是人类开垦之后用于种植农作物，并经常进行耕耘的土地，是农业生产最基本的不可代替的生产资料。为了保证自然条件的相对均一性，本研究的耕地主要指的是耕地中的旱地。

2.1.1.3　耕地质量

在介绍耕地质量的定义之前，先介绍一下土壤质量、土地质量。

（1）土壤质量

土壤是土地的重要组成要素，土壤质量的好坏直接关系到土地，尤其是耕地质量的好坏。尽管目前对土壤质量的定义有很多种，但最常用的定义还是将其看作为一种土壤功能的容量。1992年在美国召开的土壤质量会议上将土壤的主要功能概括为3个方面：一是生产力，即土壤提高生物生产力的能力；二是环境质量，即土壤降低环境污染物和病菌损害的能力（吴群等，2010）；三是动植物健康，即土壤影响动植物和人类健康的能力。在国内，人们一般将土壤质量概括为土壤肥力质量、土壤环境质量、土壤健康质量。土壤肥力质量是土壤提供植物养分和生产生物物质的能力，是保障植物，尤其是农作物生产的根本；土壤环境质量是土壤容纳、吸收和降解各种环境污染物的能力；土壤健康质量是土壤影响或促进人类和动植物健康的能力。

（2）土地质量

关于土地质量，FAO的概念是指满足土地利用方式适宜性或持续性的土地综合属性。其内涵包括土地的生态环境质量、土地的经济质量和土地的管理质量。在对土地质量进行综合评价时，需要对土地的生态环境质量评价、土地的经济质量和土地的管理质量3个方面进行综合评价；而当土地用于农产品生产时，其土地质量评价的重点是生产能力和环境质量，即土壤的肥力状况、水源保障情况。

（3）耕地质量

关于耕地质量，目前有多种提法。刘友兆（2003）认为耕地质量是构成耕地的各种自然因素和环境条件状况的总和，表现为耕地生产能力的高低、耕地环境状况的优劣以及耕地产品质量的高低（段武德等，2011）。本研究认为目前对耕地质量还没有一个统一而又十分明确的定义。耕地作为一种用于种植农作物、生产农产品的特定土地类型，耕地质量的内涵应该包括4个方面：一是耕地的土壤质量；二是耕地的环境质量；三是耕地的管理质量；四是耕地的经济质量。耕地土壤质量是耕地质量的基础，包括土壤肥力质量、土壤环境质量及土壤健康质量。土壤肥力质量是指土壤的肥沃与瘠薄状况，是土壤提供植物养分和生产生物物质的能力，是保障农作物生产的根本；土壤环境质量是土壤容纳、吸收和降解各种环境污染物的能力；土壤健康质量反映耕地土壤污染状况，衡量耕地是否具有生产对人身健康无害的农产品的能力。结合本研究的实际，主要是从农户微观角度研究耕地质量，因此，本研究把耕地的质量界定为耕地土壤的肥力质量。

2.1.1.4 农户

农户的含义一般有两层含义：一是对户的职业划分，即农户是从事农业生产的家庭住户，它对应着非农业户，因此这种农户可用英文表述为 Farming Household；二是对户的社区划分，即农户是居住在农村社区的家庭住户，它的对应物是城镇住户，这种农户其英文表述为 Rural Household。

自改革开放，特别是家庭联产承包责任制实施以来，我国农村突破了人民公社"三级所有，队为基础"的体制，以农户为单元，实行家庭联产承包责任制，使农户获得了土地经营使用权，从而也确立了土地可持续利用的最基本单位（农户）这一微观基础（赵登辉，丁振国，1998）。农户作为广大农村投资、生产与消费等经济活动的微观行为主体，是农业生产中最基本的决策单元，也是农村土地利用最基本的决策单位。

因此，本研究对农户的定义是：农户是以血缘和婚姻关系为基础而组成的农村家庭，是追求效用最大化的生产与消费单元。其内涵可从四个方面进行把握：第一，农户是以血缘和婚姻关系为基础而组成的农村家庭；第二，农户家庭成员之间有统一的行为目标，成员之间是相互合作的关系；第三，农户在经济社会中，既是生产单元又是消费单元；第四，农户行为的目标是追求家庭效用的最大化。

农户具有个体和群体之分，群体农户亦具有层次性，比如村级、乡镇级、区县级、省级等（孔祥斌，2012）。本研究在探讨农户土地利用行为时空演变规律时，选取的是群体农户的含义。在研究农户土地利用行为对耕地质量变化的影响时，选取的是个体农户的内涵。

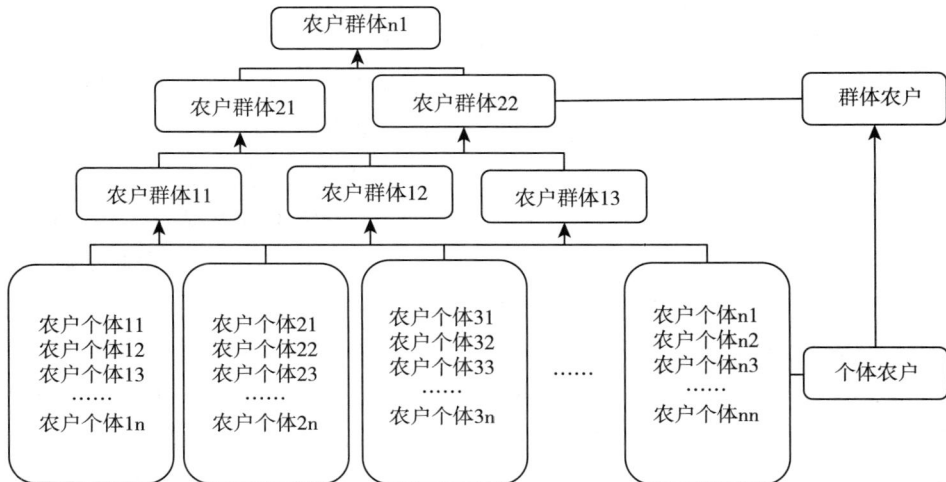

图 2-2 个体农户与群体农户的层次分析

2.1.1.5 农户土地利用行为

农户土地利用行为是农户经营行为中的一种行为，是最为重要的一种行为。土地利用是人类为经济、社会目的进行的一系列生物和技术的活动，是对土地进行长期或周期性经营的过程，是人们在生存、发展过程中，在社会制度和经济环境条件下与土地之间形成的相互作用、相互影响。土地利用既受自然条件的作用和制约，又受经济、技术、社会条件的重大影响，包括种植选择行为、生产要素投入行为、农业自然资源利用行为、农业生产技术利用选择行为等，它涉及农户土地利用的投入产出（欧阳进良，2003）。谭淑豪等（2001）研究认为农户的生产决策实质上就是农户的土地利用行为，是根据农业生产资料的价格和农产品价格的变动，以农户自身可能获取的经济收益为依据。欧阳进良（2005）研究认为农户种植业生产行为涉及农业土地的利用，称之为农户土地利用行为，包括种植业选择生产资料投入行为、自然资源利用行为、农业生产技术利用选择行为等。孔祥斌（2010）研究认为农户耕地利用行为是指农户种植选择、土地经营投入等土地资源利用的行为。从以上的学者研究可以看出，目前，对于土地利用行为内涵的界定并没有明确一致的意见，但农户土地利用行为实质上是农户在土地利用中的生产决策行为，包括对"种什么（作物种类的选择）"→"种多少（达到一定产出需要土地利用程度）"→"怎么种（投资和技术的选择）"行为的决策。

"种什么"是农户在土地利用时首先要考虑的问题。它涉及农户的食物安全及收入最大化等目标的实现。"种植什么"的选择在土地利用上表现为土地利用结构和作物种植结构的调整，不同的选择结果对土壤质量有较大差别。"种多少"是在选择了"种什么"后农户要考虑的第二个问题。它涉及农户要达到一定产出需要的土地利用程度。"怎么种"是农户在持续性土地利用方式选择决策中要考虑的最后一个问题。它涉及各种生产要素投入的多少。在这一决策中，农户还要考虑自身食物供给安全和农产品的市场销售情况。由于粮食安全是第一位的目标，农户必须种植足够他们消费的粮食作物，在此基础上，才可能根据市场销售情况决定具有土壤保持功能的作物的生产面积。

从"种植什么"到"怎么种"的过程是农户在综合了经营目标、自身资源（资金、劳动力、土地、技术）、外部社会经济环境和自然条件后作出土地利用方式选择决策的过程。具体表现为土地利用方式、投入强度、利用程度的不同。因此，本研究认为农户土地利用行为包括土地利用方式、土地利用程度和土地投入强度三个方面，针对这三个方面分别选择农户是否种植经济作物、土地复种指数、土地劳动力和资本投入强度四个指标农户土地利用行为演变规律及其空间分布特征。

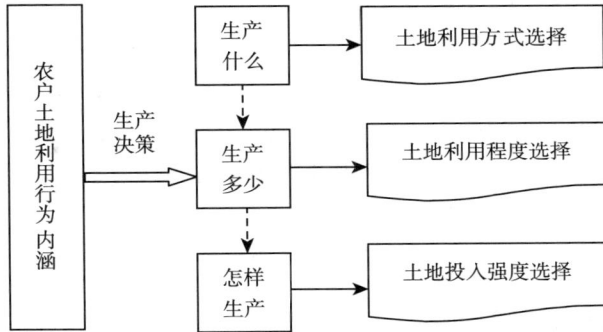

图 2-3　农户土地利用行为实质内涵关系界定

2.1.2　相关基础理论

2.1.2.1　土壤学基本理论

土壤是土地资源的核心，土地利用的变化必然引起土壤物理性质和化学性质的变化。分析引起土壤性质发生变化的原因、变化的时间和空间特点，以及土壤性质变化的尺度特征，可以更好地理解土地利用变化对土壤性质变化的驱动机制，而要回答这些问题，必须对土壤学理论有一个深刻的认识。

土壤是地球表面生物、气候、母质、地形、时间等因素综合作用下所形成的、可供植物生长的一种复杂的生物地球化学物质；与形成它的岩石和沉积物相比，具有独特的疏松多孔结构、化学和生物学特性；它是一个动态生态系统，为植物提供机械支撑、水分、养分和空气条件；支持大部分微生物群体的活动，来完成生命物质的循环，维持着所有陆地生态系统。其中通过供给粮食、纤维、水、建筑材料、建设和废物处理用地，来维持人类的生存和发展。

由于人类活动对自然环境系统的影响迅速扩大，很多土壤学专家认为人类是除上述五大成土因素之外的第六成土因素。事实上，在长时间内，土壤性质受到自然因素的控制，但是在区域尺度上，特别是在土地集约化利用的区域，人类作用对土壤的物理、化学、生物性质影响更为剧烈。这样的区域由于人口的压力，为了获得产量的提高，在进行地理因素改造的同时，如平整地形、修建水渠，改变水循环，还加大了对土壤中化学物质的投入，这些土地利用方式变化，都极大地改变了土壤的理化性质。所以研究人类利用改造土壤的驱动力以及相应的土地利用变化对土壤理化性质的影响，具有重要的意义。

既然土壤是一个永恒变化的动态系统，所以在区域土地利用变化及其驱动力和土壤资源的可持续利用研究中，仅重视某一地区某一时间土壤的物理、化学、生物或某些综合特性是不够的，更应注重对土壤变化的研究（李保国，1995），特别是在人为因素诱导下的土壤变化及过程的研究，只有通过两个或两个以上时段的对比研究，才有可能说明土壤变化的真实状况（王效举，龚子同，1998）。更为重要的是，研究人类如何改变土地利用方式，改变利用方式的驱动力，土地利用方式改变所产生的土壤性质的时空差异，特别是研究土地利用方式变化对土壤养分的时空变化与发展影响，包括不同尺度动态变化规律、空间分布特点、质与量的演变及发展趋势具有重要意义。

2.1.2.2　土地利用系统理论

土地利用系统是指为人类活动所利用的土地表层及其以上和以下，是所有要素相互联系、相互制约而构成的具有特定功能的有机结合体，是一个由自然系统和人工系统相结合的复合系统，是由一定的土地单元和土地利用方式组成（宋乃平，2007）。土地利用方式是在给定自然、社会、经济背景下，按一套经营管理的技术经济指标加以详细规定和描述的土地利用类型；土地单元是土地质量和土地特性在一定程度上具有一致性的单位。一定的土地单元有其一定的质量，而一定土地利用方式又对土地单元有一定的要求，两者是相互作用的。土地利用系统是一个开放的系统，它表现出随时间变化而变化的动态性和演化特性。一方面，各系统之间存在着能流、物流、价值流和信息流的交换；另一方面，该系统和整个社会经济系统和其他资源利用系统之间存在着同样的交换行为。

从土地利用系统的角度来看，工业化、城市化进程中必然伴随着社会经济、制度和政策等外部环境的变化，必然会影响农户土地利用决策系统和耕地质量变化系统的变化，系统之间也存在着能流、物流、价值流和信息流的交换。当外部环境发生变化时，通过调节受控部分的输入，可以引导土地利用系统状态，使其向着预期的目标运行，达到新的预期状态，使有限的土地投入获得最佳的系统功能。

2.1.2.3　地域分异理论

区域间存在着自然条件、地理位置、经济、社会、科技水平、文化背景等方面的差别，这种地域差异是地域分工的物质基础。地域分工就是按照地域差异所表现的某一优势社会物质生产部门实行专业化生产。地域分工发挥了比较优势的作用，促进了地区间贸易的发展。地域分工的具体表现形式是区域生产专业化，它是以土地资源的地域差异为基础的，是生产力发展到一定阶段的产物。尤其是农业专业化、工业园区化和快速城市化的发展,对土地利用空间布局产生深刻影响。农业生产由小而全的分散经营转向规模化、专业化经营,由自给自足生产转向商品性多种经营,必将打破原来的农业生产格局。这不仅带来了产量产值和劳动生产率的提高,而且会带来土地的集约与高效利用,并重新建立起与新的生产方式相适应的农业土地利用结构布局(孔祥斌等,2003;2010)。

土地利用的空间变化是根据不同时期、不同社会需要而变化的,而土地利用状况的概括,一般来说有利于土地利用的系统描述。地域分异论试图解释和预测围绕城市市场而发展的农业生产类型的空间分布规律,即阐明随着到城市中心距离的增加,农业土地利用形态及相应农业经营收益如何发生变化的规律,解释实际存在的农业经营类型的空间秩序。现代农业区位论除了考虑市场距离对农业布局的影响外,还考虑自然、技术、社会、行为、政策因素。

2.1.2.4 土地报酬递减规律

土地报酬的运动规律在正常情况和一般条件下,应该是随着单位土地面积劳动和资本的追加投入,先是递增然后趋向递减,在递减后如果遇到科学技术和社会制度上的重大变革,使土地利用在生产资源组合进一步趋于合理,则又会转向递增。而一旦技术和管理水平稳定下来,将会再度趋于递减。土地报酬递减规律的重要贡献在于为找出变量资源的最佳组合和投入量的大小提供了理论依据。具体而言就是土地集约度的确定(曲福田,2011)。土地利用采用多大的集约度才算合理,必须适应当时土地产品的社会需要量、农业技术水平和农业投资能力,同时也要看土地资源本身的生产力(肥力),包括土地质量、人地比例、地理位置、交通条件和利用土地所得收益的大小等。就土地生产力对集约度的制约作用来说,土地生产力取决于土地自身的受容能力与生产效率。土地的受容能力是指在一定经济技术条件下,土地资源与其他生产资源最佳配合比例所能受容其他变量资源的数量。能受容的数量多者称受容力大,反之受容力就小。凡受容力大的土地,在利用时就可以推进较大的集约度;受容力小的土地,则其集约度亦应较小。而土地生产效率,是指土地资源与其他生产资源配合至最佳点时,所获报酬与费用成本的比例。由此可以看出,土地利用的集约度随土地受容力应有一定的限度。而耕地处于不同的耕地质量水平,其受容力的大小会存在差异,会影响耕地的产出水平,进而影响到农户对土地投入强度的大小。

2.1.2.5 农户行为经济学理论

行为经济学认为人是具有理性的,总是会追求利益的最大化。由于本身偏好的不同，经济人所做的选择时，会用自己的效用标准作为判断的依据，但有一点是相同的，那就是经济人总会选择效用最大化的一种方案。但由于信息获取的不完全、人类自身能力的有限以及人类受到的约束条件，这种理性只能是有限的。同时，行为经济学还表现在关注决策行为的产生，既有经济因素，也有非经济因素，它体现出对决策行为的分析更接近现实。农户行为因拥有行为的一般属性，使得农户行为研究首先应具有行为科学研究的一般性。其生产行为选择主要取决于农户行为选择时的约束条件，并且主要有主观和客观条件两个方面。其中，主观条件主要表现为农户需求（包括生存需求和发展需求）；客观条件为外部条件，主要由自然因素、政策因素和市场因素构成。在既定客观条件下，农户生产行为选择是为了达到一定的目标，而为了实现这一目标就会采取一系列行动。因此，约束条件下的目标成为农户行为的动机，而动机又受制于农户行为的主观条件和客观条件，从而形成农户行为循环过程。

2.1.2.6　人地关系协调理论

人地关系就是人类活动及其社会经济进步与自然环境之间存在相互依赖与相互作用的关系。其中，以人类对周围地理环境相适应和改造活动主导着人地关系的演进和发展（宋乃平，2004）。土地利用是人地关系的首要问题，也是人地关系的核心问题。人地关系严重影响着土地利用类型、结构和方式，土地利用是人地关系地域系统的集中表现。在土地利用系统中，人是核心要素，其总量决定了对土地资源需要量的大小，也决定了土地利用活动对社会经济子系统和自然生态子系统的影响程度，包括人类所拥有的认识自然的科学知识和所掌握的改造自然的技术能力等，决定了土地利用系统运行发展的方向。同时，人类又是自然生态意义和社会经济意义的消费者。因此，人类的土地利用活动日益改变土地生态系统的面貌。

耕地质量是人地关系是否协调发展的表征指标之一。耕地质量研究不仅包括自然条件的分析，还包括经济状况与社会背景的研究。耕地质量的变化与人类活动密切相关，反过来，耕地质量变化也影响人类行为模式。从人地关系出发，研究耕地质量变化的驱动机制，并提出基于规范农户土地利用行为的耕地质量调控措施具有理论和现实意义。

2.1.2.7　土地资源可持续利用理论

土地持续利用的基本内涵主要包括以下几个方面：第一，土地资源的可持续利用必须以满足经济发展对土地资源的需求为前提，因为人类生产的终极目标是经济发展并在此基础上提高全人类的福利水平，土地资源是发展的资源保障。第二，土地资源可持续利用的"利用"是广泛的利用，它含盖土地资源的开发、使用、管理、保护全过程，而不单单是指狭义的土地资源利用。合理的开发、使用就是因地制宜，寻求和选择土地资源的最佳利用目标和途径，以发挥土地资源的最大优势和结构功能。第三，土地质量的保持和提高是土地资源可持续利用的重要体现，也可以作为衡量土地资源可持续利用的重要表征指标。

土地持续利用的目标是协调当代与后代在环境、经济与社会方面的利益。维持耕地质量就是土地必须满足不断变化的人类需求，同时保持长期的社会、经济与生态功能。耕地质量概念把土地条件与土地生产能力、自然保护和环境管理功能联系在一起。耕地的生产能力主要指的是粮食和经济价值生产能力；耕地可持续利用的目标就是要保证耕地的生产能力，其核心是对耕地质量的保护。

2.2 理论分析框架

本研究在借鉴可持续环境评价模型——PSR（Pressure-State-Response）模型的基础上，将之应用到微观主体行为的分析，构建基于农户土地利用行为的"压力—响应—效应（Pressure-Response-Effect）"分析框架（图 2-4）。沿着"农户行为受快速城镇化的外部压力—农户行为的响应—农户行为对耕地质量产生的效应"的逻辑主线，探寻快速城镇化、农户行为、耕地质量变化的互动关系，揭示了快速城镇化进程中农户土地利用行为变化与耕地质量影响的因果链。在借鉴前人研究成果的基础上，结合辽宁省沈阳市的实际情况，从经济结构、社会结构、就业结构、价格变化、政策制度五个方面来剖析快速城镇化引致的农户土地利用环境的演变；从土地利用方式、土地利用程度和土地投入强度三个方面分析农户土地利用行为响应规律，采用农户是否种植经济作物、复种指数和生产资料投入强度量化；用土壤中有机质含量、碱解氮含量、有效磷含量、速效钾含量和 pH 值五个指标量化耕地质量，探讨农户土地利用行为对其作用效果。在此基础上，按照 PRE 分析框架，具体研究内容包括四个方面（图 2-4）。

2.2.1 工业化、城市化进程中影响农户土地利用行为的关键因素识别

通过对工业化、城市化内涵的分析，其实际上是生产要素和产品市场变动

压力（P） → 状态（S） → 效应（E）

农户对耕地质量认知：实现需求与耕地功能匹配

工业化、城市化	农户土地利用目标	农户土地利用行为	耕地质量变化
◆城市扩张 ◆产业结构 ◆就业结构 ◆价格变化 ◆政策制度	◆粮食生产能力 ◆粮食与价值生产能力 ◆价值生产能力	◆土地利用方式 ◆土地利用程度 ◆土地投入强度	◆有机质含量 ◆碱解氮含量 ◆有效磷含量 ◆速效钾含量 ◆pH

压力　　时间　空间　　正向　负向

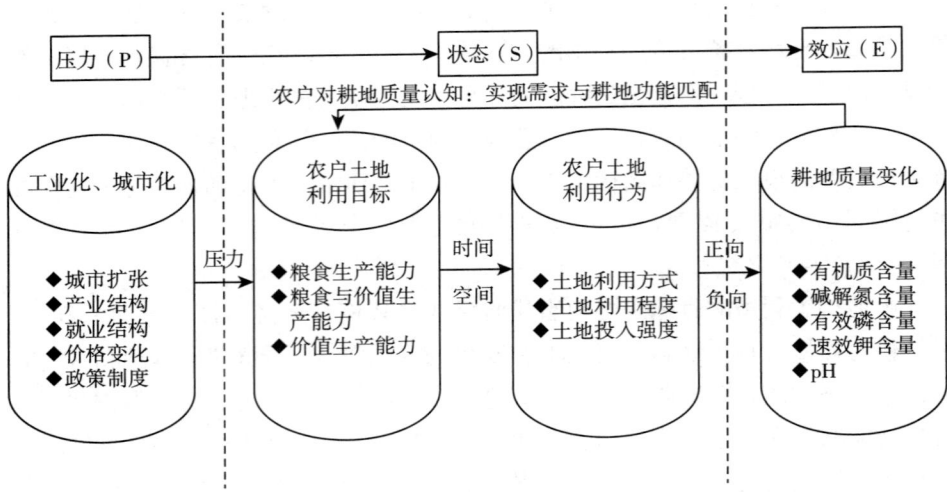

图 2-4　基于农户土地利用行为的 PRE 分析框架

的过程，这种变动主要是由一系列的社会、经济及政策因素的变化所构成，包括产业结构的变化、就业结构的变化、城市的扩张、市场价格的变化和政策制度的变化，而这些因素的变化导致了农户所处的外部环境和内部家庭所拥有的各种生产要素的变化，进而导致农户土地利用目标的变化和农户土地利用行为的变化。为了验证理论分析的结果，采用计量经济模型分析方法，从外部环境因素包括城市扩展、经济结构、市场价格变化、政策制度安排和内部环境包括个人特征、家庭特征、资源禀赋等7类因素12个因子对土地利用方式、程度和土地投入强度三个方面进行回归分析，探寻其影响因素及其影响机理。具体内容为：基于发展经济学理论，快速城镇化是指人口向城镇聚集、城镇规模扩大以及由此引起的一系列社会经济及政策变化的过程，其实质是经济结构、社会结构以及空间结构的变迁。基于农户行为决策理论，外部环境的改变，直接促使农户行为动机与目标随之调整，动机、目标的变化会直接促使行为发生改变，同时外部环境的变化也会影响自身拥有的生产要素（土地、劳动力、资本和技术）等内部环境的差异。其中经济结构和社会结构的调整会促进劳动力的流动，增加城市周边农户非农就业机会，会影响土地利用程度和土地投入强度。空间结构的扩张会导致对城市周边征地次数的增加，造成城市周边农村土地产权的不稳定，抑制农户增加对土地的投入。基于制度变迁理论，当然，快速城镇化进程也伴随着农产品和生产资料价格的变化和制度安排的调整，农产品价格和生产资料价格的变化会影响农户土地利用方式和土地投入强度。政策制度安排的变迁会激励或抑制农户土地利用行为，比如国家采取的农业补贴政策，会提高农户从事农业生产的积极性。土地产权制度的改革，会加快土地的流转，促进土地规模经营，形成新型的农业经营主体，激励农户增加对于土地的投入。本书在此分析基础上，构建了农户土地利用行为受外部压力影响理论分析框架。并根据理论分析框架，采用农户家庭模型分析影响农户土地利用行为的因素。结合农户调查数据，根据基本的农户家庭模型，共选择 8 类因素作为自变量，其中外部环境包括经济结构和社会结构的改变、空间结构的扩展、市场价格调整和政策制度变迁，内部环境包括个人特征、家庭特征和资源禀赋等。因变量包括农户土地利用方式、程度和投入强度三个方面。

2.2.2 农户耕地质量认知差异及其对土地利用行为影响研究

立足于耕地质量保护的内涵，从农户行为角度出发，本部分在理论上构建了基于农户认知行为的"压力（Press）—状态（State）—效应（Effect）—响应（Response）"的 PSER 分析框架，具体来说，个人行为决策过程是根据对收集到的信息进行甄别、筛选形成认知，进而根据认知结果指导决策行为，形成相应的认知与行为响应。农户在进行决策的过程中，会在外部环境（社会、经济、市场、政策等）和自身因素（经验、知识、能力、情感等个体特征和家庭生产收入结构、资源禀赋等农户家庭特征）共同驱动下，进行分析和综合。由于个体因对外在环境的感受和自身经验、知识及能力不同，对"耕地质量保护"的认知程度也不同，从而产生在认知行为上的差异。农户认知上的差异会决定选择不同的耕地利用方式、程度和投入强度等土地利用行为。在此基础上，通过农户调查数据，采用统计分析的方法分析农户对耕地质量的认知程度差异，构建计量经济学模型，揭示农户耕地质量认知差异对土地利用行为的影响机制。并基于得到的研究结果，提出政府部门对激励农户耕地质量保护行为应该采取的政策措施。本研究首先可以弥补现有研究在探讨农户对耕地质量认知行为方面研究的不足；其次，为后续的耕地质量保护中农户行为相关研究提供了一定的理论借鉴；最后，本研究可以为研究区域和相似区域政府制定引导农户合理利用耕地和保护耕地质量政策提供依据。

2.2.3 农户土地利用行为响应规律研究

在对耕地的多功能和多价值体现和农户耕地需求偏好的多样性研究的基础上，得出农户对于土地利用的过程实际上是耕地的价值与功能与农户的需求匹配程度的过程，是在不同时期，农户土地利用行为目标经过追求粮食生产能力最大化→粮食生产与经济价值生产能力最大化→经济价值生产能力最大化，进而构建了农户单元和土地利用单元之间相互影响的农户土地利用行为微观变化解释框架，得出农户土地利用行为在时间上和空间上演变的理论分析框架。在理论框架分析基础上，利用研究区域 1983—2015 年的统计数据，从时间角度对农户土地利用行为演变特征进行研究和模拟，利用 2010 年对研究区域农户土地利用行为调查数据，从空间上，对研究区域农户土地利用行为特征和规律进行比较研究。具体内容为：在耕地的多功能、多价值体现和农户耕地需求偏好多样性理论基础上，得出农户对于土地利用目标的演变过程实际上是耕地的价值、功能与农户需求匹配程度的过程。随着城镇化进程的加快，在不同的外部社会经济及政策环境压力下，为了在不同阶段实现不同的土地利用目标，作为"理性经济人"的农户，会根据外部环境的变化和自身拥有的生产要素（土地、劳动力、资本和技术等）水平不断的调整对耕地粮食生产能力和经济价值需求偏好，最终使得农户土地利用行为在土地利用决策单元与土地利用单元之间形成感知—响应的反馈环路过程。基于制度变迁理论和农业区位论可知，导致农户土地利用行为在时间上呈现出与经济发展水平变化之间的演替规律，在空间上呈现出与农户所处具体空间位置之间的变异性。在此基础上，在时间尺度上，梳理自改革开放以来研究区域社会经济及政策环境的变迁历程，采用描述性统计法，利用研究区域 1978 年至今的社会经济统计数据，对近 30 年的农户土地利用行为演变阶段、特征进行研究和模拟。在空间尺度上，利用对研究区域农户土地利用方式、程度和投入强度的调查数据，对近郊、远郊和纯农村三个区域的农户土地利用行为特征和规律进行比较分析，把握研究区域农户土地利用行为演替规律，验证理论分析框架。并重点分析农户土地利用行为演替之间在时间上和空间上的内在差异与联系。弄清楚社会经济及政策因素变化对农户土地利用行为的传导机制及其响应规律。

2.2.4　农户土地利用行为响应对耕地质量变化影响研究

农户土地利用行为变化对耕地质量的影响主要是通过"种植什么""种植多少"和"怎样种植"方面表现出来，具体表现为种植结构的选择、复种指数和农户在耕地上肥料等投入情况。采用回归分析等方法，研究农户土地利用行为变化对耕地质量变化的作用机理及其贡献率，并基于对工业化、城市化进程中耕地质量变化规律，农户土地利用行为演化规律及影响因素研究的基础上，通过构建了"压力—响应—效应（Pressure-Response-Effect）"理论分析框架，将工业化、城市化（实质上是社会、经济及政策因素的变化）—农户土地利用行为（作物选择行为、土地利用程度行为和土地投入强度行为）—耕地质量三者联系起来，找到三者之间的耦合关系。具体内容为：研究农户土地利用行为差异对耕地质量的影响规律，才能解释农户土地利用行为与耕地质量变化之间的逻辑关系，为建立规范农户土地利用行为政策建议提供科学依据，保证耕地能够得到可持续的利用。在构建农户行为对耕地质量产生的效应理论分析框架基础上，首先从理论上探讨农户土地利用方式、程度和投入强度对耕地质量的影响方向和影响程度。根据土壤肥力理论和农户行为理论，伴随着土地利用行为的变化，必然会引起土壤中一系列的变化，这种变化实质上是耕地土壤质量的变化，最终使耕地质量在空间分布上形成不同的分布特征。其中，农户土地利用方式主要体现在种植结构的选择上，种植结构的变化会影响土壤肥力水平与农业生态系统中的物质循环过程，这主要是由于不同作物种植模式之间耕地的物质循环差异引起的，最终导致土壤中植物所需的 N、P 和 K 等营养元素平衡的变化；土地利用程度主要表现为人类为了满足自身需要对土地生态系统的改变或干扰程度，利用程度的增加意味着对土地的干扰程度增强，在此过程中如果不采取相应的措施，就会导致养分的损耗及其他形式的土地退化；土地投入强度对耕地质量变化的影响最为直接，合理的土地投入，有利于土壤流通物质中相应土壤养分的补充和积累，从而改善相应的土壤养分含量的变化，但不合理的土地投入则会造成土壤的板结、盐碱化等损害耕地质量的结果。其次，农户也会根据土壤养分含量的变化，不断调整自己的土地利用方式、程度和投入强度。在此基础上，提炼研究假说。采用研究区域耕地质量采样点数据和与之对应的农户调查数据，通过计量经济学分析方法，研究农户土地利用行为响应与耕地质量变化之间的因果关系。明确农户土地利用方式、程度和投入强度差异对耕地质量的作用方向、程度及演变趋势，阐释快速城镇化—农户土地利用行为—耕地质量三者之间的影响机制。

2.2.5 农户土地利用行为影响下的耕地质量的时空动态演变研究

根据已有研究收集的典型区域全国第二次土壤普查数据和当地土肥站拥有的资料，结合最新的土壤样点测试结果和最新的土壤影像资料，利用 GIS 技术建立研究区域耕地土壤肥力质量变化分析数据库，通过空间分析技术进行土壤肥力质量的时间上和空间上对比分析。在时间上，通过 1980 年、2000 年和 2010 年三次土壤样点数据的对比分析，找出研究区域近 30 年土壤肥力质量的数量变化规律及特征，在空间上，比较土壤肥力质量在近郊、研究区中部、远郊三个区域的空间分布规律，以及三个时期土壤肥力质量空间变化规律及特征，弄清楚研究区域在人文因素驱动下耕地质量的时空变化分布规律。具体过程包括：采用地统计分析与 3S 技术相结合的分析方法，利用全国第二次土壤普查数据和当地土肥站拥有的资料，结合最新的土壤样点测试结果和最新的土壤影像资料，数据处理采用 ArcGIS 9.3 中的 MAPGIS 功能模块，完成

WGS84 坐标系和北京 54 坐标系的数据转换，并输出 ArcView 能够接收的 shp 格式，从而得到 1980 年、2000 年和 2010 年三个时期的土壤采样点分布图，然后利用地统计学分析、绘制相关图件。并采用叠加分析方法，弄清楚研究区域在人文因素驱动下耕地质量在时间和空间上的分布和变化规律。

2.2.6 优化农户土地利用行为的耕地质量保护调控政策研究

在前面理论与实证研究的基础上，结合案例地区，从农户视角出发，进行规范农户土地利用行为和保护耕地质量政策设计的创新研究的宏观政策调控，来提高农业比较利益；深化土地制度改革，稳定农户土地利用预期；主要战略性政策体系包括：通过政府的宏观政策调控（如：调整农业生产结构、加强农业投入，采取补贴、保护价收购，控制农业基本生产资料的价格，减轻农户负担等），来提高农业比较利益；深化土地制度改革，规范政府征地行为，完善土地承包制度，加速土地使用权的流转，促进土地的规模经营，稳定农户土地利用预期；健全农业生产社会化服务体系，通过农户的培训和加强技术推广，提高农户生产经营素质。建立规范农户土地利用行为和保护耕地质量政策体系，为构建我国新形势下粮食安全战略和农产品质量安全监管体系提供科学决策支撑，实现社会经济的可持续发展。

2.2.7 研究思路

本研究按照"提出问题"→"分析问题"→"解决问题"的基本逻辑框架进行具体问题的分析。首先，提出在快速城镇化进程中耕地质量保护问题凸显，通过查阅国内外的相关文献和搜集相关的数据，找到解决该问题的关键是对于农户土地利用行为的研究；其次，构建基于农户土地利用行为的"压力—响应—效应"（Pressure-Response-Effect）理论分析框架，揭示工业化、城市化（实质上是社会、经济及政策因素的变化）—农户土地利用行为（作物选择行为、土地利用程度行为和土地投入强度行为）—耕地质量变化三者之间的耦合关系。从耕地质量时空动态演变规律、农户土地利用行为时空演变规律、农户土地利用行为影响因素及传导机制和农户土地利用行为对耕地质量作用机制等四个方面对三者之间的耦合关系展开研究，并在研究结果的基础上得到主要的结论和提出相应的政策建议。

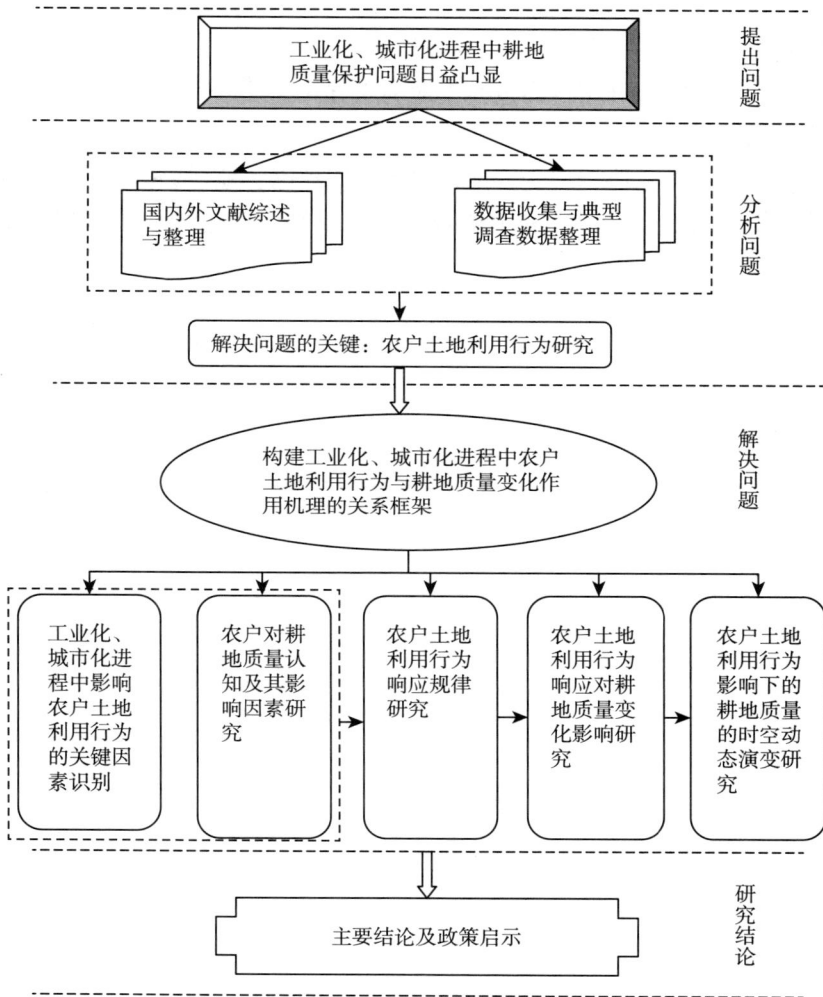

图 2-5 研究思路

2.3 本章小结

第一，工业化、城市化实际上是生产要素和产品市场变动的过程，这种变动的实质主要是由一系列的社会经济及政策因素的变化所构成，包括经济结构的变化、产业结构的变化、城市的扩张、价格的变化及政策制度的变化。

第二，本研究把耕地质量内涵界定为耕地土壤的肥力质量，主要是指耕地土壤养分含量的变化。

第三，农户具有个体和群体之分，本研究在探讨农户土地利用行为时空演变规律时，选取的是群体农户的含义；在研究农户土地利用行为对耕地质量变化的影响时，选取的是个体农户的内涵。

第四，农户土地利用行为包括土地利用方式、土地利用程度和土地投入强度三个方面。

第五，人地关系协调理论、土地利用系统理论、地域分异理论、土壤学基本理论、土地报酬递减规律和土地资源可持续利用理论构成了本研究的理论基础。

第三章 研究区域选择、资料收集与数据处理

3.1 典型研究区域选择

本研究选择沈阳市城乡边缘区的苏家屯区作为研究对象，该区域是一个客观存在、介于城区与纯农村区域的过渡地带，该区域农业发展是我国农业的一种特殊类型，其发展既有接受大城市工业化、城市化辐射的优势，同时又是工业化、城市化扩张的主要区域，其农业有显著的多功能性。与一般农村地区相比，该区域具有交通区位及生产要素优势，发展农业产业化的条件得天独厚。由于农业的参与性强，城乡联系密切，使得农民有较多的选择空间，是土地投入行为变化最显著的区域。不同区域的农户，其区域经济发展水平、农村的生产发展等与其他区域存在明显的不同，从而导致其农户土地利用行为与其他区域也会存在较大的差异。具体主要基于以下几个方面的考虑：

第一，苏家屯位于沈阳市的南部，紧靠沈阳市主城区，处于沈阳新城市规划向南发展主轴上，是大浑南开发建设的重要发展空间，是浑南主城的重要组成部分，是沈阳市受工业化、城市化影响也最为明显区域之一。

第二，苏家屯区农业生产比较发达，是沈阳市城区农产品的主要供应地之一，是未来沈阳市都市现代化农业主要发展的区域，因此，农户的行为会在这样的发展战略中发生很大的变化。因此，基于地域分异理论，随着工业化、城市化进程的加快，农户土地利用行为会在时间上和空间上会产生敏感的变化。同时，耕地质量与农产品的品质直接相关，耕地质量好坏，也直接关系到农产品销售区居民是否能吃的健康和安全问题。

第三，前期已经对该区域展进行了相关的研究，具有一定的研究基础，能够使研究得到顺利的开展。为了保证研究区域自然条件的相对均一性，按照距离苏家屯城区距离的不同，本研究在土壤样本的采集及农户调查的研究样本区域选择了苏家屯区的临湖街道、王纲堡乡和永乐乡。其中临湖街道被定义为近郊、王纲堡乡为研究区中部、永乐乡为远郊区域。这样可以保证研究区域耕地质量的变化主要是由于人文因素变化引起的。具体如图 3-1 所示。

图 3-1　研究区域位置示意图

3.2　资料的收集与数据的处理

3.2.1　耕地质量数据的收集[*]

3.2.1.1　采样点的布置与采集

（1）样本点确定遵循的原则

第一，代表性与均匀性。布点要有广泛的代表性、兼顾均匀性，要考虑土种类型及面积、种植作物的种类。第二，尽可能在第二次土壤普查的取样点上布点。第三，样品的采集要具典型性。采集样品要具有所在评价单元所表现特征最明显、最稳定、最典型的性质，要避免各种非调查因素的影响，要在具代表性的一个农户的同一田块取样。为此，在样本点的确定时主要由参加过第二次土壤普查或较长时间从事土肥工作的技术人员进行布点和采集或在农业专家指导下进行。对农业生产方面的调查要由熟悉本地生产情况的乡镇技术人员提供技术支持。

（2）采样方法

在野外采样田块确定上，要根据点位图，到点位所在的村庄，首先向农民了解本村的农业生产情况，确定具有代表性的田块，田块面积一般要求在一亩以上，依据田块的准确方位修正点位图上的点位位置，并用 GPS 定位仪进行定位。在调查、取样上，要向已确定采样田块的户主，逐项填写进行调查的内容。在该田块中按旱田 0～20cm，采用"X"法、"S"法、棋盘法其中任何一种方法，均匀随机采取 15～20 个采样点，充分混合后，四分法留取 1kg。采样工具用木铲、竹铲、塑料铲、不锈钢土钻等。装袋土样填写两张标签，内外

---

　　* 本研究中土壤样品采集与分析资料由辽宁省沈阳市苏家屯区农业技术推广服务中心土肥站提供。

各具。标签主要内容为：样品野外编号（要与大田采样点基本情况调查表和农户调查表相一致）、采样深度、采样地点、采样时间、采样人等。样品统一编号由样点所在村的行政代码加样品序号组成。野外编号由年份、镇名、样品序号三项组成。在采样时同时测量耕层深度，填写采样点记载表和农户调查表，记录采样点 GPS 上的地理坐标。

最后，研究区域 1980 年的土壤数据和养分样点分布图利用了苏家屯区全国第二次土壤普查的数据和土壤图，土壤图比例尺为 1∶50 000，土壤采样时间为当年 3—6 月。采样点个数为 119 个。2000 年土壤野外采样点是在 1980 年苏家屯区全国第 2 次土壤普查的主剖面点的基础上于当年 3—6 月在研究区域选取，共有样点数 141 个。取 0～20cm 的表层土壤，每一采样点周围取 3 个点，混合土样，四分法取样。采样的同时，利用 GPS 获取土壤样点的地理坐标，2011 年土壤野外采样点是依据 2000 年土壤样点的地理坐标，于当年 3—6 月在研究区域选取样点 1 437 个。

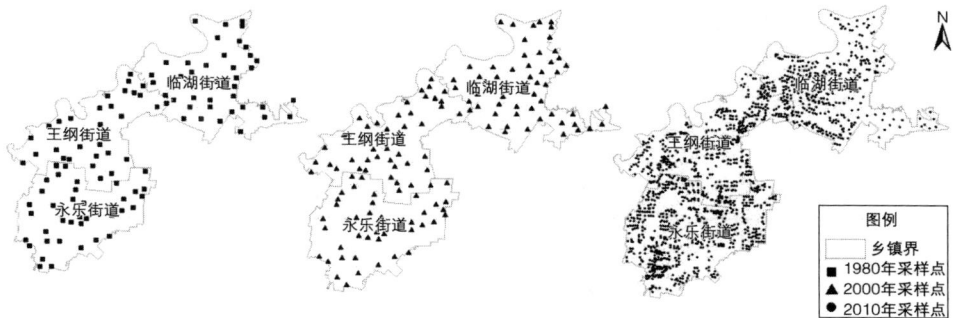

图 3-2 研究区域样点分布

3.2.1.2 耕地质量指标的选取

科学选取土壤指标是建立耕地质量变化评价指标的重要方面，因为主要分析的是农户土地利用行为对耕地质量变化的作用机制。通过前面对于耕地质量内涵的界定，从前面的理论分析可以看出，对耕地质量的变化影响最大的是耕地的土壤肥力。土壤养分是土壤肥力的重要指标，土壤有机质和氮、磷、钾是养分的重要组成部分，土地利用变化对土壤养分变化有着明显的影响。土地利用方式不同，则地表覆盖人为干扰度不同，直接影响土壤养分物质的输入和输出，进而深刻影响土壤养分贮量和有效性等分离状况。土壤理化性质是影响土壤肥力内在因素，是综合反映土壤质量的重要组成。在母质、气候和生物条件基本一致的区域内，土壤性质主要是受人类活动的影响。因此，在指标选取时应避免那些相对稳定的指标，如表层质地、土体构型等，而应选取有机质含量、碱解氮、有效磷、速效钾和土壤 pH 等受人类土地利用行为影响较大，又能准确反映土壤质量的养分指标，来综合评定土壤肥力水平和耕地质量变化趋势。

3.2.1.3　样品的实验室分析

土壤样品采集回到室内后，剔除土壤样品中植物根系及残体、石块、昆虫尸体等杂物，选择通风良好的地点风干。已风干的土样，磨细后，过 0.15～1mm 的细筛，用于土壤的化学分析。土壤样品室内分析均采用国家标准方法（表 3-1）。3 个时期的土壤有机质化学分析方法一致。

表 3-1　项目分析与测定方法

测定项目	测定方法
有机质	采用重铬酸钾-硫酸溶液——蒸馏法
碱解氮	碱解扩散法
有效磷	采用碳酸氢钠浸提——钼锑抗比色法
速效钾	采用乙酸铵浸提——火焰光度法
pH	采用玻璃电极法

3.2.2　社会经济数据的收集

本研究使用的社会经济数据主要来源于两个方面，一方面是对研究区域农户的调查数据，另一方面是利用研究区统计局提供的统计资料。

3.2.2.1　农户调查数据

数据的收集采用农户调查法，已有的研究成果充分证明实证法在农户土地利用行为研究中具有强大的生命力，采用农户调查法对揭示社会经济现象及区域发展态势的内在规律和特点具有独到之处，开展此类研究，调查样本覆盖面要广、数量要充足。根据社会研究方法，若希望以 95％ 的信心让研究成果与总体参数值的差异在正负 5％ 的范围内，那么样本容量至少有 200 个。故本研究初定调查样本数为 240 个，覆盖整个研究区域。

同时，本研究的数据来自笔者 2010 年 3—6 月对辽宁省沈阳市苏家屯区的农户的抽样调查，为了保证研究的准确性，保证采样点数据和农户调查数据能够——对应，本研究在采取土壤样品的同时对农户进行访谈，记录其有关土地利用情况、种植制度、施肥状况、水利设施、灌溉水源、灌溉制度、平均单产等。调查了采样地块对应农户在该地块上的土地种植方式、土地利用程度和土地投入强度等方面的情况，样本的选择总体上依据平均分布，要具有代表性、变异性的原则，采用整群、分层和随机抽样的方法进行，以保证收集数据的可靠性。具体的过程是：首先，依据整群抽样，从研究的实际出发，按照受工业化、城市化影响的不同和农户农业生产水平的典型性和代表性，分别选择临湖街道（近郊区）、王纲堡乡（研究区中部）和永乐乡（远郊）三个区域，具体如图 3-1 所示。其次，分层抽样，确定耕地面积较多且在空间上分布较均衡的村落。最后采用随随机抽样，在田间地头、农民聚集场所和到农户家中等方式选择调查农户。同时，为了保证数据更加有效和可靠，在调查过程中采用直接与农户对话的形式，问卷内容的设计既考虑本研究的内容，也考虑了农户对问题的接受程度。

本研究在临湖街道、王纲堡乡和永乐乡每个区域选择 4～5 个村，根据研究计划，一共采访了 240 个农户，除去不具有代表性的无效问卷，共获得有效问卷 238 份，问卷的有效率为 99.2％，其中临湖街道为 79 户，占总样本量的 33.2％，王纲堡乡为 78 户，占总样本量的 32.8％，永乐乡为 81 户，占总样本量的 34％，满足上述样本覆盖面广，数量要充足的要求。此外，根据问卷有效性程度计算公式可判断问卷整体是否可靠，经过计算，本次问卷的有效性为 96.2％，可以充分保证本次研究数据的可靠性。具体各村的样本量如表 3-2 所示。

表 3-2　样本分布情况统计表

单位：户，％

乡名	临湖街道（近郊区）				王纲堡乡（研究区域中部区）					永乐乡（远郊）				
村名	胡家甸村	代古家子村	前谟家堡村	西苏堡村	王纲堡村	马头浪村	新开河村	杨孟达村	于家窝棚村	互助村	新台子村	羿古家子村	小韩台村	张庄村
样本数	29	23	9	18	32	8	12	23	3	33	14	7	15	12
百分比	12.2	9.7	3.8	7.6	13.4	3.4	5.0	9.7	1.3	13.9	5.9	2.9	6.3	5.0

3.2.2.2　社会经济统计数据

本研究采用的社会经济统计数据主要来源：《沈阳市统计年鉴》（1995—2015 年）、《沈阳市经济统计年鉴》（1985—1991 年）、《苏家屯区国民经济资料汇编》（1984—1997 年）、《苏家屯区统计资料汇编》（1998—2015 年）。

3.2.3　数据处理

3.2.3.1　土壤数据的处理与图件的制作

由于我国的土地、地形测量是以北京 54 坐标系为参照，而 GPS 测量数据是以 WGS84 地心坐标系作为参照，这两个坐标系所采用的参考椭球体不同，因此必须进行坐标转换。我国 1：50 000 的土壤图是按 3°带高斯-克吕格投影到二维平面直角坐标系下，所以 GPS 测量数据必须进行投影才能与 GIS 数据进行匹配。在本研究中，应用 MAPGIS 的功能模块，读入 GPS 数据，完成精确投影转换和数据格式转换，将 WGS84 坐标系下的 GPS 数据转换到北京 54 坐标系下，输出 ArcView 能够接收的 shp 格式，这样就得到了 1980 年、2000 年和 2010 年的土壤采样点位图。

不同形式的 Kringing 内插法是目前地统计学应用最广泛的最优内插法，它是根据半方差分析所提供的空间自相关程度的信息来进行插值，因此可以对未采样点给出最优无偏估计，而且能同时提供估计值的误差和精确度。也即它是利用已知点的数据去估计未知点 X_0 的数值，其实质是一个实行局部估计的加权平均值：

$$Z(X_0) = \sum_{i=1}^{n} \lambda_i(X_i) \qquad (3-1)$$

式中，$Z(X_0)$ 是在未经观测点 X_0 上的内插估计值，$Z(X_i)$ 是在点 X_0 附近的若干点上获得的实测值。i 是考虑了半方差图中表示空间的权重，所以，Z 值的估计应该是无偏的，因为：

$$\sum_{i=1}^{n} \lambda_i = 1 \qquad (3-2)$$

估计偏差是最小的，并可由下列方程求出：

$$\sigma_d^2 = b^T \left| \begin{matrix} \lambda \\ u \end{matrix} \right| \qquad (3-3)$$

式中，b 是被估计点与其他点之间的半方差矩阵，u 为拉格朗日参数。

利用 Kringing 最优内插法，借助于地理信息系统软件 ArcGIS9.3 中的 ArcView3.2 空间分析模块进行插值分析，然后转换为 MAPGIS 类型文件经过整饰处理，最终得到了 1980 年、2000 年和 2010 年 3 个时期的土壤有机质和各养分空间分布图，同时统计输出各级别面积。

3.2.3.2　社会经济数据的处理

农户调查数据采用 Epidata 软件对录入，社会经济数据主要采用 EXCEL 2003 和 SPSS 13.0 社会经济统计软件进行统计分析和计量经济学分析。

3.3 研究区域概况

3.3.1 地理位置

苏家屯区，隶属辽宁省沈阳市，位于沈阳市城南，距沈阳市中心 15km，东靠抚顺、本溪两市，北与东陵、于洪两区相邻，西、西南与辽阳市接壤。地处东经 123°09′～123°47′、北纬 41°27′～41°43′。以苏家屯为中心，在 150km 为半径的范围内，分布着钢铁基地鞍山、煤都抚顺、化纤基地辽阳、煤铁基地本溪、石油基地盘锦、粮食基地铁岭和电力基地阜新等 7 座工业城市，形成沈阳经济区，是沈阳连接辽宁中部城市群的重要节点和战略门户，处于沈阳新城市规划向南发展主轴上，是大浑南开发建设重要发展空间，是浑南主城的重要组成部。苏家屯区总面积 781km²，人口 43.5 万人。

3.3.2 行政区划

苏家屯区辖 1 个街道和 12 个乡镇：临湖街道办事处、王纲堡乡、永乐乡、八一镇、红菱堡镇、林盛堡镇、沙河铺镇、十里河镇、陈相屯镇、大沟乡、佟沟乡、姚千户屯镇、白清寨乡。其中研究区域所在的临湖街道、王纲堡乡和永乐乡位于苏家屯区的西部。具体如图 3-3 所示。

图 3-3 苏家屯区乡镇分布

3.3.3 自然概况

苏家屯区地处北温带，属暖温带大陆性半湿润的季风气候，四季分明，雨热同季、干冷同期、光照充足、降雨集中。

3.3.3.1 地形地貌

本区地处辽东丘陵和辽河平原过渡带，地势自东向西倾斜，东高西低，区域虽不堪广，但地势比较复杂。全区可分为东部石质丘陵区、中部土质丘陵区、西部平原区，土地肥沃。其中，东部石质丘陵区占全区总面积的17％，海拔高程在150～250m，系千山余脉的延伸。海拔最高点为姚千乡镇马耳山，主峰330.8m，其次为白清乡镇灰窑大山，主峰332m。坡度大都为15°～25°，多为林用地；中部土质丘陵区占总面积的33％，海拔高度一般70～100m，波状起伏，切入平原。为主要旱粮和油料产区；西部冲积平原区占总面积的50％，一般海拔30～40m，海拔最低点为永乐街道大韩台西侧，为22.2m。西部冲积平原地势平坦，为旱粮、蔬菜和水稻主要产区。

3.3.3.2 成土母质

母质是形成土壤的物质基础。它对土壤的形成过程和性态具有深刻的影响。全区成土母质主要有岩石风化物母质、黄土状母质和冲积或冲积—洪积母质三个类型。岩石风化物母质，主要分布在东部石质丘陵上。多为花岗岩和片麻岩等酸性岩类风化物，其次为少数的石灰岩等沉积岩风化物。黄土状母质，主要分布在中部土质丘陵岗坡、坡脚或缓坡平地上，系第四纪马兰期（Q3）堆积的黄土状沉积物。土层较厚，质地黏重。姚千、白清局部有周口店期（Q2）堆积的红土沉积物。冲积或冲积—洪积母质，是全区分布最广的成土母质。冲积母质分布在浑河、沙河、十里海沿岸及平原区。浑河沉积物较细，淤积范围广。沙河淤积物较粗，多为沙质。冲积—洪积母质分布在丘陵间山前平地。石质丘陵区域的冲积—洪积物中，常常混有沙砾或夹有沙砾层。

3.3.3.3 气象与水文

气象因素通过热量和降水直接影响土壤的形成过程。苏家屯区地处北温带，属暖温带大陆性半湿润的季风气候，其特点是四季分明、雨热同季、干冷同期、光照充足、降雨集中。现将与土壤形成有关的气象因子分述如下：

气温。年平均气温7.7℃，平均无霜期150.5d，最长达175d（1975年）、最短为128d（1972年、1974年）。最早终霜期日为4月20日（1967年）、最晚为5月18日（1960年）。最早初霜期9月11日（1967年）、最晚为10月16日（1951年）。历年结冻期为11月7日左右，融冻期在4月24日左右，平均结冻期日数168d，冻土深平均148cm。

降水。年平均降水量为 755.4mm，降水年差较大，最高年达 1 055.3mm（1953 年）、最低年为 445mm（1965 年）。降水分布不均，春季降水少，占全年的 14%左右。夏季雨水集中，平均 486mm，占全年的 64%。秋季平均降水 141mm，占全年的 19%。冬季雪少，平均 25mm，占全年 3%。

蒸发。年平均蒸发量 1 430.3mm。日照时数为 2 589h。年平均风速 3.6m/s，以 4 月份最高达 4.8m/s，六级以上风日达 20d 之多。8 月份风速最低，达 2.8m/s。

水文。水文通过地表水和地下水影响土壤形成发育。本区境内主要有浑河、沙河、十里河三条河流。浑河发源于清原县滚马岭，在本区流经城郊、大淑、王纲三个乡镇。据浑河沈阳水文站 1905—1969 年资料记载：浑河 65 年平均水位为 36.60m。最大流量为 1935 年，达 5 550m³/s，最大径流量为 1936 年，达 36.29 亿 m³。最小径流量为 1958 年的 6.86 亿 m³。最高水位为 1942 年，达 37.89m。最低水位为 1936 年冬，连底结冻。最高年径流量为 1959 年，达 1.777 亿 m³。最低年径流量为 1961 年，达 0.108 9 亿 m³。西部平原地下水丰富，一般深埋 2～5m，灌溉井深 20～30m，中部土质丘陵地下水埋深 20～30m，灌溉井深 40～50m。

3.3.4 社会经济与农业生产概况

苏家屯区经济发展速度较快。2011 年，地区生产总值实现 360 亿元，人均国内生产总值 7 353 美元。经过多年的开发建设，各项事业都有很大发展。目前，全区拥有工业企业 2 830 家，农业发达，水稻、玉米等主要粮食作物亩产居全省前列。蔬菜品种丰富，四季常青。国有、集体商业供销企业 100 家，个体工商户 8 311 家。

苏家屯是国家商品粮基地和粮食自给工程项目示范区，还是辽宁省农业标准化生产示范区和沈阳市水稻优质米基地，城郊型农业示范区。近年来，这里的农业产业化带动了农业结构的深刻变化。绿色农业和品牌成为这里的农业发展重点，"辽星牌"东北珍珠米、"绿农牌"无公害蔬菜、"耘垦牌"肉鸡、"双翼牌"苹果梨等一系列绿色食品，在市场上享有广泛的盛誉。苏家屯东部为林、果、牧、药材经济作物区，也是沈阳市的建材基地。中部为黄土丘陵区，为玉米等作物产区，也是水果的主要产区。西部为冲积平原，平均海拔 30～40m，最低点永乐大韩台村，海拔 22.2m。这里地势平坦，土质肥沃，盛产优质大米，淡水养殖业发达。

3.3.4.1 临湖街道概况

临湖街道办事处位于苏家屯区的西部，组建于 2008 年 3 月，是由原城郊乡人民政府、大淑堡乡人民政府和临湖街道办事处合并形成。14 个行政村。全街道总人口 96 455 人，33 529 户，占全区人口的近 1/4。面积 74.1km²，耕地面积 3 100hm²。

临湖街道办事处气候条件适宜，四季分明，雨量适中，年均气温 8℃，年平均降水量 700mm，日照时数 2 600h，无霜期 183d。主要农作物有水稻、玉米、大豆、各种蔬菜等，水果有苹果、梨、桃、葡萄、山楂等，优越的地理位置和丰富的自然资源，促进了农业的快速发展，培育形成了蔬菜基地、食用菌基地和花卉基地等 10 余个。借助于农业的发展，临湖工业也取得了快速发展，现有工业企业 300 余家，个体工商业户 3 000 户家。形成了农产品深加工、木制家具、有色金属熔炼铸造、机械加工、轻纺等十几个行业和门类，产品包括肉鸡、冰淇淋、实木家具、果茶、钛材、复合地板、机床和大米饮料等，成为全区重要的工业发展区。临湖街道办事处已建立起一支素质高，具有现代服务意识，懂专业、会管理的服务团队，可为投资者提供全方位服务。

3.3.4.2 王纲堡乡概况

王纲乡位于沈阳市苏家屯区西部，是以农业为主的农业乡，乡政府所在地的王纲村距市区仅 14km。它东面与大淑乡、八一镇相邻，南面与永乐乡接壤，西、北两面隔浑河与于洪区相望。下辖 10 个自然村。人口 1.8 万人，其中农业人口 1.7 万人。有耕地 4.1 万亩。

该乡为浑河冲积平原区，地势平坦、土层深厚、土壤肥沃，适宜各种农作物生长。粮食作物有玉米、大豆及各种旱作杂粮与甘薯。蔬菜有西红柿、黄瓜、韭菜、茄子、架豆、大葱、豌豆、马铃薯。其他经济作物更是品类繁多。由于所在的优越地理条件，形成以农业为基础（年产值 1.2 亿元）、工业为重点（年产值 3.4 亿元）、多种经营及第三产业（年产值 1.8 亿元）发展的格局。2010 年人均收入上年达 3 450 元，农民增收、集体财力增强得到充分体现。大棚蔬菜 200hm²，有西红柿、黄瓜、西芹、油桃等，低棚韭菜 667hm²，生产韭菜、韭菜花、韭菜苔等；其他蔬菜 350hm²，有马铃薯、茄子、白菜、架豆、大葱、豌豆等。已注册商标的有新开河牌西红柿和大庄科王牌韭菜。优势产业已调整为万亩优质米生产、万亩韭菜生产、万亩无公害保护地蔬菜、千亩葡萄基地。

3.3.4.3 永乐乡概况

永乐乡地处沈阳市苏家屯区南边陲，南与辽阳市接壤，西与辽中县隔浑河相望，东和北与本区八一、王纲两乡镇为邻，距苏家屯城区和铁路 20km，距桃仙机场30km，距沈大高速公路10km。乡内辽官、永红两条公路纵横贯穿。下辖14个行政村。居民4 687户，16 271人。总面积54.9km²。经济作物：裸地菜759hm²、温室546hm²、大棚63hm²、中低棚102hm²、地膜覆盖200hm²。

全乡地势平坦，土质肥沃，土壤有机质含量2.4%左右。年平均积温3 400℃左右。年平均降雨量700mm。地下有丰富的矿泉水资源，已初步开发利用，取得较好的经济效益。1986年以来，农村改革不断深入，农村经济发生了巨大的变化，第一产业居主导地位，二产业发展势头也较强，三产业在不断发展，农业生产全面发展，通过农业结构调整，扩大经济作物的种植面积。建设了万亩大葱基地，温室西芹、西红柿、白鸡心葡萄、黄瓜均注册了香野牌商标，被辽宁省批准为无公害产品。互助村温室大棚葡萄生产已具规模，可称华夏温室白鸡心葡萄第一村，张庄村为温室西芹生产专业村，永胜村种植芦笋有3年历史，面积达到34hm²。

3.3.5　土地利用现状情况

3.3.5.1　临湖街道

从土地利用一级分类的统计分析中可以看出，临湖街道土地总面积5 778.9hm²，其中西苏堡村面积最大，为1 044.7hm²，占总面积的18.05%，其次为胡家甸村和前谟家堡村，分别为720.7hm²和677.6hm²，分别占总面积的12.45%和11.71%。而土地总面积小的分别是小格镇村、星光村、小淑堡村和东谟家堡村，都分别占总面积的2%左右。从不同类型的土地面积分析来看，耕地面积为3 128.9hm²，占总面积的54.05%，主要分布在西苏堡村、胡家甸村和新兴屯村等。次之为城镇村及工矿用地，面积为1 395.3hm²，占总面积的24.10%，主要分布在大淑堡村和胡家甸村等。这两种土地利用类型的面积已经占到土地总面积的80%左右。

表3-3　2010年临湖街道土地利用现状一级分类面积统计表

单位：hm²

行政区域名称	行政区域总面积	耕地	园地	林地	草地	城镇村及工矿用地	交通运输用地	水域及水利设施用地	其他土地
临湖街道办事处	5 778.9	3 128.9	57.1	269.8	31.4	1 395.3	245.4	620.1	40.9
南营子村	210.8	65.4	0.0	8.4	0.8	124.6	5.6	6.1	0.0
星光村	132.8	84.1	0.0	6.0	1.3	27.1	1.7	12.6	0.0

（续）

行政区域名称	行政区域总面积	耕地	园地	林地	草地	城镇村及工矿用地	交通运输用地	水域及水利设施用地	其他土地
联盟村	299.1	105.0	0.3	28.8	8.6	98.7	43.3	8.5	5.9
前谟家堡村	677.6	248.7	0.0	61.3	4.5	143.1	47.1	172.0	0.9
东谟家堡村	160.8	44.0	2.2	52.7	5.2	18.3	7.1	31.3	0.0
金宝台村	304.5	102.2	7.8	25.7	3.5	126.9	25.0	13.5	0.0
大淑堡村	574.8	294.3	1.7	5.3	0.7	211.0	21.5	30.8	9.5
北营子村	267.1	132.4	0.0	11.6	0.7	80.4	20.6	21.4	0.0
胡家甸村	720.7	403.9	11.7	18.4	4.4	198.1	18.6	60.3	5.3
新兴屯村	482.4	393.5	6.3	1.0	1.2	52.3	12.5	14.7	0.9
西苏堡村	1 044.7	649.0	18.6	40.9	0.1	92.9	24.1	202.6	16.5
王秀庄村	360.1	282.3	6.7	2.3	0.4	42.8	10.7	14.2	0.7
代古家子村	272.8	210.2	1.9	4.8	0.0	36.9	5.5	12.7	0.8
小淑堡村	154.0	110.7	0.0	2.6	0.0	19.1	2.0	19.2	0.3
小格镇村	126.6	3.4	0.0	0.0	0.0	123.1	0.0	0.2	0.0

从农用地二级分类的统计分析中可以看出，耕地中主要以水田和旱地为主，分别是 1 302.7hm² 和 1 650.2hm²，分别占耕地总面积的 41.63% 和 52.74%。其中水田主要集中分布于新兴屯村、大淑堡村、王秀庄村和西苏堡村等，旱地主要集中分布于西苏堡村、胡家甸村和代古家子村。

表 3-4　2010 年临湖街道农用地二级分类面积统计表

单位：hm²

行政区域名称	耕地			园地		林地			草地
	水田	水浇地	旱地	果园	其他园地	有林地	灌木林地	其他林地	
临湖街道办事处	1 302.7	176.0	1 650.2	56.7	0.5	217.5	8.6	43.7	40.9
南营子村	0.0	0.0	65.4	0.0	0.0	8.4	0.0	0.0	0.0
星光村	0.0	0.4	83.7	0.0	0.0	3.5	0.0	2.5	0.0
联盟村	16.9	3.3	84.7	0.3	0.0	11.6	0.0	17.1	5.9
前谟家堡村	0.0	70.4	178.2	0.0	0.0	48.7	0.0	12.6	0.9
东谟家堡村	0.0	30.4	13.6	2.2	0.0	52.7	0.0	0.0	0.0
金宝台村	1.6	0.0	100.5	7.3	0.5	15.9	0.0	9.8	0.0
大淑堡村	266.2	18.7	9.5	1.7	0.0	5.3	0.0	0.0	9.5
北营子村	49.4	1.2	81.9	0.0	0.0	11.6	0.0	0.0	0.0
胡家甸村	0.0	18.4	385.4	11.7	0.0	18.4	0.0	0.0	5.3
新兴屯村	346.9	0.5	46.0	6.3	0.0	0.7	0.0	0.3	0.9
西苏堡村	248.7	6.4	393.9	18.6	0.0	31.9	8.6	0.4	16.5
王秀庄村	265.0	15.6	1.6	6.7	0.0	2.3	0.0	0.0	0.7

（续）

行政区域名称	耕地			园地		林地			草地
	水田	水浇地	旱地	果园	其他园地	有林地	灌木林地	其他林地	
代古家子村	2.0	7.1	201.0	1.9	0.0	4.8	0.0	0.0	0.8
小淑堡村	105.9	3.5	1.2	0.0	0.0	1.6	0.0	1.0	0.3
小格镇村	0.0	0.0	3.4	0.0	0.0	0.0	0.0	0.0	0.0

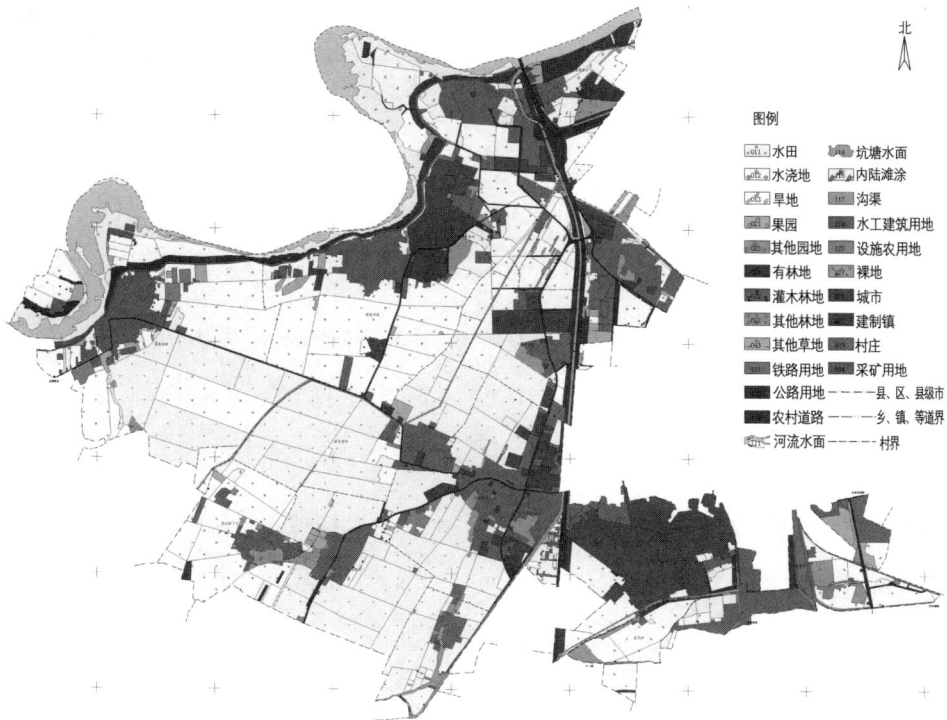

图 3-4　2010 年临湖街道土地利用现状图

3.3.5.2　王纲堡乡

从土地利用一级分类的统计分析中可以看出，王纲堡乡土地总面积 5 283.3hm²，其中王纲堡村面积最大，为 909.3hm²，占总面积的 18.05%，其次为大庄科村和杨孟达村，分别为 746.1hm² 和 735.8hm²，分别占总面积的 14.12% 和 13.93%。而土地总面积最小于家窝棚村，占总面积的 2.56%。从不同类型的土地面积分析来看，耕地面积为 3 566.4hm²，占总面积的 67.50％，主要分布在大庄科村、王纲堡村和新开河村等。次之为水域及水利设施用地和城镇村及工矿用地，面积分别为 617.7hm² 和 583.5hm²，分别占总面积的 11.69％ 和 11.04％，其中水域及水利设施用地主要分布在王纲堡村和拉他泡村，城镇村及工矿用地主要分布在王纲堡村和新开河村。

表 3-5　2010 年王纲堡乡土地利用现状一级分类面积统计表

单位：hm²

行政区域名称	行政区域总面积	耕地	园地	林地	草地	城镇村及工矿用地	交通运输用地	水域及水利设施用地	其他土地
王钢堡乡	5 283.3	3 566.4	31.5	263.4	47.3	583.5	155.7	617.7	17.8
大庄科村	746.1	592.5	0.0	15.1	3.1	61.0	17.3	57.2	0.0
金大台村	247.5	187.9	0.0	4.0	0.4	24.4	5.0	25.8	0.0
杨孟达村	735.8	532.2	0.0	46.7	2.7	67.5	22.4	59.5	5.0
张当堡村	363.2	220.7	0.0	17.7	11.0	36.6	10.0	56.1	11.2
拉他泡村	418.8	232.9	0.0	14.9	15.7	49.1	6.6	99.5	0.0
新开河村	790.0	494.3	0.0	85.0	3.2	113.7	20.5	73.3	0.0
王纲堡村	909.3	574.9	29.9	34.6	4.1	126.2	28.4	111.2	0.0
马头浪村	651.6	447.8	1.6	31.9	5.9	72.4	32.5	57.8	1.6
于家窝棚村	135.4	61.3	0.0	11.1	0.9	8.4	4.0	49.8	0.0
水萝卜台村	285.6	222.0	0.0	2.3	0.4	24.3	9.0	27.5	0.0

从农用地二级分类的统计分析中可以看出，耕地中主要以旱地为主，面积为 2 497.7hm²，占耕地总面积的 70.03％。其中旱地主要集中分布于新开河村、杨孟达村、马头浪村和王纲堡村等，次之为水田，面积为 736.9hm²，占耕地总面积的 20.66％，水田主要集中分布于大庄科村、王纲堡村和杨孟达村。

表 3-6 2010 年王纲堡乡农用地二级分类面积统计表

单位：hm²

行政区域名称	耕地			园地		林地			草地
	水田	水浇地	旱地	果园	其他园地	有林地	灌木林地	其他林地	
王钢堡乡	736.9	331.8	2 497.7	31.1	0.4	241.1	0.0	22.3	47.3
大庄科村	227.9	22.7	342.0	0.0	0.0	6.7	0.0	8.3	3.1
金大台村	98.9	10.3	78.8	0.0	0.0	4.0	0.0	0.0	0.4
杨孟达村	108.5	52.2	371.5	0.0	0.0	46.0	0.0	0.7	2.7
张当堡村	39.0	7.0	174.7	0.0	0.0	17.7	0.0	0.0	11.0
拉他泡村	52.4	2.6	177.9	0.0	0.0	14.9	0.0	0.0	15.7
新开河村	2.6	54.3	437.4	0.0	0.0	72.2	0.0	12.9	3.2
王纲堡村	119.2	150.9	304.8	29.9	0.0	34.6	0.0	0.0	4.1
马头浪村	88.4	19.1	340.2	1.2	0.4	31.7	0.0	0.2	5.9
于家窝棚村	0.0	0.5	60.9	0.0	0.0	10.9	0.0	0.1	0.9
水萝卜台村	0.0	12.4	209.6	0.0	0.0	2.3	0.0	0.0	0.4

3.3.5.3 永乐乡概况

从土地利用一级分类的统计分析中可以看出，永乐乡土地总面积 5 613.5hm²，其中新台子村面积最大，为 710.5hm²，占总面积的 12.66%，其次为永胜村和小韩台村，分别为 619.4hm² 和 562.4hm²，分别占总面积的 11.03% 和 10.02%。而土地总面积最小的是张庄村，占总面积的 3.28%。从不同类型的土地面积分析来看，耕地面积为 4 468.9hm²，占总面积的 79.61%，主要分布在新台子村、永胜村和小韩台村等。次之的为城镇村及工矿用地，面积为 582.2hm²，占总面积的 10.37%，主要分布在新台子村、小韩台村和永乐村等。这两种土地利用类型的面积已经占到土地总面积的 90% 左右。

图 3-5　2010 年王纲堡乡土地利用现状图

表 3-7　2010 年永乐乡土地利用现状一级分类面积统计表

单位：hm²

行政区域名称	行政区域总面积	耕地	园地	林地	草地	城镇村及工矿用地	交通运输用地	水域及水利设施用地	其他土地
永乐乡	5 613.5	4 468.9	4.3	23.3	6.2	582.2	190.5	333.0	5.2
富家屯村	271.3	212.3	1.0	0.7	0.0	41.5	9.7	6.2	0.0
大韩台村	426.1	328.1	0.0	0.7	0.2	62.0	12.7	21.6	0.8
小韩台村	562.4	453.3	0.0	0.0	0.3	55.2	15.6	37.7	0.3
羿古家子村	229.4	169.7	0.0	0.3	0.0	29.4	9.0	21.0	0.0
互助村	413.0	331.1	0.0	0.7	0.6	37.1	17.1	26.4	0.0
二台子村	224.3	185.2	0.0	1.5	0.6	19.8	7.7	9.2	0.3
宝相屯村	519.9	414.7	1.6	1.6	0.6	45.6	18.3	38.7	0.0
永乐村	466.6	376.8	3.3	1.3	0.5	50.7	14.3	19.6	0.0
张庄村	184.0	140.9	0.0	0.0	0.7	26.9	7.9	7.5	0.0

（续）

行政区域名称	行政区域总面积	耕地	园地	林地	草地	城镇村及工矿用地	交通运输用地	水域及水利设施用地	其他土地
杨树林子村	302.5	238.7	0.0	1.5	0.5	25.7	11.4	24.7	0.0
孟达堡村	422.2	345.8	0.0	1.1	0.4	29.4	15.1	30.4	0.0
永胜村	619.4	488.6	0.0	10.5	0.1	45.2	20.2	52.8	2.0
白云庄村	262.0	207.6	0.0	0.8	0.2	29.1	7.1	15.3	1.8
新台子村	710.5	576.1	0.0	2.3	1.2	84.8	24.4	21.8	0.0

从农用地二级分类的统计分析中可以看出，耕地中主要以旱地为主，面积为 3 141.3hm²，占耕地总面积的 70.29%。其中旱地主要集中分布于新台子村、小韩台村、宝相屯村和永乐村等，次之为水浇地，面积为 828.2hm²，占耕地总面积的 18.53%，水浇地主要集中分布于新台子村和互助村。

表 3-8 2010 年永乐乡农用地二级分类面积统计表

单位：hm²

行政区域名称	耕地			园地		林地			草地
	水田	水浇地	旱地	果园	其他园地	有林地	灌木林地	其他林地	
永乐乡	499.4	828.2	3 141.3	1.0	3.3	18.5	0.0	4.8	6.2
富家屯村	3.5	12.0	196.8	1.0	0.0	0.5	0.0	0.2	0.0
大韩台村	0.2	42.3	285.6	0.0	0.0	0.7	0.0	0.0	0.2
小韩台村	2.2	53.8	397.3	0.0	0.0	0.3	0.0	0.0	0.3
羿古家子村	0.0	56.8	112.8	0.0	0.0	0.3	0.0	0.0	0.0
互助村	0.5	157.9	172.6	0.0	0.0	0.0	0.0	0.7	0.6
二台子村	13.4	37.1	134.8	0.0	0.0	1.1	0.0	0.5	0.6
宝相屯村	10.0	62.4	342.3	0.0	0.0	1.6	0.0	0.0	0.9
永乐村	9.0	45.4	322.4	0.0	3.3	0.5	0.0	0.0	0.5
张庄村	0.0	55.3	85.7	0.0	0.0	0.0	0.0	0.0	0.7
杨树林子村	0.4	37.7	200.5	0.0	0.0	1.4	0.0	0.1	0.5
孟达堡村	3.8	35.8	306.2	0.0	0.0	0.4	0.0	0.7	0.4

（续）

行政区域名称	耕地			园地		林地			草地
	水田	水浇地	旱地	果园	其他园地	有林地	灌木林地	其他林地	
永胜村	296.5	41.0	151.0	0.0	0.0	9.0	0.0	1.5	0.1
白云庄村	148.5	25.6	33.5	0.0	0.0	0.7	0.0	0.1	0.2
新台子村	11.3	165.1	399.7	0.0	0.0	2.3	0.0	0.0	1.2

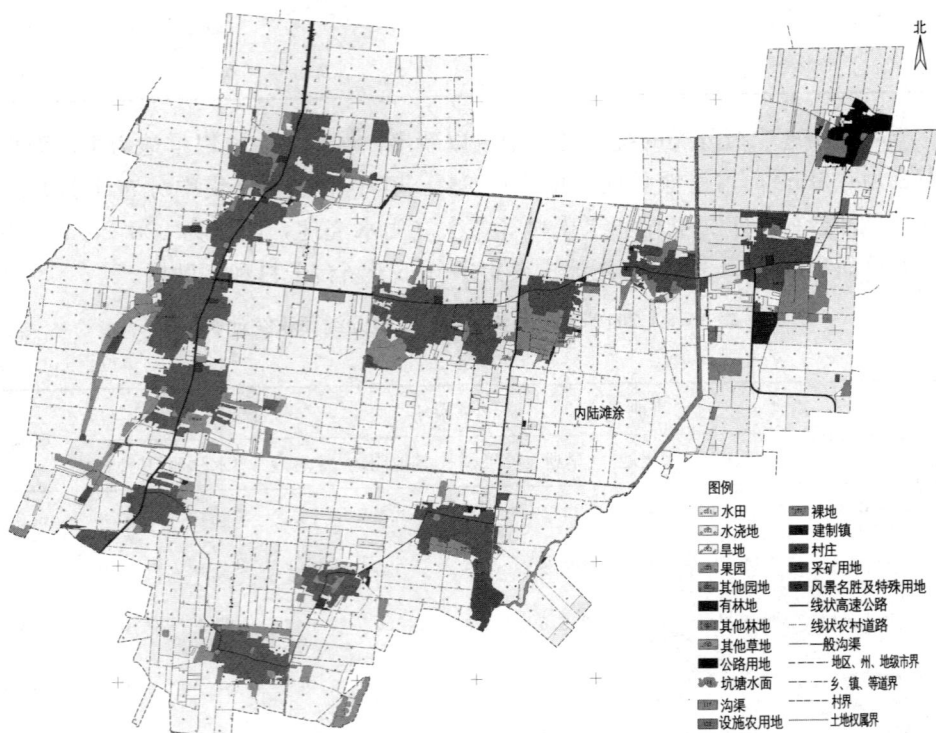

图 3-6　2010 年永乐乡土地利用现状图

3.4　工业化、城市化进程及其社会经济环境变化、政策制度变迁

3.4.1　工业化、城市化进程中经济结构变化

本部分在对工业化、城市化进程中产业结构变化、就业结构变化和城市规模扩张进行理论和一般规律分析的基础上，对工业化、城市化进程中三者变化规律及其特征加以深入分析，为下文工业化、城市化对农户土地利用行为的影

响机理分析奠定基础。

纵观改革开放以来沈阳市工业化、城市化发展历程，是一个启动起伏、停滞、恢复和加速发展的不平坦曲折之路。由此而来的产业结构演变、就业结构变化也经历了一个由不合理到逐步合理，并向优化和升级的方向发展过程。

图3-7是改革开放以来沈阳市工业化率、城市化率变化情况。可以看出，沈阳市工业化、城市化大致可分为四个阶段。

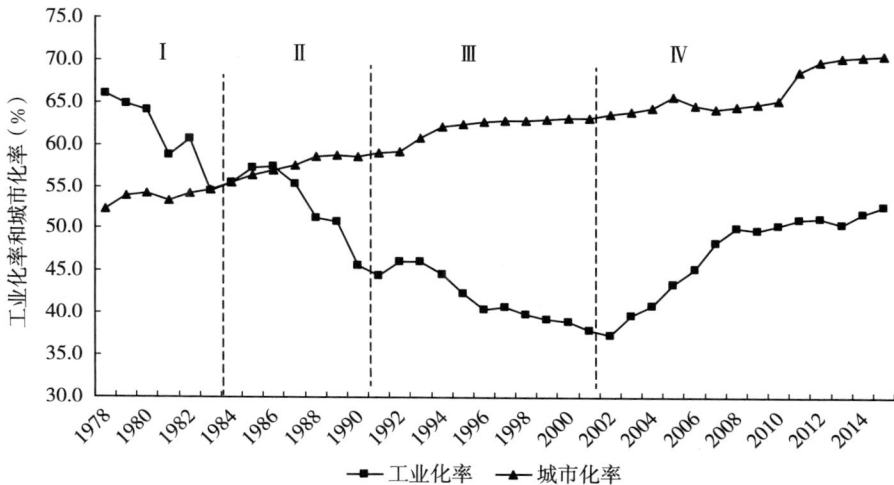

图3-7　沈阳市工业化、城市化进程

3.4.1.1　第一阶段：工业化率迅速下降、城市化率波动式上升

第一个阶段大致是1978—1983年，这一时期工业化率迅速下降，工业产值占GDP的比重由1978年的65.9%下降到54.5%，年均下降2.28%；而同期沈阳市城市化率则呈现出波动式的上升，城镇人口比重由1978年的52.3%增加到54.7%，年均增加0.48%，这期间，城市化进入到缓慢增长的发展阶段。

在这一时期，工业化率的快速增加并没有带来城市化率的迅速增加，城市化率却呈现出波动式的上升。这与重工业优先发展造成的就业结构偏差有很大关系。沈阳市在改革开放以前，实施重工业优先发展的战略，一定程度上降低了就业弹性。在重工业优先发展战略实施的同时，政府还通过户籍制度，严格限制农村劳动力进入城市以及农业劳动力向非农产业的转移。产业结构的变化没有带动就业结构的良性互动，使人口的城乡分布陷于失衡状态。农村大量剩余劳动力的存在不仅造成沈阳市城市化发展缓慢，而且对农地利用和农村生态环境都产生一定的影响。

表3-9　1978—1983年沈阳市产业结构水平以及人均GDP变化情况

年份	占GDP比重（%）			就业比重（%）			人均GDP（元/人）
	第一产业	第二产业	第三产业	第一产业	第二产业	第三产业	
1978	9.0	65.9	25.0	31.0	47.4	21.6	819
1979	10.4	64.9	24.7	29.2	48.9	21.9	914
1980	11.5	64.0	24.5	24.0	53.6	22.4	1 013
1981	13.7	58.8	27.5	23.0	53.1	23.8	958
1982	13.4	60.7	26.0	23.1	52.5	24.4	1 054
1983	15.6	54.5	29.9	23.7	51.1	25.3	1 312

3.4.1.2　第二阶段：工业化率继续回落、城市化稳步发展阶段

第二阶段大致是1984—1990年，这一时期工业化率继续出现回落、城市化进入到稳步发展阶段。1984年，沈阳市工业化率55.5%，到1990年降低到45.6%，年均降低1.66%。而同期，城市化率以年均0.51%的速度增加，这与沈阳市改革开放以来乡镇工业的崛起、迅速发展是分不开的。乡镇工业的迅速发展，极大地缓解了农村的就业压力，同时也带动小城镇的迅速发展，使得城镇人口比例迅速增加。

乡镇工业的迅速发展，极大带动了城市化的发展，并在一定程度上校正了过去由于重工业为主的产业结构偏差。但也必须看到，由于传统体制的惯性，在城乡隔绝体制尚未破除、城市发展机制尚未转换的情况下，早期乡镇工业发展的"离土不离乡、进厂不进城的模式"，以及乡镇工业布局高度分散化，对土地利用以及农村生态环境产生了极大的影响。

表3-10　1984—1990年沈阳市产业结构水平以及人均GDP变化情况

年份	占GDP比重（%）			就业比重（%）			人均GDP（元/人）
	第一产业	第二产业	第三产业	第一产业	第二产业	第三产业	
1984	14.5	55.5	30.0	20.8	52.9	26.3	1 558
1985	9.7	57.3	32.9	19.4	53.7	26.9	1 824
1986	9.2	57.4	33.3	18.1	54.6	27.3	2 056
1987	9.5	55.3	35.2	17.3	54.8	28.0	2 491
1988	10.4	51.3	38.4	16.9	54.2	28.9	3 089
1989	7.5	50.7	41.7	17.7	53.1	29.1	3 424
1990	10.1	45.6	44.3	20.0	48.8	31.1	3 653

3.4.1.3 第三阶段：工业化率下降放缓、城市化继续稳步发展阶段

从这一时期开始，工业化率下降放缓，城市化进入到良性发展阶段。1991年工业化率为44.5%，到2000年下降到39.0%，9年间下降了5.5%，年均下降0.61%；同期，城市化率则由59.0%增加到63.2%，年均增加0.47%。

表3-10给出了这一时期沈阳市产业结构水平以及人均GDP的变化情况。可以看出，1991年以来，第二产业在GDP中的构成比例下降较为明显，由44.5%下降到39.0%年均下降0.61%，2000年甚至占到GDP比重的1/3。从就业比例来看，第一产业就业比例出现一定的波动，但整体变化幅度不明显，第二产业就业比例下降明显，第三产业就业比例较大幅度的增加，由31.3%增加到41.2%，年均增加1.1%。工业化率的下降放缓、第三产业的快速发展和城市化的稳定发展也带来人均GDP的快速增加，1991年全国人均GDP仅为3 930元，到2000年增加到15 666元/人，年均增加33.18%。

表3-11 1991—2000年沈阳市产业结构水平以及人均GDP变化情况

年份	占GDP比重（%）			就业比重（%）			人均GDP（元/人）
	第一产业	第二产业	第三产业	第一产业	第二产业	第三产业	
1991	10.0	44.5	45.5	20.8	47.8	31.3	3 930
1992	9.0	46.1	44.9	19.8	47.6	32.7	5 012
1993	8.2	46.1	45.7	19.6	45.8	34.7	6 478
1994	8.1	44.6	47.3	18.5	44.9	36.6	8 364
1995	7.6	42.3	50.0	18.0	43.9	38.1	10 125
1996	7.3	40.4	52.2	19.3	42.2	38.5	11 177
1997	7.1	40.7	52.1	21.5	41.9	36.6	12 281
1998	7.2	39.9	52.9	21.8	38.0	40.2	13 451
1999	7.2	39.3	53.5	23.2	35.9	41.0	14 374
2000	7.0	39.0	54.0	23.5	35.3	41.2	15 666

3.4.1.4 第四阶段：工业化快速发展阶段，城市化持续稳步增长

2001年以后，沈阳市工业化率继续保持持快速发展的态势，到2015年工业化率增加到52.8%，比2001年增加14.8%；同期，城市化也处于稳定发展阶段，2010年城市化率达到70.5%，比上一阶段末的2000年增加了7.3%。

在这一阶段，第二产业产值在 GDP 中的比值继续增加，各年均达到 66% 左右，年均增加 4.41%。第一产业就业比例不断降低，第二产业就业比例变化不大，第三产业就业比例继续增加。同期，人均 GDP 继续保持较快速度的增加，年均增加 30.67%（表 3-12）。

表 3-12　2001—2015 年沈阳市产业结构水平以及人均 GDP 变化情况

年份	占 GDP 比重（%）			就业比重（%）			人均 GDP（元/人）
	第一产业	第二产业	第三产业	第一产业	第二产业	第三产业	
2001	6.8	38.0	55.2	22.1	33.3	44.5	17 084
2002	6.6	37.4	56.0	22.5	30.9	46.5	19 242
2003	5.9	39.8	54.3	23.1	29.2	47.8	21 798
2004	6.4	41.0	52.6	15.2	34.9	49.9	25 640
2005	6.1	43.5	50.5	14.6	35.4	50.0	29 935
2006	5.4	45.2	49.4	13.2	37.0	49.8	35 940
2007	5.2	48.3	46.5	12.3	39.0	48.8	45 582
2008	4.8	50.1	45.1	12.7	36.8	50.6	54 248
2009	4.9	49.8	45.3	11.2	36.4	52.4	54 654
2010	4.6	50.4	44.9	10.9	37.2	51.9	62 357
2011	4.7	51.2	44.1	18.2	28.4	53.4	72 648
2012	4.8	51.2	44.0	17.9	28.6	53.5	80 480
2013	4.8	50.5	44.8	17.4	29.0	53.6	82 112
2014	4.6	49.9	45.5	16.9	29.4	53.7	85 816
2015	4.7	47.8	47.5	16.9	29.3	53.9	87 734

工业化、城市化的发展必然引起经济结构的变动，而又以产业结构和就业结构变化为主要内容，产业结构、就业结构变化又将对土地利用结构、土地利用行为发生影响，进而影响到农地质量。从沈阳市工业化、城市化发展各个时期产业结构、就业结构变动来看，随着工业化、城市化发展恢复之后，并逐渐进入到加速发展阶段，经济结构变动最显著特征就是第二、三产业产值比重、非农就业比重以及人均 GDP 迅速增加（表 3-13），而且随着今后工业化、城市化更快速的发展，仍将对经济结构变动产生显著影响，从而可能对土地利用产生更为强烈的影响。

表 3-13 改革开放后各阶段工业化、城市化发展与经济结构变化情况

指标名称		第一阶段	第二阶段	第三阶段	第四阶段
工业化率（%）	变化	−11.4	−9.9	−5.5	13.8
	变化率	−17.4	−17.9	−12.3	35.2
城市化率（%）	变化	2.4	3.2	4.2	7.3
	变化率	4.6	5.7	7.2	11.5
非农产值占GDP 比重（%）	变化	−6.5	4.4	3.0	2.4
	变化率	−7.2	5.1	3.4	2.6
非农就业比例 （%）	变化	7.3	0.7	−2.6	6.8
	变化率	10.6	0.9	−3.3	8.9
人均GDP（元/人）	变化	493	2 095	11 736	72 068
	变化率	0.6	1.3	2.9	4.6

3.4.2 工业化、城市化进程中的城市扩张

工业化、城市化发展，产业结构升级、就业结构变化与城市规模扩张，三者之间是一种良性互动、相互协调的过程。但由于沈阳市工业化发展过程中，实行了产业化偏差的工业化策略，不仅使得就业结构与产业结构变动之间出现偏差，而且使得工业化和城市化进程表现出明显的偏差，表现为城市化滞后于工业化。这种政策偏差又影响到城市发展规模和发展模式，进而影响到土地资源的利用。

表 3-14 沈阳市城市化和工业化的发展比较

单位：%

年份	1981	1982	1983	1984	1985	1986	1987	1988	1989	1990
城市化率	53.3	54.2	54.7	55.5	56.4	57.1	57.6	58.7	58.8	58.6
工业化率	58.8	60.7	54.5	55.5	57.3	57.4	55.3	51.3	50.7	45.6
城市化率/ 工业化率	90.7	89.4	100.3	99.9	98.4	99.4	104.1	114.4	115.8	128.6

年份	1991	1992	1993	1993	1995	1996	1997	1998	1999	2000
城市化率	59.0	59.2	60.8	62.2	62.5	62.8	62.9	62.9	63.1	63.2
工业化率	44.5	46.1	46.1	44.6	42.3	40.4	40.7	39.9	39.3	39.0
城市化率/ 工业化率	132.6	128.5	131.9	139.3	147.6	155.3	154.3	157.6	160.7	162.1

（续）

年份	2001	2002	2003	2004	2005	2006	2007	2008	2009	2010
城市化率	63.2	63.6	63.9	64.3	65.7	64.6	64.2	64.5	64.8	65.2
工业化率	38.0	37.4	39.8	41.0	43.5	45.2	48.3	50.1	49.8	50.4
城市化率/工业化率	166.3	170.2	160.7	157.0	151.2	142.9	132.9	128.8	130.0	129.3

年份	2011	2012	2013	2014	2015
城市化率	68.6	69.8	70.2	70.4	70.5
工业化率	51.2	51.2	50.5	51.9	52.8
城市化率/工业化率	134.13	136.27	139.16	135.69	133.68

改革开放以来，沈阳市城市化得到了一定程度的发展。但由于城市化进程受到偏差的产业政策影响，在实现工农业产值重大转变的同时，也使城市化和工业化的存在一定的偏差。一般认为，城市化率和工业化率比值合理范围在 140%～250%。从表 3－14 可以看出，1981—1990 年，该比值从 90.7% 上升到 128.6%，与合理值中的最低值相比，差距是逐渐减少的；进入 20 世纪 90 年代后，这一比值有所提高，到 2002 年达到最大值 170.2%，处于相对合理的范围，但是到 2010 年又下降到 129.3%，说明城市化滞后于工业化，极大地制约了农村人口向城市的转移。当然，沈阳市城市化滞后于工业化，究其原因，除了改革开放前采取的重工业优先发展战略之外，还与同时期的政策有关，如农村土地集体所有制、户籍制度、城市粮食供应政策、城市居民福利政策等，但这些都是为了服务于当时快速工业化战略的。随着工业化、城市化改革进程的不断深入，市建成区面积也呈现出迅速扩张的趋势，特别是进入 2000 年以后，城区面积扩展速度明显增快，从 1.97% 提高到 2.3%，尤以 2004 年显为最显著，比 2003 年增加了 30km²（表 3－15），增长速度达到 11.5%。

表 3－15　1978—2015 年沈阳市城市建成区面积变化

单位：km²,%

年份	城区面积	比上一年期增加面积	年均增长速度
1978	163.33	—	—
1990	201.85	38.52	1.97
2000	237.95	36.1	1.79
2001	243.4	5.45	2.3

（续）

年份	城区面积	比上一年期增加面积	年均增长速度
2002	248	4.6	1.9
2003	261	13	5.2
2004	291	30	11.5
2005	310	19	6.5
2006	325	15	4.8
2007	347	22	6.8
2008	370	23	6.6
2009	395	25	6.8
2010	412	17	4.3
2011	430	18	4.4
2012	455	25	5.8
2013	465	10	2.2
2014	465	0	0.0
2015	—	—	—

3.4.3 工业化、城市化进程中的价格指数变化

从图3-8中可以明显看出，改革开放以来，沈阳市生产资料价格变化分为三个阶段：1978—1990年，生产资料价格稳中有升，出现小幅的波动；1991—2000年，生产资料价格出现较大幅度的波动，且到1991年生产资料价格指数为109.7，到2000年下降到100.0，整体出现下降的趋势；2001—2010

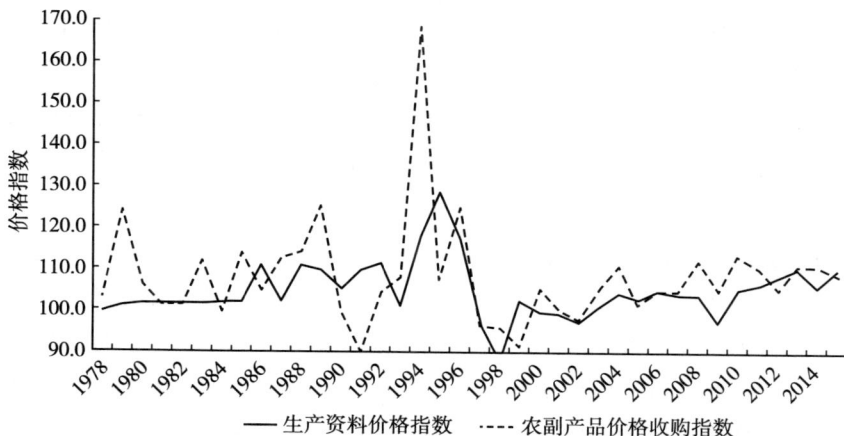

图3-8 1978—2015年生产资料和农副产品价格指数变化图

年，生产资料价格出现周期性的变化，从 2001 年的 99.2 上升到 2010 年的 105.4。农副产品价格收购指数也出现了与生产资料价格相似的变化趋势，1978—1990 年，呈现周期性的变化，变化幅度较小，1991—2000 年，呈现较大幅度的周期性变化；2001—2015 年，呈现周期性的变化，且农副产品价格收购指数从 105.4 上升到 108.7。

而从两者之间的变化率分析也可以看出，具有相似的阶段性变化。在 1990 年之前，两者都出现了小幅的波动，且稳中有升。但从 1991—2000 年，两者之间都出现了大幅的波动，其中生产资料价格指数最大变化率出现在 1995 年，为 28.6%，农副产品价格收购指数最大变化率出现在 1994 年，为 68.6%。从 2001 年开始，两者的变化率都出现小幅的波动，且稳中有升。

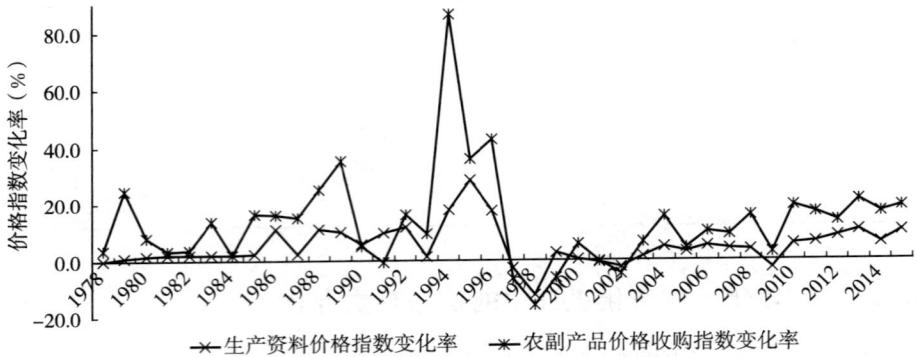

图 3-9　1978—2015 年生产资料和农副产品价格指数变化率变化趋势

3.4.4　工业化、城市化进程中政策制度环境变迁研究

工业化、城市化的快速推进，推动着我国从传统的城乡二元结构向现代社会结构转变。这种社会结构转变的人口规模之大、速度之快和程度之深，在世界现代化历史上是空前的。数以亿计的农民离开土地向非农产业的迅速转移，乡村人口向城市的大量集中，为中国的社会结构转型带来强大动力，极大地改变了人们的生活方式、就业方式和整个社会的面貌。

通过前面的理论基础分析和上面的理论分析框架可以看出，从时间序列角度来说，工业化、城市化进程中农户所处的外部经济政策环境变迁是导致农户土地利用行为演变的根本驱动力，因此，为了能够弄清楚农户土地利用行为的演变规律和特征，首先应该明确改革开放以后，农户所处的外部农村社会经济政策环境的变迁。改革开放 30 年来，根据中国经济体制改革的推进（习惯称渐进式改革）和国民经济发展的战略的调整，国家对农村经济体制的改革、农村土地制度变迁、农村劳动力市场的变迁、农产品和生产资料流通体制改革的市场化进程和农户收入阶段性调整，可以将农户所处的外部经济政策环境变迁划分为 1978—1984 年、1985—1991 年、1992—1999 年和 2000 年至今四个阶段。

表 3-16 改革开放以来农业经济体制改革演变的阶段划分

社会经济政策环境	第一阶段（1978—1984 年）	第二阶段（1985—1991 年）	第三阶段（1992—1999 年）	第四阶段（2000 年至今）
农业经济体制改革	开放集市贸易、引入市场机制	取消农产品统购统销制度、逐步转换农产品价格形成机制	建立市场经济条件下的宏观调控机制、依法管理农业	全面取消农业税、走向建设服务性政府的新轨道
农村土地制度变迁	建立家庭承包责任制	规范和稳定土地承包制，建立健全土地承包经营权的流转市场		农村土地制度承包经营权正式获得了国家法定的物权地位，逐步建立城乡统一的建设用地市场
农村劳动力市场的变迁	发展多种经营，优化农业内部就业结构	大力推动乡镇企业发展，促进农村劳动力就地转移	流动政策逐步开放，促进劳动力异地转移	规范农民工管理，探索城乡统筹就业
农产品流通体制改革的市场化进程	减少农产品的统购统销，发展农产品集贸市场，扩大农产品流通渠道	逐步放开"菜篮子"产品的经营和价格，农产品流通多渠道不断形成，粮食"实行双轨制"	农产品市场化取向更加明确，农产品流通体制市场化改革被最终确立	
农业生产资料流通体制革的市场化进程	实行了生产资料国家定价、政府指导价和市场调节价相结合的价格管理体制，形成化肥、农药的双轨制	生产资料允许多种渠道经营，出现了农资市场的混乱，价格大幅上涨，生产资料倒买倒卖现象严重	农业上产资料价格持续上升，实行最高限价，取消化肥等指令性生产和统配收购计划，兴起农资连锁经营	形成以个体经营为基础，以供销社农资公司、农机服务部门为主体，以其他多种形式的农资经销单位为补充的价格格局
农户收入变化	快速回复增长时期	波动性缓慢增长阶段	农户收入加快的增长	农民收入再次陷入缓慢增长，到 2004 年在国家相关政策刺激下，获得了较快的增长

第一阶段为 1978—1984 年，是经济改革启动和大力加强农业产业发展阶段。

农业和农村积极政策归纳起来有两方面的重大转变：一是农村率先进行以

建立家庭承包经营责任制为核心内容的改革，摒弃了低效的政社合一、高度集中经营的人民公社体制。这一历史性改革，转换了农村经营管理体制，并诱发了一系列组织与制度创新，极大的解放和发展了生产力，使过去长期被压抑的生产潜能释放出来；二是纠正了国民收入分配中长期的重工轻农的政策，大幅度提高粮食及其他农产品价格，初步改善国家和农民的利益关系，增加农民的所得，同时制定和实施了减少粮食征购任务让农民休养生息的、活跃农村商品经济的一系列促进粮食、农业和农村全面发展的农村经济政策。

第二阶段为 1985—1991 年，是市场改革的探索和结构调整阶段。

1984 年下半年开始，我国的经济体制改革转向了以城市为中心的全面改革，在新的经济环境、经济秩序和城乡格局中，农业政策发生了明显变化和调整。具体而言，主要表现在三个方面：一是城市经济体制改革和工业化发展，农业为国家工业化提供更多的农业剩余。由于重工轻农的复归而重新加大了对农业剩余的抽取力度，实行了不利于农业自我积累和工农产品比价政策，导致农业投入减少，"剪刀差"扩大，工农业发展速度失衡，农业发展处于严峻的困境。二是对自 1953 年的开始实行的农产品统派购制度进行改革，取消了对农产品长期限制的强制收购政策。这项意义重大的改革为我国农村引进了市场机制，被誉为农村经济体制改革的第二次改革。但是，由于全面取消了农产品的统派购制度的成本和风险过大，且难以估量，因而这一改革方案在实践中是改为渐进推进的方式，即以对粮食实行国家定购和市场销售的"双轨制"，导致了市场制度不均衡。三是实行了农村产业结构调整，大力扶持新的经济增长点—乡镇企业，促使异军突起；同时，农业内部也进行了调整，通过降低粮食收购价格、减少粮食征购量及直接调减粮食种植面积等方面的政策措施，调减粮食产量，扩大了其他作物和动物性生产的比重。其结果是源源不断的释放出了结构生产力，农村经济高速增长，水产品、畜产品及水果、蔬菜等高速发展，乡镇企业异军突起，使整个农村经济容量迅速扩大，但粮棉油大宗农产品波折徘徊。

第三阶段为 1992—1999 年是全面市场经济建设阶段。

1992 年以邓小平南方谈话为契机，中共十四大明确了建立社会主义市场经济体制改革目标，在农村改革方面，市场化改革进程加快，围绕适应市场经济发展建立农业宏观调控体系，支持农业产业化和股份合作制的发展。在农业发展政策方面，经历由 1992—1994 年的挤农化向 1995—1999 年的强农转变。1992—1994 年，中央三令五申强化农业，要求各级增加农业投入，并实行"三挂钩"和化肥最高限价政策等，但由于经济过热兴起办开发区热，土地、资金等生产要素大量非农化，强化农业政策出台但难以执行，当时社会称之为

"口号农业"。1995 年开始，在国民经济"软着陆"条件下，加大农业投入，提高粮食收购价格，并实施"米袋子"省长负责制等，粮食生产丰收。国家根据粮食产生的问题进行不断的政策调整。

第四阶段为 2000 年至今，统筹城乡经济发展，推进社会主义市场经济体制不断完善。

2003 年召开的党的十六届三中全会作出了《关于完善社会主义市场经济体制若干问题的决定》，对建成完善的社会主义市场经济体制进行了全面的部署。在党的十六届三中、四中、五中全会等重要会议上提出的树立科学发展观和构建社会主义和谐社会的重大战略思想，按照统筹城乡发展、统筹区域发展、统筹经济社会发展、统筹人与自然和谐发展、统筹国内发展和对外开放的要求，积极推进各个领域的改革，努力构建落实科学发展观和促进社会和谐的体制保障。推进农村税费改革，全面取消了农业税、牧业税、农业特产税、屠宰税以及统筹提留等收费项目，全部放开粮食购销市场和价格，实行粮食购销市场化、经营主体多元化；推进农村金融改革，推进农村信用社等金融组织改革，增强农村金融服务；进一步巩固完善农村基本经济制度，颁布了《农村土地承包法》，全面推进农村集体林权制度改革，坚持和完善基本经济制度。

第四章 工业化、城市化进程中影响农户土地利用行为的关键因素识别

4.1 理论分析框架的构建

根据农户行为经济学的相关理论，人类的一切活动（物质活动和精神活动）都是由一定的需要产生一定的动机与目标，到一定行为达到满足，产生新的需求进入新的行为，以此周而复始。动机与目标的主要来源有两个：一是内在原因，即自身需要的满足，它是个体受本身机体组织的驱动，包括自身拥有的土地、劳动力、资本、技术等要素情况，在一定条件下必然产生的，是一种客观状态；二是外在原因，是指作用于人的身心的外在刺激，人总是在特定外环境条件下，产生特定的行为方式。而农户的土地利用行为是在农户所处的内部环境和外在环境的变化共同作用下不断调整自身的行为目标，从而促使土地利用行为发生变化，最后导致在不同时间和不同空间范围内农户土地利用行为存在差异。

依据前面的理论分析，工业化、城市化实际上是生产要素和产品市场变动的过程，这种变动主要是由一系列的社会经济及政策因素的变化所构成，包括城市规模扩张、经济结构调整、农产品与生产资料价格改变、政策制度安排的变化，这些因素的变化导致了外部环境的改变，外部环境的变化也会间接地促进农户拥有的土地、劳动力、资本、技术等内部环境的变化，理性农户会根据

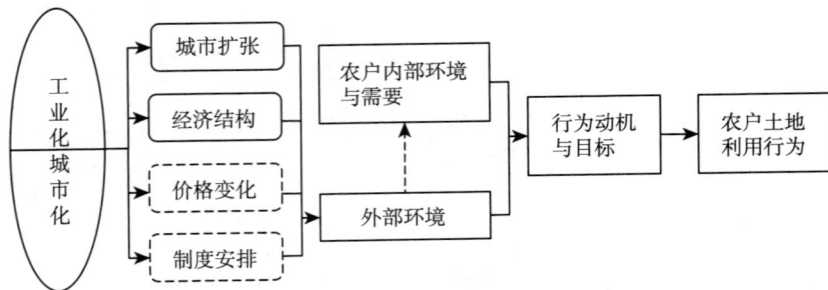

图 4-1 工业化、城市化进程中社会经济及政策变化对
农户土地利用行为影响机理分析框架

外部环境和农户内部环境的变化调整对土地的需求，从而促使土地利用行为动机与目标发生改变，而动机、目标的改变直接促使农户土地利用行为发生改变，最终达到农户对土地需求与土地生产能力（粮食生产能力和价值生产能力）的匹配。具体见图 4 - 1。

4.2　农户土地利用行为影响因素的理论分析

从以上的分析框架可以看出，农户土地利用行为的目标受到农户所处的外部环境和内部环境的影响，其中外部环境主要包括城市扩张、经济结构调整、价格变化和政策制度安排变化，内部环境主要包括农户个人特征、农户家庭特征和土资源禀赋。这些因素都影响着农户的土地利用决策行为，农户土地利用的类型、方式和强度的变化。

4.2.1　城市扩张与农户土地利用行为

城市规模的扩张会给周围地区产生辐射带动作用，主要表现为由于受城市化辐射程度的不同，不同区域经济发展水平会存在差异，农户在不同的经济发展水平压力下，会表现出不同的土地利用行为。

另外，国家的土地征收（征用）制度在土地征收（征用）发生地区对农户土地经营行为产生了较大影响。在城乡结合部地区，由于工业化、城市化进程的加快，土地征收（征用）频繁发生，随之各农户承包的土地在数量上和地块上都进行了调整，因此，该地区农户一般进行常规的作物种植，基本没有对土地的长期投资。而在其他的农村地区，果树和挖塘养鱼等这些需要长期持续经营方式非常常见，农户普遍认为自己所经营的土地不会被村集体收回。在一些特殊情况下，农户知道自己的土地将会被征收（征用），在当季的作物播种后便不进行太多管理，或者是大量种植能获得较高补偿的植物。因此，选择调查区域距离中心城区距离及土地调整的次数表示城市扩张。

4.2.2　经济结构调整与农户土地利用行为

从前面的分析可以看出，经济结构调整的实质是就业结构的变化。一个家庭的劳动力禀赋是有限的，如果非农劳动增加，农业的劳动时间自然会减少。并且，由于农业和非农业领域存在比较收益的差异，农户进行非农生产的机会成本增加，农户进行农业生产性投资的可能性会减小。特别对于农家肥这种特殊的长期投入，具有劳动密集型的特点，受到劳动力禀赋的约束。

随着工业化、城市化进程的不断加快，越来越多的农民进入城乡非农生产领域就业，尤其是外出务工成为农民增加收入的一种现实选择。由于农产品价格较低，农业收入普遍比外出务工低，农民感到务农种粮不如在外务工的收入高，因此，有大批农民不断外出务工，甚至有的举家外出。留守农村的人被形容为"386199"部队，即妇女、小孩和老人，留守农村劳动力从事着"满足生活基本需要"的农业生产，缺少对农业精耕细作的积极性，更缺乏土地资源地力保护的措施，一些耕地甚至被撂荒。所以耕地培肥被忽视，管理投入，增施有机肥、绿肥种植等大幅度减少，造成耕地土壤肥力供求失衡，地力下降。因此，选择家庭从事非农就业的人数表示经济结构调整。

4.2.3 价格变化与农户土地利用行为

农产品价格是影响农户种植产品选择的最主要的社会经济因素。农产品价格降低时，使得农业的比较利益低下，导致农户出现不愿多生产粮食的行为。而当农产品价格上涨时，使农民认识到种植该种作物有利可图，会使播种面积增加，一般情况下农户会根据上年作物的价格情况，不断转变土地的利用方式，将资金、劳动力投入到较高的作物上。

由此可见，价格变化对耕地质量变化影响，主要是通过影响农户对土地的投入而变化的。农产品和生产资料价格变化对耕地质量变化的影响较为复杂。农产品价格的提高，农户可能做出两种反应，扩大再生产或维持原生产不变。维持原生产不变对耕地质量没有影响，而扩大再生产对耕地质量的影响是不确定的。如果是通过作物间替代，此时价格变化对耕地质量的变化取决于替代作物对耕地质量的影响；如果是通过集约化经营，那么耕地质量的变化取决于投入的类型（保护性投入还是生产性投入）；如果是粗放经营，常常导致耕地质量退化。因此，选择农产品价格和农资产品价格表示价格变化。

4.2.4 政策制度安排变化与农户土地利用行为

一般来说，如果政府制定的政策具有稳定性，有利于发展农业生产和提高农民生活水平，那么农户就必然会积极发展生产；反之，政府制定的政策如果脱离实际，违背农民意愿，农户就会采取消极的态度，表现出犹豫、保守的倾向。

政策对农户影响主要体现在土地权利、农业生产成本（如生产资料控制、农业税费减免等）和农业生产方向（补贴或限制某种作物的种植）等。农户根据自身需求和收益对这些政策进行评估，并对当前所处的政策环境加以分析。

农业投入性政策表现为对农业科技的投入、农业基础设施的投入、农村公共品的投入等。科技投入和农业基础设施的投入增强了农民种地的积极性，提高了耕地的生产能力，为耕地利用效率的提高创造了技术和物质条件。财政政策包括对农民的财政补贴和税收优惠政策等。不同时期政府采取不同的政策对农民进行补贴。在农产品供大于求的情况下，国家采取粮食收购保护价的政策保障农民的权益；在种植粮食比较效益低、农民种粮积极性不高的情况下，国家采取"粮食直补"的财政政策鼓励农民种粮。对农业税的取消也是国家财政政策对农业支持的表现，这些政策都不同程度地对耕地的有效利用产生了影响。因此，选择农户获取的农业补贴的数额及农户接受的农业技术培训的次数表示政策制度安排变化。

4.2.5 农户个人特征与农户土地利用行为

农户个人特征包括户主的年龄、受教育年限和务农时间。一般来说，农户土地利用决策主要是由户主决定的，因此户主的特征是影响土地利用行为的一个重要因素。对于年龄来说，一方面，由于耕地在农民的传统观念中是非常重要的生产资料，年龄较大的户主可能倾向于会采取更多保护耕地的措施；另一方面随着年轻一代外出务工的增加，年龄较大的户主在劳动能力方面受到限制，从而倾向于粗放利用土地。户主的受教育年限越长其科学利用意识越强，可以体现劳动力的整体素质，它对农户耕地投入行为产生的影响可以从两方面分析：一方面，教育水平高，接受信息的能力强、速度快，可以更快地接受各种信息，更合理地规划生产，有利于对土地进行合理投入；另一方面，教育水平越高，具有更强的市场意识，可能会将现有资源投入到比较收益更高的非农产业，从而减少对耕地的投入。户主务农时间越长，受到历史观念的影响可能越倾向于使用传统的土地种植方式，不易于接受新的土地利用技术。因此，选择户主的年龄和受教育年限表示农户个人特征。

4.2.6 农户家庭特征与农户土地利用行为

家庭农业劳动力数——家庭农业劳动力，是指家庭总劳动力中除去转移的劳动力，即家庭劳动力总数中除去在本村以外从事非农行业、兼业活动以及在外上学的劳动力。由于种植业生产劳动强度大，对劳动力需求也较大，因而较多的家庭农业劳动力数量会促进耕地保护行为的发生。农户家庭总收入越多，经济条件越好，农户对耕地生产的投资能力就越强，就有利于耕地利用效率的提高。因此，选择家庭从事农业生产劳动力数量及农户家庭总收入表示农户家庭特征。

4.2.7 土资源禀赋与农户土地利用行为

土地资源禀赋包含区域内的人均耕地面积和户均拥有的耕地资源数量两个指标，人均耕地面积表示某个区域人地关系的紧张程度，是农业生产的重要约束条件之一。在农户利润最大化假定下，控制其他因素之后，人地关系紧张，耕地压力增强，土壤养分系统入不敷出的可能性越大，土地资源禀赋与土壤肥力呈负相关。但另一方面，从肥源角度看，为满足一定的生产水平，人均耕地减少，通过投入的增加来替代耕地的减少，单位面积耕地的肥料投入量就会增多，可能提高土壤肥力，这样土壤肥力与土地资源禀赋之间又可能存在正相关。

另外，户均拥有的耕地资源数量表示农户土地经营规模的大小，土地的规模经营节省了劳动力，促进了农户对于农业机械和现代农业技术的推广和应用，提高了耕地利用的效益，另一方面，在土地上的固定投入也得到了很好的利用，降低了单位农产品的成本，提高农户保护耕地质量的积极性。因此，选择家庭经营的耕地规模表示土资源禀赋。

4.3 理论模型的构建

根据理论分析框架和确定的影响因素，本研究应用下面四组结构模型描述工业化、城市化对农户土地利用行为的影响。结构模型以及每个影响因素对因变量的影响可以表示如下：

$$LUB = f(ES，IS) \qquad (4-1)$$

模型（4-1）描述的是农户土地利用行为主要受到外部因素和内部因素的影响，其中，LUB 表示农户土地利用行为；ES 表述农户所处的外部经济环境，包括经济结构、城市规模的扩张、农产品和生产资料价格改变、政策制度安排变化等；IS 表述被调查农户自身掌握的土地、劳动力、资本、技术等生产要素的水平。

$$ES = f(VCD，LAN，NFN，APP，MPP，AST，TTN) \qquad (4-2)$$

模型（4-2）表示影响农户土地利用行为的外部环境因素，根据调查数据的可得性，可以具体化为 7 个可以量化的自变量。其中，VCD 表示被调查农户所在地距苏家屯城中心距离，是决定城市扩展影响不同的主要因素；LAN 表示土地调整次数；AST 表示农业补贴总额，TTN 表示接受技术培训次数，是决定政策制度安排变化的主要因素；APP 表示农产品价格；MPP 表示农资价格，是决定价格变化的主要因素；NFN 表示非农就业人数，是决定经济结构调整的主要因素。

$$IS=f(AGE，EDU，ALN，HIT，LRN) \qquad (4-3)$$

模型（4-3）表示影响农户土地利用行为的内部因素，根据调查数据的可得性，可以具体化为5个可以量化的自变量。AGE 表示户主年龄；EDU 表示户主受教育程度；LRN 表示家庭耕种土地资源数量；ALN 表示从事农业生产劳动力的数量；HIT 表示家庭总收入等。

$$LUB=f(GCC，MCI，LII) \qquad (4-4)$$

模型（4-4）表示农户土地利用行为包括土地利用方式、土地利用程度和土地投入强度，可以具体化为3个可以量化的因变量。GCC 表示农户是否种植经济作物，说明农户土地利用方式的不同；MCI 表示土地复种指数，说明农户土地利用程度的不同；LII 表示农户单位面积土地资本投入数额，说明农户土地投入强度的差异。

将模型（4-4）、模型（4-3）和模型（4-2）带入模型（4-1），并结合前面的理论分析，可得到如下的理论模型：

$$LUB=f(GCC, MCI, LII)=f_1(ES, IS)=f_1(VCD^+, LAN^-, NFN^-,$$
$$APP^+, MPP^{+/-}, AST^{+/-}, TTN^+, AGE^-, EDU^+, ALN^+, HIT^+, LRN^{+/-})$$
$$(4-5)$$

为了科学分析工业化、城市化进程中影响农户土地利用行为的因素及其影响机理，基于以上的分析框架，通过测试和比较不同的模型估计形式，最终采用多元线性回归模型进行研究。基本模型形式如下：

$$Y=Xb+\varepsilon \qquad (4-6)$$

模型（4-6）中，Y 表示 n 阶因变量观测值向量，即 $Y=\{y_1, y_2, \cdots, y_n\}$；$X$ 表示 $n\times(k+1)$ 阶解释变量观测矩阵，即 $X=\{1, x_{11}, x_{12}, \cdots, x_{1n}; 1, x_{21}, x_{22}, \cdots, x_{2n}; 1, x_{k1}, x_{k2}, \cdots, x_{kn}\}$；$\varepsilon$ 表示 n 阶随即项变量，即 $\varepsilon=\{\varepsilon_1, \varepsilon_2, \cdots, \varepsilon_n\}$；$b$ 表示 $(k+1)$ 阶总体回归参数向量，即 $b=\{b_1, b_2, \cdots, b_k\}$。

4.4　农户土地利用行为影响因素的实证研究

首先，处于不同工业化、城市化进程中的农户，土地利用行为存在显著的差异及特征，因此，就很有必要搞清楚产生这种差异原因；其次，由于研究区域的区位、范围、经济发达程度、研究方法等的不同，目前对土地利用行为影响因素的实证研究仍未取得一致的共识，本研究选择在工业化、城市化进程中影响最为突出的大城市区郊区作为研究对象，由于其特殊的地位，影响农户土地利用行为的因素是否会与其他研究区域有所不同？基于以上两个方面，展开研究。

　　基于以上的多元线性回归模型，采用 SPSS 13.0 统计分析软件，得到如表 4-1 所示的模型变量统计值和如表 4-2 所示的回归结果。从表 4-2 模型统计各参数结果可以看出，将变量带入后在统计模型当中回归分析的结果，都具有很好的拟合效果，符合统计显著性水平的要求。从 R^2 的值可以看出，全部解释变量均可对模型回归结果进行比较好的解释，也就是说，模型中所选变量都可以作为较好的影响因素对农户土地利用行为进行解释。而且，T 统计量的结果也表明，大多数解释变量对于模型具有不同程度的统计显著水平。结合各个变量系数统计结果可以判断，不同的变量对于模型在性质和量化方面的解释程度各不相同，也就是说各个影响因素对于农户土地利用行为具有不同性质、不同程度的影响。

表 4-1　模型变量及其说明

类别	变量	类型	变量说明	单位	均值	标准差
因变量						
利用方式	是否种植经济作物（GCC）	虚拟变量	1＝是；0＝否	—	0.565	0.497
利用程度	复种指数（MCI）	连续变量	播种总面积/耕地总面积	—	1.263	0.463
投入强度	地均投入（LII）	连续变量	资金总投入/耕地面积	元/亩	1 081	1 099
自变量						
城市扩张	距离（VCD）	连续变量	距区中心实际距离	km	13.943	5.827
	土地调整（LAN）	连续变量	土地调整的次数	次	1.122	1.823
经济结构	非农就业人数（NFN）	连续变量	非农就业人数	人	0.845	1.017
价格变化	农产品价格（APP）	连续变量	销售总价值/销售数量	元/kg	2.522	2.218
	农资价格（MPP）	连续变量	农资总价值/总用量	元/kg	7.924	5.172
政策制度安排	农业补贴（AST）	连续变量	农业补贴总额	元	651.660	658.617
	技术培训（TTN）	连续变量	接受技术培训次数	次	2.824	9.889
个人特征	年龄（AGE）	连续变量	户主年龄	年	53.408	10.976
	受教育程度（EDU）	连续变量	受教育年限	年	7.651	2.050
家庭特征	农业劳动力（ALN）	连续变量	农业劳动力数量	人	2.433	1.064
	家庭总收入（HIT）	连续变量	家庭总收入	元	51 896	71 061
资源禀赋	承包耕地面积（LRN）	连续变量	实际耕种土地总面积	亩	13.186	12.387

4.4.1 外部环境因素对农户土地利用行为的影响

(1) 城市扩张

工业化、城市化带来城市规模的不断扩张，导致城市人口数量和对城市土地需求的增加。首先，城市人口数量的增加，使得农产品市场的需求发生较大的变化，主要体现在对农产品数量和品种的需求增加。而市场需求以及价格的变化又将促使农户行为动机、目标发生改变，因此，理性的农户会依据农产品需求合理安排种植业生产。农产品需求市场的变化是农户安排作物种植的外在影响因素。其次，城市土地数量的增加主要来源于城市郊区土地的非农化，这样就导致对城市周边农村集体土地征收或征用频次增加，由于农户预期未来土地有被征收或征用的可能性，土地产权的稳定性受到影响，农户也会调整对土地的投入行为（刘洪彬等，2012）。

从前面的统计分析可以看出，农户作物种植选择与农户距离城市的距离直接相关，在空间上呈现"反屠能圈"式的种植模式。从模型估计结果也可以明显看出，农户距离城市中心的距离（VCD）对农户是否种植经济作物（GCC）、复种指数（MCI）和地均投入（LII）变量的系数均为正，且在1%的置信水平上显著。说明由于城市快速发展带来的辐射效应，是改变农户土地利用行为非常重要的因素之一。土地调整次数（LAN）对地均投入（LII）变量的系数为负，且在10%的置信水平上显著。说明工业化、城市化进程中土地征收或征用频次的增加，导致被征收或征用土地的农村集体经济组织会考虑重新发包区域内剩余的土地，使农村土地调整次数增加，农户土地产权不稳定，严重影响了农户土地投入的积极性，这是目前城乡结合部区域土地质量迅速下降的一个重要原因。

(2) 经济结构

工业化、城市化导致第二、三产业的发展，农户非农就业机会的增加，农业劳动的机会成本将增加、农业劳动的边际收益率将降低，这就构成了农户动机与目标改变的外在刺激。农户作为理性的"经济人"，必然根据外部环境做出有利于家庭利益最大化的生产要素配置决策。一方面，农户普遍通过非农业生产来保持"收入的增长"；另一方面，由于我国农村社会保障体系还不够完善，土地对农户的"保险"价值已经远高于其现实的收入价值，即使在其家庭经营以非农为主，收入已不再依靠土地利用的情况下，仍然有部分农户不愿放弃对土地的占有。因此，兼业和家庭内部的劳动分工常常是农户的理性选择。

从模型估计的结果可以看出，非农就业人数（NFN）对农户是否种植经济作物（GCC）和地均投入（LII）变量的系数在1%和5%的统计检验水平显著，且系数符号为负。说明经济结构调整对于农户作物选择行为和土地投入行为具有显著的影响。特别是研究区域的临湖街道，由于距离城区最近，农户"兼业化"情况非常普遍，这就严重影响了该区域的农业生产和对土地的保护。

（3）农业投入/产出品价格

农产品和农业生产资料价格的变化将直接影响农业经营的收益与成本，对农户农业生产行为有重要影响。当农产品价格提高时，会刺激农户通过增加土地投入获取更高的农产品产量，从而获取更高的土地收益。主要表现在会增加土地的保护性投入和生产性投入。当生产资料价格上升时，对于农户的影响就具有两种可能性，对于以农业收入为主的农户，为了能够增加收入，会保持原有的生产性投入，而减少保护性投入；对于以非农收入为主的农户，会减少对于土地保护性投入和生产性投入。

从模型的估价结果可以看出，农产品价格（APP）对是否种植经济作物（GCC）、地均投入（LII）的系数为正，并分别在10％和1％的置信水平上显著。说明农产品价格变化是影响农户作物选择和土地投入重要因素。农产品价格上升会大大促进研究区域农户增加作物种植数量和土地投入的积极性，以期获得更高的收入。农资价格（MPP）与地均投入（LII）具有显著的负相关关系，并且在10％置信水平上显著。说明生产资料价格的上涨，增加了农户生产的成本，在一定程度上抑制了农户在土地上的投入，所以保持一个合理的生产资料价格对于农业生产是非常重要的。

表 4 - 2　模型估计结果

类别	自变量	因变量					
		是否种植经济作物（GCC）		复种指数（MCI）		地均投入（LII）	
		系数	T值	系数	T值	系数	T值
常数项	常数项 c	0.242	1.202	1.240***	4.698	378.489	0.800
城市扩张	距离（VCD）	0.560***	9.249	0.237***	2.802	0.353***	5.527
	土地调整（LAN）	0.029	0.634	0.057	0.899	−0.043*	−0.899
经济结构	非农就业人数（NFN）	−0.129***	−2.679	−0.041	−0.611	−0.123**	−2.403
价格变化	农产品价格（APP）	0.004*	0.075	−0.114	−1.459	0.340***	5.788
	农资价格（MPP）	−0.048	−1.078	−0.032	−0.503	−0.021*	−0.448
政策制度安排	农业补贴（AST）	0.011*	0.206	0.038	0.507	−0.007	−0.122
	技术培训（TTN）	0.012*	0.266	0.006	0.094	−0.032	−0.666
个人特征	年龄（AGE）	−0.107	−1.742	−0.140*	−1.635	−0.159**	−2.452
	受教育程度（EDU）	0.010*	0.200	0.015	0.219	0.002	0.017

（续）

类别	自变量	因变量					
		是否种植经济作物（GCC）		复种指数（MCI）		地均投入（LII）	
		系数	T 值	系数	T 值	系数	T 值
家庭特征	农业劳动力（ALN）	0.098	1.881	0.160**	2.188	0.003	0.050
	家庭总收入（HIT）	0.050	1.059	0.143**	2.171	0.104**	2.094
资源禀赋	耕地面积（LRN）	−0.037	−0.656	0.156*	1.944	−0.025	−0.407
模型检验	R²	0.758		0.796		0.720	
	调整后的 R²	0.674		0.657		0.619	
	F 检验值	21.402***		12.967***		17.191***	

注 ＊、＊＊、＊＊＊，分别代表统计检验显著水平为10％、5％和1％。

（4）政策制度安排

现行的农业政策、土地利用政策和社会化服务体系对农户土地利用行为也存在很大的影响，为了促进农业发展，国家实施农业结构调整、取消农业税、实施农业补贴、加大对农业基础设施的投资等一系列的政策和措施，在不同程度上影响了农户的土地利用方式和种植结构。在集体土地所有权归农村集体所有而农户拥有土地承包经营权的农地产权制度下，为了追求公平而采取"远近搭配、肥瘦搭配"的土地分配方式，导致农户耕种地块小而破碎，影响其生产规模效益，降低农户土地利用效率，缺乏稳定的产权则诱发短期土地利用行为与掠夺式经营。而完善的农技推广服务体系是农户进行现代农业生产的可靠保障。现代农业生产不仅要求农民具备生产、管理技能，还要敢于采用农业新技术、新品种来提高产量，改善品质。

从模型的估计结果可以看出，农业补贴（AST）与是否种植经济作物（GCC）具有正相关关系，在10％的置信水平上显著。说明农业补贴确实可以大大提高农户从事农业生产的积极性，在研究区域调查发现，很多农户选择种植粮食作物主要是由于还可以获得政府的各种农业补贴。技术培训（TTN）与农户是否种植经济作物（GCC）具有显著的正相关关系，在10％的置信水平上显著。说明技术培训对于农户调整种植结构具有积极的影响，研究区域的很多农户在当地政府的帮助下，成立了各种农业生产专业协会，协会不定期地组织各种农业生产专业讲座，使农户的农技水平得到提高。

4.4.2　内部环境因素对农户土地利用行为的影响

（1）个人特征

包括户主的年龄、受教育年限。一般来说，土地利用决策主要是由户主决定的，因此户主的特征是影响农户土地利用行为的一个重要因素。具体来说，户主的年龄可以代表一个家庭从事农业生产活动的经验，年龄越大，其从事农业生产的经验越丰富。户主的受教育年限越长，其接受新生事物的能力越强，越有利于掌握农业生产的新技术。但是，户主务农时间越长，受到历史观念的影响可能越倾向于使用传统的耕作方式，不利于新技术和新品种的引入。

从模型估计结果可以看出，年龄（AGE）因素土地利用程度行为、土地投入强度行为具有显著的负相关关系，分别 10％和 5％的置信水平上显著，说明年龄越大，对于农业生产越会产生负面的影响。受教育程度（EDU）与农户作物选择行为具有显著的正相关关系，在 10％的置信水平上显著，说明教育程度越高，越容易接受新的农业技术，越愿意改变传统的耕作方式。

（2）家庭特征

农户的家庭特征主要包括家庭的人口特征和收入特征。其中，农户家庭的人口特征如人口总数、人口结构等，决定了家庭能够从事农业的劳动力数量和质量。在经济发展水平较低阶段，家庭人口对粮食消费的刚性需求导致耕地的利用方式表现为粮食作物的生产。而在农户家庭消费用粮得到满足的情况下，农户将综合配置土地、劳动力、资本等投入要素，实现土地粮食生产能力和经济价值生产能力的最大化。此外，农户家庭资金状况决定着家庭在农业生产方面的投入，将直接影响农户土地投入行为。

从模型估计结果可以看出，农业劳动力（ALN）对农户作物选择行为和土地利用强度行为具有显著的正相关关系，分别在 10％和 5％的置信水平上显著。家庭总收入（HIT）与农户土地利用强度行为和土地投入行为具有显著的正相关关系，在 5％的置信水平上显著。劳动力和资本是农业生产必要的生产要素，因此，增加农业劳动力投入的数量和质量，增加农户家庭资本的数量对于提高土地利用效率意义重大。

（3）资源禀赋

耕地资源多寡是农业生产的重要约束条件之一，其禀赋可用家庭目前耕种土地总面积来表示。一方面耕种土地数量较多的农户，表明农业收入占农户家庭总收入额比重较大，为了获取更多的农业收入，农户通过提高土地利用程度，土地投入强度提高单位土地面积的产量；另一方面，耕种土地越少，表明种植收入占农户家庭收入的比重越小，农户选择耕种土地仅仅是为了满足家庭成员对食物的需求，这样耕地资源禀赋与农户土地利用效率之间又可能存在负相关关系，耕地数量越少的农户，表现为对土地的低效利用。

从模型中可以看出，耕地面积（LRN）对农户土地利用强度行为具有显著的正相关关系，在 10％置信水平上显著，说明农户拥有的耕地资源的禀赋对于提高土地利用效率非常重要，研究区域拥有耕地数量较多的农户都是当地的种田大户，家庭收入的主要来源是农业收入，为了提高农业收入，通常会通过转入土地扩大耕地面积、提高耕地的利用强度等方式，提高农产品的产量。而拥有耕地数量较少的农户，一般非农收入占农户家庭收入的比重较大，对于农业生产的积极性并不高，表现出耕地的粗放利用，土地利用程度低。

4.5 不同区域土地利用行为差异影响因素对比研究

4.5.1 农户作物种植选择行为差异影响因素对比研究

第一，从总体上看，农产品价格是决定研究区域农户是否选择种植经济作物的主要因素，对三个地区农户具有显著的正向影响，分别通过了 1％、10％和 10％水平的显著性检验。说明在其他条件不变的情况下，农产品价格越高，农户越倾向于种植经济作物。原因在于，近些年随着苏家屯主城区的快速扩展和经济的快速发展，造成了城市居民对于农产品需求数量和需求价格的快速上升，农户为了获取经济效益的最大化，转变原有的种植模式，种植经济效益更高的经济作物。同时，从 Exp（B）值中可以看出，临湖街道农户愿意种植经济作物的发生比为原来的 2.749 倍，王纲堡乡农户的发生比为原来的 4.547倍，永乐乡农户的发生比为原来的 1.125 倍。说明随着农产品价格的上升，王纲堡乡的农户更有意愿种植经济作物。

第二，临湖街道农户选择以种植粮食作物为主，主要是在非农就业人数、户主年龄、户主农业生产期限等因素的影响下形成，且都具有显著的负向影响，分别通过了 5％、10％和 10％水平的显著性检验，表示在其他条件不变的情况下，家庭从事非农就业人数越多，越不倾向于种植经济作物，且进行经济作物种植的概率是不具有非农就业农户的 0.046 倍。户主年龄越大，越不倾向于种植经济作物，且户主年龄每增加 1 年，选择种植经济作物的发生比为原来的 52.8％。说明随着年龄的增长，农户的劳动能力不断减弱，耕作意愿会不断降低。究其原因，主要是由于该区域农户由于受到工业化、城市化进程的影响，非农就业机会较多，就业成本又相对较低，促使该区域很多农户都离开土地，从事非农生产，剩下都是不能非农就业的老人和妇女。该区域粮食作物的种植由于比较好管理，不需要投入很多的劳动力和资金，既省时又省力，成为该区域很多农户的首选。农户从事农业生产期限越长，越不倾向于种植经济作物，且农户从事农业生产期限每增加 1 年，选择种植经济作物的发生比为原来的 78％。说明虽然随着农户从事农业生产期限的增加，农户的耕作经验越丰富，但是在调查中发现，该区域在家务农的主要是老年人，掌握的是传统的大田作物种植技术，对于新技术的学习和接受能力较差，因此，不利于转变传统的种植方式。

表4-3　模型参数估计结果

解释变量	是否种植经济作物（GCC）								
	临湖街道			王纲堡乡			永乐乡		
	B值	Wald	Exp(B)	B值	Wald	Exp(B)	B值	Wald	Exp(B)
LAN									
NFN	−0.281**	2.541	0.046	−0.335**	5.759	0.388			
APP	0.462***	7.319	2.749	0.201*	4.547	0.120	0.217*	1.518	1.125
MPP									
LN									
AST									
TTN							0.075*	3.523	1.525
AGE	−0.204*	1.594	0.528						
EDU									
YEAR	−0.178*	1.143	0.780	−0.280*	3.750	0.934			
ALN							0.076*	2.041	1.135
HIT				0.362***	5.885	1.000	0.089*	3.552	1.225
LRN							0.078*	1.173	1.145

注：表格中的系数是模型经多次迭代后，因子作用分别达到1％、5％、10％显著水平的结果，以＊＊＊、＊＊、＊表示（因子对应参数为空白即意味着在模型中未达到显著水平）。B值为回归方程的系数，系数为正值表示解释变量每增加一个单位值时发生比会相应增加，而系数为负值时说明增加一个单位值时发生比会相应减少；Wald值表示在模型中每个解释变量的相对权重，值越大，因子影响作用越大；Exp(B)为发生比率。

第三，王纲堡乡的农户以兼种粮食作物和经济作物为主，主要是在非农就业人数、农户从事农业生产年期和家庭总收入的共同作用下形成，其中，与临湖街道相同，非农就业人数和农户从事农业生产年期有显著的负向影响，分别通过5％和10％显著性检验，除此之外，家庭总收入对研究区域有显著的正向影响，通过了1％显著性检验，表示在其他条件不变的情况下，家庭收入的增加有助于农户选择种植经济作物，且收入增加的农户选择种植经济作物的发生比为原来的100％。研究结果表明，该区农户作物选择行为出现明显分化，一部分掌握农业技术的农户，形成与临湖街道相同的土地利用方式，但是随着非农就业成本的增加，没有掌握非农就业技术的农户还是选择在家务农，工业化、城市化的发展，为农产品的销售提供了广大的市场空间，特别是城市居民对蔬菜等经济作物的需求增加，在这种情况下，务农的农户往往改变传统种植粮食作物的种植方式，选择比较效益更高的经济作物以获取更高的收益。

第四，永乐乡的农户以种植经济作物为主，主要是在农业技术培训次数、农业劳动力数量、家庭总收入和承包耕地面积共同影响下形成。与王纲堡乡相同，家庭总收入对研究区域的正向影响，通过了10％显著性检验。除此之外，技术培训次数、农业劳动力数量和耕地面积都具有显著的正向影响，且通过了10％的显著性检验。表示在其他条件不变的情况下，农业技术培训次数的增加、农业劳动力数量的增加和农户耕地经营规模的增加有助于农户改变传统种植方式，且参加农业技术培训的农户选择种植经济作物的发生比为原来的1.525倍，农业劳动力数量增加的农户发生比为原来的1.135倍，耕地面积增加的农户发生比为原来的1.145倍，究其原因，该区域农户由于距离城市较远，非农就业成本相对较高，农户收入主要来源于农业收入，为了追求利润最大化的农户，农户往往会将土地资源趋向于向那些收益最高的用途转移，相对于粮食作物的种植，蔬菜等经济作物的种植效益更高，成为该区域种植方式的首选。

4.5.2　农户土地投入行为差异影响因素对比研究

基于以上的农户家庭模型，采用SPSS 13.0计量分析软件，得到如表4-4所示的回归分析结果。从模型统计各参数结果可以看出，将变量带入后在统计模型当中回归分析的结果，都具有很好的拟合效果，符合统计显著性水平的要求。T统计量的结果也表明，大多数解释变量对于模型具有不同程度的统计显著水平。结合自变量系数统计结果可以判断，不同的变量对于模型在性质和量化方面的解释程度各不相同，也就是说各个影响因素对于不同区域农户土地投入行为具有不同性质、不同程度的影响。

第一，从临湖街道农户土地投入行为影响因素模型估计结果可以看出，土地调整次数对该区域农户土地投入行为产生显著的负向影响，显著水平为5％，表示在其他条件保持不变的情况下，土地调整次数每增加一单位，该区域农户土地单位面积耕地投入会平均减少16.18元/亩。表明城市扩张导致对城市周边区域征地频次的增加，造成城市周边区域土地产权的不稳定性，随着征地频次的增加，农户对于土地的投入也相应减少。非农就业人数对该区域农户土地投入行为产生显著的负向影响，显著水平为5％，表示在其他条件保持不变的情况下，农户家庭每增加一个非农就业的人数，会使农户在单位面积耕地上投入平均减少24.74元/亩。说明随着家庭非农就业人数的增加，会减少对于农业生产劳动力投入，这主要是因为工业化的发展促使了经济结构的调整，该区域农户离市区最近，非农就业成本较低，而且从事非农就业的比较效益又较高，因此，农户兼业情况非常普遍。生产资料价格对该区域农户土地投入行为产生显著的负向影响，显著水平为10%，说明随着目前农资产品价格的上升，对该区域农户土地投入积极的提高有显著的消极影响，这主要是因为该区域很多农户家庭收入主要来源于非农产业，农资产品价格的提高使得农业生产成本的上升，增加了该区域农户粗放利用土地、撂荒土地的可能性。农户家庭拥有的地块数量对农户土地投入行为具有显著地负向影响，显著水平为10%，说明目前农村土地的细碎化问题确实影响了农户土地投入效率的提高，应该提高农户规模户经营的水平。农户从事农业生产的年期对农户土地投入行为有显著的负向影响，显著水平为10%。说明从事传统农业生产年期越长，虽然经验丰富，但是大部分是对传统农业生产技术的掌握，这往往会影响农户对于新技术的接纳和采用。

表4-4　模型参数估计结果

解释变量	单位面积土地投入（LII）								
	临湖街道			王纲堡乡			永乐乡		
	B	T值	Beta	B	T值	Beta	B	T值	Beta
LAN	−16.18**	−1.535	−0.366						
NFN	−24.74**	−1.492	−0.335	−25.08**	−3.057	−0.392			
APP				21.41*	1.304	0.146	37.56**	3.031	0.386
MPP	−17.39*	−3.006	−0.185						
LN	−32.79*	−1.145	−0.167				−9.75*	−1.890	−0.299
AST							0.59*	1.600	0.234
TTN							9.75*	1.890	0.109
AGE							−28.62*	−1.530	−0.236
EDU				14.82*	1.097	0.137			
YEAR	−3.29*	−3.035	−0.169						
ALN				17.82*	1.496	0.189	20.30*	1.431	0.181
HIT							19.03*	1.237	0.130
LRN							21.58*	1.100	0.161

注：表格中的系数是因子作用分别达到1%、5%、10%显著水平的结果，以***、**、*表示（因子对应参数为空白即意味着在模型中未达到显著水平。B值为回归方程的系数，系数为正值表示解释变量每增加一个单位值时被解释变量相应增加，而系数为负值时说明增加一个单位值时被解释变量相应减少；Beta值表示在模型中每个解释变量的相对权重，绝对值越大，因子影响作用越大。

第二，从王纲堡乡农户土地投入行为影响因素模型估计结果可以看出，与临湖街道的农户相同，非农就业人数对该区域农户有显著的负向影响，显著水平为5%。表明随着该区域农户非农就业情况越来越普遍，影响到了区域农户的土地投入水平的提高。农产品价格变化对农户土地利用行为有显著的正向影响，显著水平为 10％，表明随着农产价格的提高，会刺激农户增加对于土地的投入，以期获得更高的利润。也说明随着我国市场化程度的提高，研究区域农户在从事农业生产时，会更加关注市场环境的变化，会根据市场行情的变化调整自身的土地投入行为。户主受教育程度对农户土地投入行为有显著的正向影响，显著水平为 10％，表明随着农户受教育程度的提高，农户会更愿意增加对土地的投入，也意味着通过提高现有农户的受教育程度仍然是提高对土地投入的一个重要途径。农户家庭拥有的农业劳动力数量对农户土地投入行为有显著的正向影响，显著水平为 10％，表明随着家庭从事农业劳动力数量的增加，农户会增加对土地的投入。因此，在现有全面推进城镇化的背景下，保证一定数量从事农业生产的劳动力，仍然是农业发展的基础。

第三，从永乐乡农户土地投入行为影响因素模型估计结果可以看出，与临湖街道相同，地块数量对该区域农户有显著的负向影响，显著水平为 10％。与王纲堡乡相同，农产品价格和从事农业生产劳动力数量对该区域农户有显著的正向，显著水平分别为 5％和 10％。同时农业补贴对农户土地投入行为有显著的正向影响，显著水平为 10％，表明随着农业补贴数额的增加，会增加农户对土地投入的积极性。农户参加农业技术培训次数对土地投入行为有显著的正向影响，显著水平为 10％，表明随着农户参加农业技术培训次数的增加，农户会增加对土地的投入。因此，完善现有的农业技术服务体系，加强对于农户的技术培训还是很有必要的。户主年龄对农户投入行为有显著的负向影响，显著水平为 10％，表明随着户主年龄的增大，对土地投入会相应的减少，究其原因主要是由于随着年纪的增大，劳动力的整体素质在下降，不得不对土地实行粗放的利用。家庭收入对农户土地利用行为有显著正向影响，显著水平为 10％，表明随着农户收入的提高，会相应增加对于土地的投入，特别是对于以农为主的农户，这种情况更为常见。农户承包土地规模对农户土地投入有显著的正向影响，显著水平为 10％，表明随着农户土地规模的增加，有利于农户增加对土地的投入。这主要是因为随着土地资源基础设施的不断完善和农业技术水平的不断提高，如果土地规模得不到扩大，农户就会降低复种指数，降低土地投入，因此，适度的规模经营对于提供农户土地投入是非常重要的。

4.6　本章小结

本章通过构建工业化、城市化进程中社会经济及政策变化对农户土地利用行为影响机理分析框架，从理论上分析了工业化、城市化进程中国农户土地利用行为的响应及其传导机制，然后以研究区域实际调查的数据为例，通过构建多元线性回归模型，分析不同因素对于农户土地利用行为变化的影响机制。研究结果表明：

从理论上分析工业化、城市化进程中影响农户土地利用行为变化的社会经济及政策因素及其传导机制，其核心内容在于工业化、城市化的实质是由一系列的社会经济及政策因素的变化所构成，包括城市规模的扩张、经济结构、农产品与生产资料价格改变、制度安排的变化，而这些因素的变化改变了农户所处的外部环境，直接导致了农户的行为动机和目标的不同，最终使农户土地利用行为在时间上和空间上形成不同的变化规律。

为了验证理论分析的结果，采用农户调查数据，利用多元线性回归模型，将影响农户的外部环境和内部环境两个方面具体化为 7 类因素、12 个可以量化的因子，通过分析可以看出，农户处于的外部社会、经济和政策等外部环境对农户"种什么（作物种类的选择）"有较大的影响，而农户拥有的土地、劳动力、资本、技术等内部环境因素更多的会影响到"种多少（达到一定产出需要土地利用程度）"行为，"怎么种（投资和技术的选择）"更多受到内、外环境的共同影响。具体表现为：

（1）农户是否种植经济作物易受来自城市扩张因素中距离因子、价格变化因素中农产品价格因子、政策制度安排因素中技术培训因子的正向影响和经济结构因素中非农就业人数因子、政策制度安排中地块数量因子和农业补贴因子有负向影响。

（2）复种指数易受来自城市扩张因素中距离因子、家庭特征因素中农业劳动力因子和家庭总收入因子、资源禀赋因素中耕地面积因子的正向影响和政策制度安排因素中地块数量因子、个人特征因素中年龄因子负向影响。

（3）地均投入易受来自城市扩张因素中距离因子、价格变化因素中农产品价格因子、家庭特征因素中家庭总收入因子正向影响和经济结构调整因素、价格变化因素中农资价格、人特征因素中年龄因子的负向影响。

（4）弄清楚不同区域农户作物种植决策行为产生差异的原因，采用 Logis-tic 模型对农户是否选择种植经济作物情况进行回归分析，研究结果显示，不同区域、不同因素的作用方向、影响程度与显著性表现均有所不同，其中有非农就业人数、农产品价格、户主年龄、农业生产年期 4 个因子对临湖街道的农户有显著影响，且仅有农产品价格影响为正，按其影响大小及显著程度排序为：非农就业人数＞农产品价格户主年龄＞农业生产年期；有非农就业人数、农产品价格、农业生产年期、家庭总收入 4 个因子对王纲堡乡有显著的影响，且仅有农产品价格和家庭总收入两个因子影响为正，按其影响大小及显著程度排序为：家庭总收入＞非农就业人数＞农产品价格＞农业生产年期；有农产品价格、技术培训次数、农业劳动力数量、家庭总收入、承包耕地面积 5 个因子对永乐乡有显著正向影响，按其影响大小及显著程度排序为：家庭总收入＞技术培训次数＞农业劳动力数量＞农产品价格＞承包耕地面积。

（5）弄清楚不同区域农户土地投入行为产生差异的原因，采用多元线性回归模型对影响研究区域农户土地投入行为影响因素进行回归分析，研究结果显示，不同区域、不同因素的作用方向、影响程度与显著性表现均有所不同，其中从各因素的影响程度排序可以看出土地调整次数、非农就业人数、农资产品价格、农户从事农业生产的年期、家庭拥有的地块数量 5 个因子对临湖街道的农户有显著负向影响，按其影响大小及显著程度排序为：从各因素的影响程度排序可以看出土地调整次数＞非农就业人数＞农资产品价格＞农户从事农业生产的年期＞家庭拥有的地块数量。从中也可以看出，城市的扩张和经济结构的调整成为影响该区域农户土地投入行为的主要因素；非农就业人数、农业劳动力数量、农产品价格、户主的受教育程度 4 个因子对王纲堡乡农户有显著的影响，且仅有非农就业人数 1 个因子影响为负，按其影响大小及显著程度排序为：非农就业人数＞农业劳动力数量＞农产品价格＞户主的受教育程度。该区域农户家庭劳动力在农业和非农业之间的配置成为影响农户投入的主要因素。农产品价格、地块数量、户主年龄、农业补贴、从事农业生产劳动力数量、农户承包耕地面积、家庭收入和接受农业技术培训次数 8 个因子对永乐乡农户有显著的影响，且仅有地块数量和户主年龄两个因子影响为负，按其影响大小及显著程度排序为：农产品价格＞地块数量＞户主年龄＞农业补贴＞从事农业生产劳动力数量＞农户承包耕地面积＞家庭收入＞接受农业技术培训次数。表明农产品市场价格和农户土地的规模化经营成为该区域农户影响土地投入的主要因素。

第五章 农户耕地质量认知差异及其对土地利用行为影响研究

　　"万物土中生"，耕地不仅是农业生产的基本要素，也是广大农民生存的根本保障。耕地质量对于人多地少、人地矛盾突出的中国而言，其重要性不言而喻，然而以高投入、高产出和高资源环境代价的传统农业增长模式导致中国耕地质量退化问题日益突出，特别是随着我国工业化、城镇化进程的不断加快，耕地数量在今后一段时间内还将继续减少。这意味着，在人口数量不断增加和耕地资源持续减少的趋势下，如果不能解决耕地质量退化问题，势必将威胁到国家粮食安全。因此，在当前我国资源环境硬约束的背景下，如何实施耕地质量保护与提升行动，遏制耕地质量下降势头，已成为中国保障口粮有效供给，提升农业可持续发展能力迫在眉睫的课题。另外，认知行为学认为人类的思想、感觉和行动之间是相互联系的，错误的直觉和解释会产生不适宜的行为，两者是相伴而生的，认知可以改变行为，行为也可以改变认知。因此，从微观角度研究农户认知行为对耕地质量变化的作用机制，对新形势下耕地保护政策的构建都具有积极的理论和现实意义，是社会关注的热点问题之一。

　　近年来，学者对中国耕地质量保护与提升问题展开研究，已经在耕地质量内涵的界定、耕地质量评价类型和评价单元的确定、耕地质量评价指标和方法的选取、耕地质量动态跟踪监测和耕地质量保护等方面取得了较为丰富的研究成果，为本研究提供了很好的研究基础和经验借鉴。但是，从现有研究可以看出，多数学者的研究更多是从自然科学和工程学角度展开，而随着我国农村土地制度改革的不断深入，农户已经逐渐成为耕地使用权的所有者，是最基本的农村微观经济单元，必然会在耕地质量保护中扮演着重要角色。农户耕地利用行为、耕地质量保护意愿及认知水平研究逐渐成为当前学界讨论的热点，其对耕地质量保护的认知及其保护行为的响应程度直接决定耕地质量保护和提升工程能否顺利进行，进而影响中国未来的耕地是否可以永续利用，未来中国人的口粮能否得到保障。

　　那么，农户对耕地质量的认知及具体的行为差异如何？影响因素有哪些？现有的相关研究还相对缺乏，需要进行深入研究。同时，从已有文献来看，学者对农户的耕地质量保护行为有一定的研究，且往往将农户视为一个整体，较少考虑农户的异质性。事实上，随着工业化、城市化进程的不断加快，特别是大城市郊区农户在空间上的分化趋势日益明显，不同区域农户之间的资源禀赋差异逐渐拉大，势必会对农户的耕地质量保护行为带来冲击，导致耕地质量在空间上产生不同程度的变化，因此，研究不同区域之间农户耕地质量认知行为差异，具有较强的现实意义。

5.1 理论分析框架的构建

5.1.1 概念界定

对于农户对耕地质量保护认知行为内涵的界定，目前学者的研究还相对较少，还没有一个明确定义。借鉴已有研究成果，结合数据可获得性，本研究认为农户耕地质量保护认知行为应该包括农户对耕地质量保护现状的感知、农户对耕地质量保护政策的认知、农户对耕地质量保护的判断和农户参与耕地质量保护的意愿4个方面。其中农户对耕地质量保护现状的感知可以从农户对是否关注自家耕地质量的变化、变化程度如何以及耕地质量保护的重要程度3个观察项的量化，农户对耕地质量保护政策的认知可以从农户对所承包耕地的所有权归谁所有以及耕地质量保护最主要的责任人两个观察项进行衡量，农户对耕地质量保护的判断可以从农户对耕地质量保护的相关宣传教育活动状况、耕地质量保护前景的预期、耕地质量好坏标准、化肥在改善耕地质量方面的作用和改善耕地质量的措施5个观察项考察，农户参与耕地质量保护的意愿可以从农户是否愿意保护耕地质量以及其具体原因两个观察项进行衡量。

5.1.2 理论框架的构建

根据认知心理学和认知行为理论，认知过程是个体认知活动的信息加工过程，是人由表及里、由现象到本质地反映客观事物特征与内在联系的心理活动。个人决策过程即为信息处理过程，决策主体依据认知思维，在认知心理的支配和影响下，对自身因素和外在环境进行分析和综合。然而，个体因认知能力及思维的不同，分析结果呈现差异性。个体因自身经验、知识及对外在环境的感受不同，对"耕地质量"的认知程度也不同，从而产生在认知行为上的差异。个体的决策过程正是在这样的过程中进行，形成相应的认知与行为反应。基于此，本研究构建了基于"压力（Press）—状态（State）—效应（Effect）—响应（Response）"框架（PSER）的农户耕地质量认知行为差异及其影响因素理论分析框架，揭示农户对耕地质量的认知行为—农户耕地利用行为—耕地质量变化—政府政策调整之间的作用关系。

需要说明的是，正是由于农户在进行决策的过程中，会受到自身因素（经验、知识、能力、情感等个体特征和家庭生产收入结构、资源禀赋等农户家庭特征）及外部环境（社会、经济、市场、政策等）的影响。因此，在外部压力和农户对耕地质量变化感知程度不同的情况下，不可避免地会出现不同区域农户对耕地质量保护现状的感知、农户对耕地质量保护政策的认知、农户对耕地质量保护的判断和农户参与耕地质量保护的意愿等方面的偏差，而这种认知上的差异会决定农户选择不同的耕地利用方式、程度和投入强度，进而通过对耕地的利用管理导致耕地质量产生不同程度的空间分异变化。在此基础上，政府可以通过农户耕地利用行为和耕地质量的变化调整在政策制度、经济等方面的措施，从而达到提高农户参与耕地质量保护的积极性和主动性目标。基于此框架，本研究的核心内容在于弄清楚农户对耕地质量的认知及具体的行为差异如何，影响因素有哪些，其作用机理是怎样的，应该如何调控农户对耕地质量的认知行为。限于篇幅的原因，农户耕地利用行为和耕地质量变化两个过程在本研究中不做详细阐述。

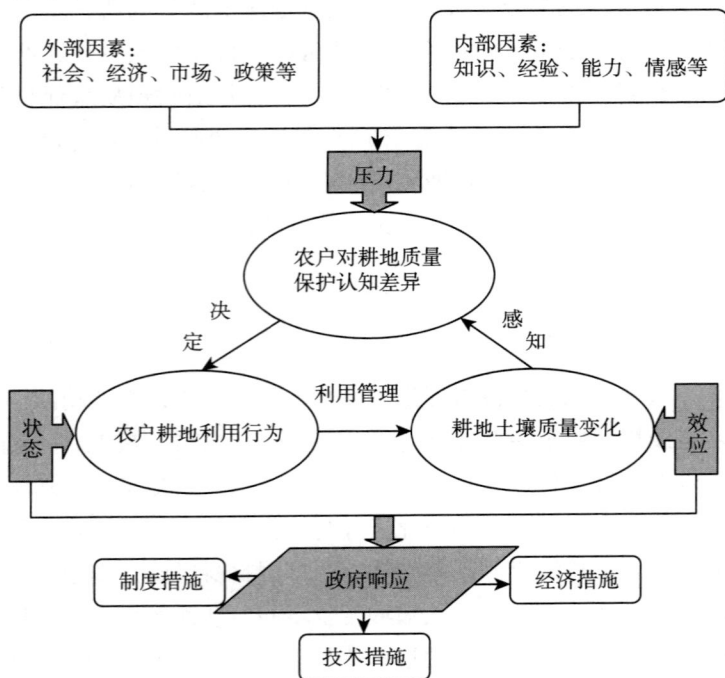

图 5-1　基于 PSER 分析框架的农户对耕地质量保护
认知行为差异及其影响因素理论分析框架

5.2　模型设计与变量选择

本研究将农户对耕地质量保护认知行为作为因变量，为了更为精确和合理的测度，在借鉴已有研究成果基础上，通过对衡量耕地质量保护认知行为的观察项进行赋值，然后加总求和计算出在感知、认知、判断和意愿 4 个方面的得分。需要说明的是由于 4 个方面都设置了不同的观察项进行量化，每个观察项赋值的分数为 0～1，赋值的分数越高，表明农户对该观察项的认知程度越高，或者是有利于耕地质量保护行为的实施（表 5-2 至表 5-5），同时农户耕地质量保护认知程度是一个相对概念，本研究的重点在于通过分析认知程度的差异，找出影响农户耕地质量保护认知行为的主要因素、影响程度和作用方向。

根据上面的理论分析框架，本研究应用下面 4 组结构模型描述影响农户耕地质量认知行为的因素。具体表示如下：

$$LRB = f(EF, IF) \qquad (5-1)$$

模型（5-1）描述的是农户对耕地质量保护认知行为，主要受到外部因素和内部因素的影响，其中，LRB 表示农户耕地质量认知行为；EF 表述农户所处于的外部社会、经济、市场、政策环境，可以具体分为城市规模的扩张、经济结构调整、农产品和生产资料价格改变、政策制度安排变化 4 个方面；IF 表示被调查农户自身掌握知识、经验、能力和情感等，可以具体分为农户拥有的土地、劳动力、资本、技术等生产要素的数量与水平 4 个方面。

$$EF = f(LN, NF, AP, MP, LN, AT, TN) \qquad (5-2)$$

模型（5-2）表示影响农对户耕地质量保护认知行为的外部因素，根据调查数据的可得性，可以具体化为 7 个可以量化的自变量。其中，LN 表示土地调整次数，城市规模的扩张往往需要通过征用城市周边的土地实现，这样就会造成城市周边耕种土地调整次数的增加；NF 表示非农就业人数，是决定经济结构调整的主要因素；AP 表示农产品价格；MP 表示农资价格，是决定价格变化的主要因素；LN 表示拥有耕地的地块数量；AT 表示农业补贴总额；TN 表示接受技术培训次数，是决定政策制度安排变化的主要因素。

$$IF = f(AGE, EDU, YEAR, AN, HT, LR) \qquad (5-3)$$

模型（5-3）表示影响农户对耕地质量保护认知行为的内部因素，根据调查数据的可得性，可以具体化为 5 个可以量化的自变量。其中，AGE 表示户主年龄；EDU 表示户主受教育程度；$YEAR$ 表示农户从事农业生产的年期；AN 表示从事农业生产劳动力的数量；HT 表示家庭总收入；LR 表示家庭耕种土地资源数量等。

$$LRB = f(PERC, CONG, JUDG, WILL) \qquad (5-4)$$

模型（5-4）表示农户对耕地质量保护认知行为，可以具体化为 4 个可以量化的因变量。其中，$PERC$ 表示农户对耕地质量保护现状的感知，共设计了 3 个观察项；$CONG$ 表示农户对耕地质量保护的认知，共设计了 2 个观察项；$JUDG$ 表示农户对耕地质量保护的判断，共设计了 5 个观察项；$WILL$ 表示农户参与耕地质量保护的意愿，共设计了 2 个观察项。

将模型（5-4）、模型（5-3）和模型（5-2）带入模型（5-1），并结合前面的理论分析，可得到理论模型：

$$LRB = f(PERC, CONG, JUDG, WILL)$$
$$= f_1(EF, IF) = f_1 \begin{Bmatrix} LN^-, NF^-, AP^+, MP^{+/-}, LN^-, AT^{+/-}, TN^+, \\ AGE^-, EDU^+, YEAR^{+/-}, AN^+, HT^+, LR^{+/-} \end{Bmatrix}$$
$$(5-5)$$

综合已有的关于农户模型的研究成果，通过比较和测试，本研究采用多元线性回归模型，最终实证模型的具体函数形式为：

$$LRB = \alpha_0 + \alpha_1 LN + \alpha_2 NF + \alpha_3 AP + \alpha_4 MP + \alpha_5 LN + \alpha_6 AT + \alpha_7 TN$$
$$+ \alpha_8 AGE + \alpha_9 EDU + \alpha_{10} YEAR + \alpha_{11} AN + \alpha_{12} HT + \alpha_{13} LR + u_i$$
$$(5-6)$$

其中 u_i 表示具有标准特征的随机误差项，具体特征变量定义、统计描述及预期方向见表 5-1。

表 5-1　模型变量选取、名称、赋值及统计描述

类别	变量名称	变量说明	单位	均值	标准差	预期符号
因变量						
农户对耕地质量保护认知行为	耕地质量保护现状感知（PERC）	各观察项赋值分值得分总和	0～3	2.5	0.54	
	耕地质量保护政策认知（CONG）		0～2	1.2	0.64	
	耕地质量保护判断（JUDG）		0～5	3.9	0.73	
	参与耕地质量保护意愿（WILL）		0～2	1.4	0.45	
自变量						
城市扩张	土地调整次数（LN）	承包以来土地调整的次数	次	1.1	1.8	—

（续）

类别	变量名称	变量说明	单位	均值	标准差	预期符号
经济结构	非农就业人数（NF）	非农就业人数	人	1	1	－
价格变化	农产品价格（AP）	销售总价值/销售数量	元/kg	2.52	2.22	－
	农资价格（MP）	农资总价值/总用量	元/kg	8.00	5.18	－
	地块数量（LN）	耕种地块数量	块	2	1	－
政策制度安排	农业补贴（AT）	农业补贴总额	元/户	652	659	＋
	技术培训次数（TN）	接受技术培训次数	次	3	10	＋
	户主年龄（AGE）	户主年龄	年	53	11	－
个人特征	户主受教育程度（EDU）	受教育年限	年	8	2	＋
	农业生产年期（YEAR）	从事农业生产年限	年	28	15	＋/－
	农业劳动力数量（AN）	从事农业劳动力数量	人	2	1	＋
家庭特征	家庭中农业收入比例（HT）	农业收入/家庭总收入	％	75.69	31.8	＋
	承包耕地面积（LR）	实际耕种土地总面积	亩	13.2	12.4	＋

5.3　农户对耕地质量保护认知行为差异研究

5.3.1　农户对耕地质量保护现状的感知

第一，从农户对耕地质量变化的关注度来看（表5-2），有87.4％的农户"关注"自己耕种耕地的质量变化，有9.24％的农户持"无所谓"的态度，而只有3.36％的农户根本就"不关注"，说明研究区域农户对耕地质量变化关注程度比较高，而且从不同区域的比较可以看出，永乐乡的比例最高，达到了80.12％。第二，有47.06％农户认为自己耕种的耕地质量没有明显变化，认为耕地质量提高的农户为31.51％，认为耕地质量出现下降的农户为15.55％，而只有5.88％农户"说不清楚"耕地质量的变化。说明农户对自家耕种的耕地质量变化是有明确的判断。总体认为耕地质量不变及下降的比例达到了72.61％，在认为耕地质量提高的农户中，永乐乡的比例最高，达到了45.68％。第三，在提及耕地质量保护重要性的时候，绝大多数的农户认为耕地质量保护是"很重要的"，达到了85.55％，说明研究区域农户对耕地质量保护的态度是积极的。特别是家庭收入以农业收入为主的永乐乡，农户对耕地质量变化的认知、关注程度和保护的态度更加的积极。

表5-2 农户对耕地质量保护现状的感知

观察项	选项	赋值分值	临湖街道		王纲堡乡		永乐乡		合计	
			户数（户）	比例（%）	户数（户）	比例（%）	户数（户）	比例（%）	户数（户）	比例（%）
您是否关注自家耕地质量的变化？	关注	1	68	86.08	67	85.90	73	90.12	208	87.4
	无所谓	0.5	9	11.39	7	8.97	6	7.41	22	9.24
	不关注	0	2	2.53	4	5.13	2	2.47	8	3.36
如果关注，您觉得近几年自家的耕地质量有何变化？	下降	1	13	16.46	15	19.23	9	11.11	37	15.55
	提高	1	13	16.46	25	32.05	37	45.68	75	31.51
	变化不明显	0.5	49	62.03	34	43.59	29	35.80	112	47.06
	说不清楚	0	4	5.06	4	5.13	6	7.41	14	5.88
您认为耕地质量保护的重要程度？	很重要	1	69	87.34	66	84.62	71	87.65	206	85.55
	重要，但不能过分强调	0.5	2	2.53	12	15.38	9	11.11	23	9.67
	不重要	0	8	10.13	0	0.00	1	1.23	9	3.78

5.3.2 农户对耕地质量保护的认知

从统计的结果可以看出（表5-3），认为自己耕种的土地为国家和政府所有的农户为28.57%，认为归农民集体所有的农户为44.96%，仍有26.47%的农户认为自己耕种的土地归自己所有。说明虽然农民对于自己承包的耕地所有权归谁所有仍有一定的差异，但是农户对耕地所有权的认知已越来越清楚。而在不同区域的比较中，认为耕种土地所有权归集体所有的农户比例最高的是永乐乡，为48.15%，最低为临湖街道，为40.51%。在问及"耕地质量保护的主要责任人是谁"这一问题时，农户的得票率高达44.54%，村集体的得票率为21.01%，地方政府为15.55%，中央政府为18.91%。被调研农户一致认为农户自身和村集体在耕地保护中的责任更加重大。而且从不同区域的比较来看，认为耕地质量保护是村集体和农户责任的比例，临湖街道最低，为56.96%，永乐乡最高，为76.55%。从调研的结果可以看出，随着农户对耕种土地的所有权和使用权认知程度的不断深入，已经有越来越多的农户认识到耕地保护是他们应该承担的责任和义务，这对于落实耕地质量保护政策具有积极意义。

表 5-3　农户对耕地质量保护的认知

观察项	选项	赋值分值	临湖街道		王纲堡乡		永乐乡		合计	
			户数（户）	比例（%）	户数（户）	比例（%）	户数（户）	比例（%）	户数（户）	比例（%）
您所承包耕地的所有权归谁所有？	国家、政府所有	0	21	26.58	23	29.49	24	29.63	68	28.57
	农村集体所有	1	32	40.51	36	46.15	39	48.15	107	44.96
	农民所有	0.5	26	32.91	19	24.36	18	22.22	63	26.47
您认为耕地质量保护最主要的责任人？	中央政府	0	22	27.85	9	11.54	14	17.28	45	18.91
	地方政府	0	12	15.19	20	25.64	5	6.17	37	15.55
	村集体组织	0.5	4	5.06	14	17.95	32	39.51	50	21.01
	农户	1	41	51.90	35	44.87	30	37.04	106	44.54

5.3.3　农户对耕地质量保护的判断

耕地质量保护作为一项长期而艰巨的任务，必要的宣传活动将有助于农户了解耕地质量保护的知识，增强农户耕地质量保护的意识。从分析结果可以看出（表 5-4），有 62.18% 的农户表示自己所在的村没有开展过耕地质量保护相关的宣传教育活动，有 32.77% 的农户表示"有"。从区域的比较可以看出，王纲堡乡有 46.15% 的农户表示所在的村开展过耕地质量保护宣传工作，是 3 个地区最高的，其主要原因是该地区是农业技术推广中心相关耕地保护项目主要实施地区，相关的宣传活动较多。说明农户对耕地质量保护相关宣传教育活动的开展还是比较关注的，并不像通常相关部门人员认为的农户对相关的培训活动不关心，参与的积极性也不高。同时，多数被调查农户对耕地质量好坏都可以做出正确判断，但是对未来耕地质量保护的预期较为悲观，说明耕地质量保护工作正面临着巨大的困难。

农户肥料的施用对耕地质量有直接影响，从统计分析的结果可以看出，在肥料施用方面，农户在化肥对于耕地质量改善方面的作用的认识还是比较理性的，48.32% 的农户认为适量化肥可改善耕地质量状况，27.73% 的农户认为过量施用化肥是一种浪费。多数人认为适量的施用化肥对于耕地质量的提高具有一定的正效应。多施用化肥并无好处，而且还会造成肥料的浪费。但仍有 3.95% 的农户认为全靠化肥提高产量和改善耕地质量，说明大部分农户施肥观念已经开始逐渐向理性发生转变。从不同区域的比较可以看出，近郊区临湖街道有 31.65% 的农户认为靠化肥提高产量和改善耕地质量，在 3 个地区中最高。在调研中也有很多农户表示自己的无奈，知道施用的化肥用量肯定是多，又不知道到底应该施用多少化肥合适，但是怕施用少了会影响产量，只能按照往年的经验，按照相同的方式提高施用量，这必然会导致过量的施用肥料，增加农业生产成本。另外，对于改善耕地质量的方式，绝大多数的农户认为施用农家肥可以很好地改善耕地质量，说明农户对于施用农家肥在耕地质量建设中起到的作用有着清楚的认识。可是由于施用农家肥费时费力，并且现在很多农户家中已经很少养殖家禽，因此，虽然有这样的认知，但实际操作起来的效果并不理想。

表 5-4　农户对耕地质量保护的判断

观察项	选项	赋值分值	临湖街道		王纲堡乡		永乐乡		合计	
			户数（户）	比例（%）	户数（户）	比例（%）	户数（户）	比例（%）	户数（户）	比例（%）
您所在村开展耕地质量保护的相关宣传教育活动状况为？	有，很多	1	2	2.53	15	19.23	8	9.88	25	10.50
	有，但很少	1	9	11.39	21	26.92	23	28.40	53	22.27
	没有	1	61	77.22	38	48.72	49	60.49	148	62.18
	不清楚	0	7	8.86	4	5.13	1	1.23	12	5.04
您对耕地质量保护前景的预期？	乐观	1	11	13.92	12	15.38	1	1.23	24	10.08
	中观	0.5	35	44.30	44	56.41	23	28.40	102	42.86
	悲观	0	33	41.78	22	28.21	57	70.37	112	47.06
您判断耕地质量好坏标准？	土层厚、无板结	1	40	50.63	42	53.85	27	33.33	109	45.8
	产量高	0.5	27	34.18	28	35.90	48	59.26	103	43.28
	不知道	0	12	15.19	8	10.26	6	7.41	26	10.92
化肥在改善耕地质量方面的作用？	适量化肥可改善耕地质量状况	1	35	44.30	42	53.85	38	46.91	115	48.32
	过量施用化肥是浪费	0.5	32	40.51	28	35.90	37	45.68	66	27.73
	全靠化肥提高产量、改善质量	0	25	31.65	17	21.79	15	18.52	57	23.95
下列哪些方式可以改善耕地质量？	施用农家肥	1	71	89.87	71	91.03	77	95.06	219	92.02
	施用生活粪便	0.5	5	6.33	2	2.56	2	2.47	9	3.78
	轮作	1	0	0.00	3	3.85	2	2.47	5	2.10
	不知道	0	3	3.80	2	2.56	0	0.00	5	2.10

5.3.4　农户参与耕地质量保护的意愿

从调研的结果可以看出（表 5-5），有 98.32% 的农户还是非常愿意保护耕地质量，仅有 4 户农户不愿意保护耕地质量，说明农户保护耕地质量的意愿是非常强烈的。在对相关原因的调查可以看出，有 45.38％的农户家庭收入主要以农业收入为主，其收入结构相对单一。如果耕地质量得不到很好的保护，自家收入也难以保证。因此，保护耕地质量意愿也非常强烈。而分别有 19.33％和 15.97％的农户认为保护耕地质量的主要原因是农业收入相对稳定和增加家庭收入。这部分农户往往是以兼业为主，虽然农业收入已经不是他们主要的收入来源，但是非农就业仍存在一定的风险，如果在城里打工失败，仍有农业收入可以作为补充。这种类型的农户虽然有意愿保护耕地，可是在农业比较效益低下的情况下，会减少对于耕地质量保护的投入。而有 19.33％的农户保护耕地是为了生计安全，这部分农户以老年人居多，由于受自身年龄和体力的限制，耕种土地更多是为了满足自己家庭的口粮，他们虽然有较强烈的保护意愿，却很难投入较多的精力。

表 5－5　农户参与耕地质量保护的意愿

观察项	选项	赋值分值	临湖街道		王纲堡乡		永乐乡		合计	
			户数（户）	比例（％）	户数（户）	比例（％）	户数（户）	比例（％）	户数（户）	比例（％）
您是否愿意保护耕地质量？	愿意	1	76	96.20	77	98.72	81	100.00	234	98.32
	不愿意	0	3	3.80	1	1.28	0	0.00	4	1.68
愿意保护耕地质量的原因？	收入稳定	1	8	10.13	11	14.10	19	23.46	38	15.97
	收入途径单一	0	40	50.63	38	48.72	30	37.04	108	45.38
	确保生计安全	0.5	17	21.52	18	23.08	11	13.58	46	19.33
	增加家庭收入	1	14	17.72	11	14.10	21	25.93	46	19.33

5.4　农户耕地质量保护认知行为差异影响因素研究

经过异方差和多重共线性的检验后，利用前文所构建的多元线性回归模型检验各个变量对农户耕地质量保护认知行为产生的影响，得到结果如表 5－6 所示。从回归的结果可以看出，模型整体拟合情况较好。外部因素（包括城市扩张、经济结构调整、价格变化、政策制度安排）和内部因素（包括个人特征和家庭特征）对农户耕地质量认知行为的 4 个方面（包括耕地质量变化的感知、保护政策的认知、耕地质量好坏判断和保护意愿）都有重要的影响。

首先，从总体来看，土地调整次数（LN）、农产品价格（AP）、农户参与技术培训的次数（TN）和家庭中农业收入的比例（HT）4 个变量对耕地质量保护认知行为的感知、认知、判断和意愿 4 个方面都具有显著的影响，说明这 4 个变量是影响农户耕地质量保护认知行为的主要因素。其中土地调整次数有显著的负向影响，主要是由于城市扩张要大量地征用城市周边的土地，这样就造成了土地产权的不稳定性，在这种情况下，农户会对耕地质量的保护产生一种悲观的预期，进而会影响到农户对于耕地质量保护的积极性。农产品价格对农户耕地质量保护认知行为有显著的正向影响，说明通过调整农产品价格机制，可以改变农户耕地质量的认知行为，特别是积极的农产品价格政策，会提高农户对耕地质量保护的积极性。农户参与技术培训的次数会对农户耕地质量保护认知行为产生显著的正向影响，说明各种类型的农业技术培训对于提高农户耕地质量保护认知行为还是非常重要的，地方政府的农业技术推广部门的人员还是应该增加在农业技术培训方面的人力和物力。家庭中农业收入的比重对于农户耕地质量保护认知行为具有显著正向影响，表明家庭收入中农业收入所占比重越大的农户，其耕地质量保护认知程度会越高，这与实际调研的情况也非常吻合。在实际调研中，远郊区永乐乡农户更多的是以种植棚菜和陆地蔬菜为主，农户家庭收入主要以农业收入为主，因此，这种类型的农户对于耕地质量的认知程度会更高，其主要原因在于耕地质量的好坏直接关系到农产品的产量和品质，进而会影响到家庭收入。而对于临湖街道的农户，由于离市区较近，是城市扩展的主要区域，因此很多农户的家庭收入已经以非农收入为主，而这样类型的农户对于耕地质量变化的关注程度并不高，在土地利用中大多采用省时省力的土地利用方式，造成耕地质量退化情况比较严重。

表 5-6 农户对耕地质量保护认知行为差异的决定因素模型估计

自变量	因变量											
	感知（PERC）			认知（CONG）			判断（JUDG）			意愿（WILL）		
	B	t值	Beta	B	t值	Beta	B	t值	Beta	B	t值	Beta
LN	−0.008*	−1.321	−0.188	−0.021*	−1.019	−0.058	−0.187**	−1.576	−0.468	−0.016***	−3.197	−0.447
NF	−0.058*	−1.344	−0.087									
AP	0.069**	2.201	0.142	0.014*	1.378	0.025	0.110***	2.625	0.168	0.037*	1.934	0.061
MP	−0.036*	−1.331	−0.086							−0.005*	−1.090	−0.305
LN	−0.008*	−1.701	−0.205				−0.061*	−1.321	0.086	−0.032*	−1.452	−0.071
AT				0.032**	1.620	0.040				0.051*	1.419	0.092
TN	0.017*	1.728	0.305	0.005**	1.195	0.078	0.033**	2.531	0.443	0.005***	1.575	0.102
AGE	−0.145*	−0.897	−0.058							−0.003*	−1.068	−0.069
EDU	0.028**	1.640	0.106	0.078*	1.596	0.039				0.033**	2.301	0.148
YEAR	0.269*	1.316	0.507				0.012**	1.491	0.224			

（续）

自变量	因变量										
	感知（PERC）			认知（CONG）			判断（JUDG）			意愿（WILL）		
	B	t 值	Beta	B	t 值	Beta	B	t 值	Beta	B	t 值	Beta
AN	0.004**	1.444	0.094				0.226*	1.780	0.115	0.005**	2.125	0.137
HT	0.091**	1.822	0.053	0.107**	1.812	0.053	0.003**	2.377	0.153	0.017*	1.188	0.012
LR							0.166***	4.022	0.253	0.087**	3.357	0.213

注：***、**、* 分别表示达到1%、5%、10%显著水平。B 值为回归方程的系数，系数为正值表示解释变量每增加一个单位值时被解释变量相应增加，而系数为负值时说明增加一个单位值时被解释变量相应减少；Beta 值表示在模型中每个解释变量的相对权重，绝对值越大，因子影响作用越大。

其次，分别从影响农户耕地质量保护认知行为的 4 个方面来看，不同的因素对于每个方面的影响程度、显著水平和作用方向也存在显著的差异（表 5-6）。在影响农户耕地质量感知行为的因素中，农户从事农业生产的年期和农户接受农业技术培训次数的权重最大，Beta 值分别是 0.507 和 0.305，说明在其他条件不变的情况下，农户从事农业生产的年期越长，农户对于耕地质量变化的感知程度会越高，这也符合客观事实，在研究区域往往耕种时间越长的农户，对于自家耕地质量的变化情况会了解得更多。而农业技术培训很显然能大大提高农户对于耕地质量的感知，特别是研究区域正在实施的测土配方施肥技术的培训，让农户大大提高对于耕种土地的感知、认知和判断能力。表现在模型结果中农业技术培训次数变量在影响农户耕地质量认知和判断行为中的 Beta 值分别是 0.078 和 0.443，都是影响这两种行为的主要因素。同时土地调整次数变量也是影响农户耕地质量认知、判断和意愿行为的重要因素，其 Beta 值分别是-0.058、-0.468 和-0.447，说明确保土地产权的稳定性，让农户在耕地质量保护前景方面有一个较为乐观的预期是非常重要的。而在影响农户耕地质量保护意愿的因素中农资产品的价格变量的 Beta 值为-0.305，也是影响农户耕地质量保护意愿的主要因素。说明随着农资产品价格的快速上升，农业生产成本在大幅提高，农产品价格并没有实现同步的提高，在这种情况下，农户种地并不能获得合理的收益，其农业生产的积极性受到很大的影响，这也造成很多农户转向从事比较收益更高的非农产业，不愿意在耕地质量保护中投入更多的人力和物力。

5.5　农户耕地质量认知与行为决策响应一致性检验

为了验证农户耕地质量认知与农户行为响应之间的理论分析框架，弄清楚两者之间的定量关系，本研究令 $Cogn_i$ 和 $Beha_i$ 分别代表农户对耕地质量认知分值变量和农户决策行为响应分值变量，则 X_i（$Cogn_i$，$Beha_i$）代表了第 i 个农户耕地质量认知及行为决策响应的二维分布向量变化趋势图（图 5-2），从图中可以看出，在永乐乡和王纲堡乡，农户对耕地质量的认知得分和决策响应得分之间存在一定的同步波动关系，说明两者之间存在一定的相关关系，而且永乐乡农户的同步波动幅度要比王纲堡乡还要强烈一些。而在临湖街道，随着农户耕地质量认知得分的变动，农户决策行为响应得分并没有表现出同步性，而是一种随机波动，在该区域两者之间相关性较低。

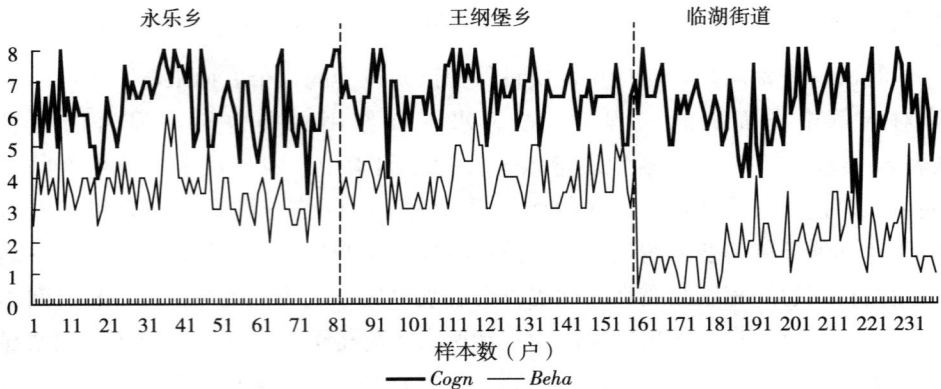

图 5-2 农户耕地质量认知及行为决策响应的相关性

为了进一步分析两者之间的相关性程度和因果关系，构建了 $Beha_i$ 作为因变量、$Cogn_i$ 作为自变量的计量经济学模型，模型的基本形式为：

$$Beha_i = \beta_1 + \beta_2 Cogn_i + u_i \qquad （u_i \text{为随机干扰项}，i = 1,2,3,\cdots,n）$$

$$(5-7)$$

利用 SPSS 16.0 统计分析软件，得到如表 5-7 所示的归回分析结果。从分析结果可以看出，在相关性方面，样本总体的相关系数 $r = 0.311$，属于低度相关（$|r| < 0.3$ 表示不相关，$0.3 \leqslant |r| < 0.5$ 表示低度相关，$0.5 \leqslant |r| < 0.8$ 表示中度相关，$|r| \geqslant 0.8$ 表示高度相关），其中 $r_{\text{永乐乡}} = 0.555 > r_{\text{王纲堡乡}} = 0.363 > r_{\text{临湖街道}} = 0.083$ 说明永乐乡的农户耕地质量认知与行为决策响应存在中度相关，王纲堡乡农户存在低度相关，而永乐乡的农户不存在相关性。在因果关系方面，样本总体农户、永乐乡农户和王纲堡乡农户中 $Cogn$ 对 $Beha$ 都具有显著影响，显著水平都为 1%，表明农户对耕地质量认知与农户行为决策响应之间存在因果关系，而临湖街道的农户并不存在这样的因果关系。

以上的研究结果表明农户耕地质量认知与行为决策响应之间存在一定的一

致性，验证了前面的理论框架，但在不同区域的表现并不相同，其原因主要是由于永乐乡农户主要以种植陆地蔬菜和大棚蔬菜为主，其农业收入为家庭收入的主要来源，因此，对于耕地质量保护更加重视，表现为耕地质量的认知与其行为决策响应存在一致性。临湖街道的农户，由于离市区最近，其中很多农户已经开始从事非农产业，其非农收入在其家庭总收入中的比重较大。种植的作物主要以省时省力的玉米为主。因此，虽然农户对于耕地质量的认知程度较高，但是由于农业收入已经不是家庭收入的主要来源，他们不愿意在耕地质量保护的行动中投入更多的时间和精力，表现为农户对于耕地质量的认知和行为决策响应的不一致。而对于影响耕地质量认知的因素，应该是需要进一步讨论的问题。

表 5 - 7　模型估计结果

自变量	因变量 *Beha*							
	样本总体		永乐乡		王纲堡乡		临湖街道	
	系数	T 值	系数	T 值	系数	T 值	系数	T 值
常数项	0.857**	1.863	0.948**	2.026	1.759***	2.828	1.480	2.759
Cogn	0.361***	5.020	0.433***	5.816	0.323***	3.458	0.063	0.734
相关系数 *r*	0.311		0.555		0.363		0.083	
模型检验 R^2	0.096		0.308		0.131		0.007	
模型检验 $\overline{R}^2$	0.093		0.299		0.120		0.006	
模型检验 F 值	25.202***		33.828***		11.960***		0.539	

注：***、**、* 分别表示 1%，5%，10% 显著水平。

5.6　耕地质量保护中农户认知程度对其行为决策的影响机制研究

基于以上分析结果，经过异方差和多重共线性检验后，利用已经构建的多元线性回归模型，对耕地质量保护中农户认知与其行为决策作用机制进行实证检验，得到如表 5 - 8 所示结果。从模型估计的结果可以看出，模型整体拟合情况较好，农户耕地质量保护认知对其决策行为响应有重要影响，验证了前面理论分析框架。

在总体上，农户耕地质量保护认知行为中的耕地质量保护现状感知与判断（*CPJ*）、耕地质量保护政策认知与意愿（*CCW*）对农户耕地质量保护决策行为有显著的正向影响，分别通过了 10% 和 5% 的显著性检验，表示在其他条件保持不变的情况下，CPJ 和 CCW 每变化 1 个单位，农户决策中的耕地种植方式选择（CLM）、耕地投入方式选择（LIM）和农业废弃物处理方式（AWTM）分别变动 0.091、0.082 和 0.067 个单位，CCW 会对农户行为决策中的 CLM 和 LIM 两个方面产生影响，应是影响农户行为决策主要方面。说明要想促使研究区域农户在耕地利用中采用保护性耕作方式，农户对耕地质量保护政策认知和保护意愿仍是解决问题的关键。因此，研究区域相关部门应该从这两个方面采取具体措施，实现对于耕地质量保护与提升。

从不同区域对比分析也可以看出，不同区域之间影响因素的种类和程度也存在明显差异，且临湖街道农户耕地质量认知行为对其耕地利用决策并没有产生显著的影响，这也印证了之前的分析结果。同时，永乐乡农户耕地种植方式选择会受到农户耕地质量认知行为中 CPJ、CCW 和耕地质量保护方式认知与判断（CCP）三个方面的影响，显著水平分别是 10%、10% 和 5%，表明在其他条件保持不变的情况下，农户在 CPJ、CCW 和 CCP 三个方面每提高 1 个单位，农户考虑轮换种植的方式的概率将分别提高 0.091、0.073 和 0.145 个单位。而耕地投入方式选择和农业废弃物处理方式分别受到 CCP 和 CPJ 的影响，显著水平分别是 1% 和 10%，表明在其他条件不变的情况下，CCP 和 CPJ 每提高 1 个单位，LIM 和 AWTM 响应程度将分别提高 0.610 和 0.156 个单位，说明耕地质量保护现状感知与判断、保护方式认知与判断是决定该地区农户采取保护性耕作方式的主要方面。而王纲堡乡农户只有耕地投入方式选择和农业废弃物处理方式分别受到 CCW 的影响，显著水平都为 10%，表明在其他条件保持不变的情况下，CCW 每提高 1 个单位，LIM 和 AWTM 分别提高 0.472 和 0.142 个单位。说明对耕地质量保护政策认知与意愿是影响该区域农户耕地质量保护行为决策主要方面。

表 5-8　模型估计结果

地区	自变量		因变量		
			CLM	LIM	AWTM
样本总体	CPJ	B			0.067*
		T 值			1.992
	CCW	B	0.091**	0.082*	
		T 值	2.202	1.347	
	CCP	B			
		T 值			

（续）

地区	自变量		因变量		
			CLM	LIM	AWTM
永乐乡	CPJ	B	0.091*		0.156*
		T值	1.362		1.381
	CCW	B	0.073*		
		T值	1.896		
	CCP	B	0.145**	0.610***	
		T值	1.355	3.199	
王纲堡乡	CPJ	B			
		T值			
	CCW	B		0.472*	0.142*
		T值		2.586	1.502
	CCP	B			
		T值			
临湖街道	CPJ	B			
		T值			
	CCW	B			
		T值			
	CCP	B			
		T值			

注：表格中的系数是因子作用分别达到1%、5%、10%显著水平的结果，以 *** 、 ** 、 * 表示（因子对应参数为空白即意味着在模型中未达到显著水平）。B值为回归方程的系数，系数为正值表示解释变量每增加一个单位值时被解释变量相应增加，而系数为负值时说明增加一个单位值时被解释变量相应减少。

5.7　本章小结

本研究在基于"压力—状态—效应—响应"框架的农户耕地质量认知行为差异及其影响因素理论分析框架基础上，通过对辽宁省沈阳市苏家屯区临湖街道、王纲堡乡和永乐乡 3 个区域农村微观调查数据的实证研究，验证了理论分析框架。弄清楚了研究区域农户对耕地质量的认知及具体的行为差异，揭示了具体的影响因素及其影响机制。得出以下主要结论：

第一，从大城市郊区农户对耕地质量保护认知行为的统计分析中可以看出，农户对耕地质量变化和保护重要性的关注较高，对于耕地所有权主体和质量保护责任主体的认知较为准确，农户对耕地质量保护前景判断并不乐观、在改善耕地质量方式上的判断还存在一定的误区，但农户耕地质量保护意愿是较为强烈的。从不同区域的比较可以得出，农户耕地质量保护认知行为存在较为明显的差异，永乐乡农户耕地质量保护认知行为要好于临湖街道和王纲堡乡。

第二，从影响农户耕地质量认知行为差异的因素分析中可以看出，土地调整次数、农产品价格、农户参与技术培训次数和家庭中农业收入比例 4 个变量是导致农户耕地质量保护认知行为差异的主要方面。其中土地调整次数主要影响农户耕地质量的认知、判断和意愿，农户参与技术培训次数主要影响农户耕地质量感知、认知和判断，同时从事农业生产的年期是影响农户耕地质量感知的主要因素，农资价格是影响农户耕地质量保护意愿的主要因素。

第三，在农户行为决策响应方面，农户已经开始意识到作物轮换种植对于保护耕地质量积极作用。肥料施用数量仍然以经验判断为主，缺乏科学性，过量施用较为普遍，同时，化肥仍是农户肥料投入主要方式。而对农膜和秸秆的处理，还存在一定的不合理性，需要对农户进行合理引导；在两者影响机制方面，农户耕地质量保护认知与行为响应存在一定一致性和因果关系，对耕地质量保护政策认知与意愿是影响耕地质量保护决策主要方面，不同区域在影响因素和程度上也存在显著差异。

第四，在制度措施方面，应确保城市郊区耕地产权的稳定性。从分析的结果可以看出，由于工业化、城市化进程的加快，大量城市周边的土地被征用，用于城市发展和工业建设用地，这样就造成了城市周边耕地产权的不稳定。在这种情况下，很多农户认为，保护耕地质量是没有意义的，因为家里耕种的土地在未来几年内可能会被征用，现在保护耕地质量是浪费人力和物力。因此，应该通过规范政府的征地行为、划定永久基本农田等方式，确保城市周边耕地产权的稳定性，这样农户才敢于向土地中投入更多的人力和物力。在经济措施方面，应该制定更为合理的农产品和农资产品的价格机制。从研究结果的分析可以看出，农产品价格的上升可以提高农户保护耕地质量的积极性，但是农产品价格的过快上涨又会增加城市居民的生活成本。因此，国家对于农产品价格的上涨进行了宏观调控。但现实情况是农资产品价格处于一个过快上涨的趋势，农产品价格还处于较低水平，两者存在较大的差异。农户收入会受到很大程度的影响，这必然会影响到其对于耕地质量保护的积极性。因此，如何制定更为合理的农产品和农资产品的价格机制就显得非常重要。在技术措施方面，农业技术培训仍是提高农户耕地质量保护的突破口。从计量模型分析的结果可以看出，农业技术培训在农户耕地质量保护认知行为中发挥着重要作用。特别是研究区域目前正在推广的测土配方施肥技术，通过对农户的培训，使农户对自己耕种的耕地质量状况和耕地质量保护方式有了更为深刻的认识。但是，现有的农业技术推广还存在农户的积极性不高、基层农业技术推广部门缺少人力和物力很难有效地开展农业技术推广活动等问题。因此，如何能将农业技术推广活动有效开展，仍是现在农业部门急需要解决的一个现实问题；鼓励耕地向以农业收入为主的农户家庭流转。从分析的结果可以看出，以农业收入为主的农户会更加关心耕地质量变化情况，因为其直接关系到了农产品产量和农业生产收入。因此，应该建立相应的激励机制，促进耕地向以农业收入为主的农户家庭流转，促进土地的适度规模经营，发展农业生产大户和家庭农场等新型农业经营主体。这样，既有利于现代农业的发展，又有利于保护耕地质量，还可以提高农户的收入水平，可以实现多赢。

第六章 农户土地利用行为响应规律研究

6.1 理论框架的构建

农户土地利用行为与所处的区域条件、区域的经济发展水平和农户家庭的自身特征密切相关，而这些因素直接表现为区域的工业化、城市化水平的不同。因此，农户土地利用行为与区域工业化、城市化水平密切相关，在时间上呈现与工业化、城市化水平变化之间的演替规律；在空间上，由于农户处在具体的空间区域不同，农户土地利用行为也呈现出一定的空间变异性，农户的土地利用行为存在个体和群体之间的差异，并且这种差异特征在空间呈现出扩散的趋势。因此，只有进行农户土地利用行为的时间空间演替规律研究，才能解释出农户土地利用行为在时间、空间上表现出的同质性和异质性特征，才能为深入研究农户土地利用行为存在差异的影响因素提供研究支撑。

依据土地利用系统理论、地理学中的地域分异理论和土地经济学中的土地报酬递减规律相关理论，土地资源具有用途上的多样性和功能上的多宜性，具体表现为耕地资源的生产能力和价值能力。同时农户行为经济学的相关理论认为，农户的行为源于自身的需求，由于农户对土地需求，具有多样性，因此，农户耕种土地不仅要满足自身粮食需求，而且更重要的是满足自身对耕地经济价值需求。作为获取效用最大化的农户，最终要实现的目标就是耕地的生产功能、经济价值功能与农户的粮食需求、经济价值需求的完美匹配。

6.1.1 耕地利用功能的多样性

6.1.1.1 粮食生产能力

耕地资源的粮食生产能力受到区域的光、温、水、土及基础设施条件以及农户利用目标的影响。耕地资源的粮食生产能力划分为光合生产潜力、光温生产潜力、气候生产潜力、土地生产潜力和现实生产潜力（孔祥斌，

2012）。依据耕地要素的不同配置特点，综合区域自然、经济条件，可以将耕地的生产能力划为以下 3 个层次：第一层次是潜在的最大产量，是指在一定的技术经济和管理等条件下，一般优势作物品种能够在试验田中实现的产量；第二层次是可实现生产能力，可以理解为在当地的技术与管理条件下，农户经过种植可以实现的产量，不考虑效益影响的产量；第三层次为现实中实现的产量水平。区域和国家范围内对粮食的刚性需求决定了耕地粮食生产能力具有显著的外部性，从这个角度考虑，耕地粮食生产能力具有不可替代性。

6.1.1.2　经济价值生产能力

耕地不仅可以提供粮食生产能力，还具有经济价值生产能力。耕地经济价值生产能力可以简单表述为在一定用途时一定单位的耕地资源能够带来的货币性收入。主要体现在农户为了获取更高的货币性收入，在耕地选择种植比较效益更高的经济作物。

6.1.1.3　耕地粮食生产能力和经济价值能力的互斥和共存

耕地资源具有粮食生产能力和价值生产能力，但在既定时间和既定地块内，农用地生产能力的发挥具有一定的互斥性，例如当农户为了追求更高的经济效益在某地块上种植蔬菜、西瓜等经济作物时，此地块的粮食生产能力是不能被同时实现的。而如果种植粮食作物能够在一定程度满足农户货币收入需求时，此地块的粮食生产能力和经济价值生产能力则具有共存的可能性。只有当耕地的经济价值能力得到最大实现，耕地的生产能力才会最大程度的实现，否则耕地粮食生产潜力只能部分得到实现，并且有可能存在弃耕的现象。

6.1.2　不同时期农户土地利用目标的差异性研究

农户既是生产者又是消费者，这个基本特点决定了其的生产与消费行为，以及资金、技术与劳动力的供给之间相互制约、相互促进的关系。从农户行为学理论来看，农户家庭生产的目标是效用最大化，依据发展经济学理论，农户效用最大化目标在不同的经济发展阶段表现为不同的形式，即农户土地利用目标随着经济发展水平的提高而不断发生变化。

首先，当区域经济水平处于较低的发展阶段，农户土地利用的首要目标表现为家庭生活的最大满足，即首先要满足家庭对于粮食产品的需求，生产出的农产品主要是农民自己消费。但是由于经济发展水平较低，土地的基础条件较差，农户的土地利用技术水平也受到限制，实际的作物产量很低。该阶段，土地收入往往是农户最主要甚至唯一的收入来源。为了保障家庭的食物安全，种植作物以水稻、玉米等粮食作物为主，农民有对土地进行高投入以获取高产出的意愿，但是受家庭经济能力的限制，农户主要从事农业生产，较少出去打工，在土地上的劳动投入时间和投入强度相对较大，肥料投入以农家肥为主，土地生产能力比较低。

此阶段，由于技术水平有限，农户生产技术水平决定下的粮食生产能力极为有限，而农户努力提高实际耕地粮食生产水平，努力达到此阶段的技术水平下决定的粮食单产。

其次，随着经济的发展，人均 GDP 进一步增加，家庭粮食需求已经不再是制约农户土地利用的首要因素，农户土地利用目标由产量最大化逐渐向利润最大化过渡，这个阶段，农户土地利用目标是双重的，既要保证家庭成员的基本消费品的满足，又要在此基础上追求产品价值的最大化（孔祥斌，2012）。此时，突出表现在获得土地产品的增加手段上，使用化肥、农药等投入，并且改善基础设施。以机械、技术替代劳动力，土地产品迅速提高。土地利用变化突出表现形式为集约化程度的提高和种植结构不断调整，农户土地利用方式在粮食作物和经济作物之间摆动。

此阶段，区域粮食生产水平得到很大的提高，农户的实际粮食生产水平接近技术生产力水平。

再次，随着社会经济水平的进一步提高，此时农户土地利用追求的目标是利润最大化阶段，对土地的投入多少完全考虑获利的能力，对于土地、资金、技术和劳动力的应用，要考虑它们的机会成本，即影子价格，所采取的土地利用方式就是资金、土地、劳动力组合的影子价格最高的利用方式。由于劳动力的市场得到发展，劳动力的机会成本提高。土地利用变化的突出表现形式为耕地的非粮化，而在耕地内部则表现为耕地的规模化经营。如果耕地种植没有形成规模，轻者会导致投入的降低，重者会导致土地的荒芜，表现为农作物产量的降低和复种指数的降低。

此阶段，在农业技术不断进步的情况下，区域的技术生产水平不断提高，可以接近最大的耕地生产能力上限，但是在土地规模的限制下，农户土地实际生产能力很低。具体见图 6-1。

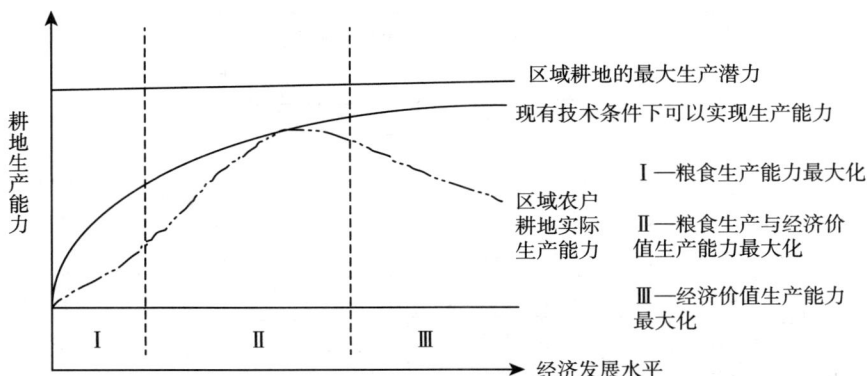

图 6-1　不同经济发展水平下农户土地利用目标与耕地生产能力的概念

6.1.3　农户土地利用行为变化的微观解释

　　为了在不同阶段实现不同的目标，作为"理性经济人"的农户，会根据外部社会经济环境的变化和自身拥有的生产要素（土地、劳动力、资本和技术等）的水平不断调整耕地需求偏好，最终使得土地利用行为在农户土地利用决策单元与土地利用单元之间形成感知响应的反馈环路过程（图 6-2）。

　　首先，从农户土地利用决策单元分析来看，耕地本身的资源特征和利用特点对于农户来说是一个不断感知和认识的过程，在这个过程中农户产生和衡量自己的需求，即粮食需求和经济价值需求。农户土地利用决策受到区域经济发展水平以及农户家庭人口、农户家庭收入和消费状况、农户劳动力以及和农用地利用单元的区位条件的显著制约。可以说，农户土地利用决策单元对于农用地利用单元的粮食和经济价值的需求偏好是导致耕地利用变化的动力。产量需求型农户对于耕地粮食生产能力的需求偏好，导致耕地利用单元维持粮食生产的利用方式，并具有将其他耕地利用单元转化为粮食利用的动力；利润型农户则对耕地利用单元的经济价值产生需求偏好，具有将耕地利用单元维持经济作物以及将其他农用地利用单元转化为经济作物的动力；粮食和利润协调型农户对于耕地利用单元的粮食生产能力和经济价值生产能力同时产生需求，对耕地利用单元具有维持一定必要的粮食面积单元的基础上，将其他农用地利用单元转化为经济作物的动力。

　　其次，从耕地利用单元分析来看，耕地的不同利用方式、利用程度和投入强度产生的耕地生产能力和价值能力存在差异。农户对不同利用方式生产能力和经济价值能力的追求是导致耕地利用方式转变的前提。农户在家庭消费的强约束下，首先满足家庭粮食消费需求，其决策依据是家庭粮食消费能力的满足

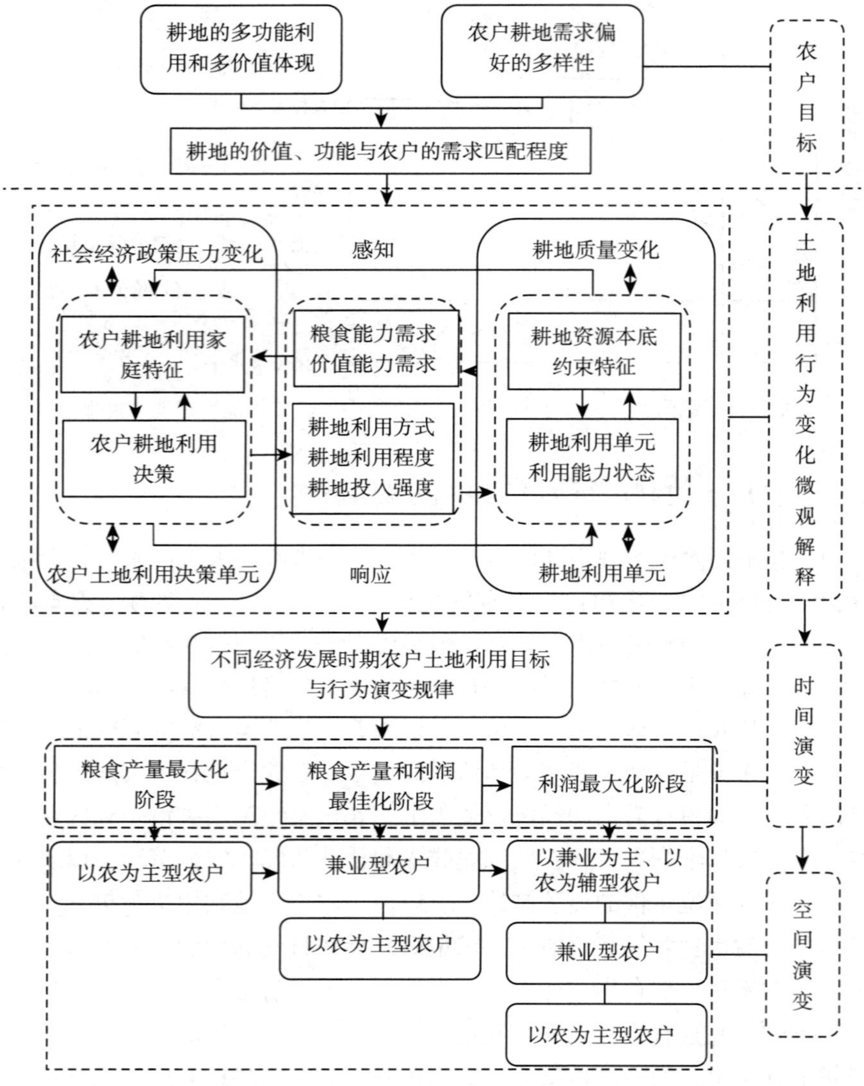
耕地的多功能利用和多价值体现
农户耕地需求偏好的多样性
耕地的价值、功能与农户的需求匹配程度
农户目标
社会经济政策压力变化
感知
耕地质量变化
农户耕地利用家庭特征
农户耕地利用决策
粮食能力需求
价值能力需求
耕地利用方式
耕地利用程度
耕地投入强度
耕地资源本底约束特征
耕地利用单元利用能力状态
农户土地利用决策单元
响应
耕地利用单元
土地利用行为变化微观解释
不同经济发展时期农户土地利用目标与行为演变规律
粮食产量最大化阶段
粮食产量和利润最佳化阶段
利润最大化阶段
时间演变
以农为主型农户
兼业型农户
以兼业为主、以农为辅型农户
以农为主型农户
兼业型农户
以农为主型农户
空间演变

图 6－2　农户土地利用行为演变规律理论分析框架

程度。在家庭消费满足以后，则是对于土地经济价值能力的需求，不同利用方式单位面积经济价值能力的差异与农户劳动力机会成之间的均衡是耕地利用方式转化的直接动力。而在具体的利用方式中，农户会依据劳动力、技术、资本和土地的限制程度，为达到最大的经济价值而采取不同投入要素替代的土地利用行为，从而导致在同一利用方式下的土地集约利用程度及其集约利用结构的变化。在劳动力约束下，对于单位劳动力的效益预期是农户进行转换耕地利用方式的关键，在资本约束下，首先实现的是劳动力、土地要素的替代，导致资本集约度降低；在土地规模的约束下，实施的是劳动力和资本投入强度增加，将导致劳动力和技术集约度的提高。而农户不同的土地利用方式、利用程度和投入强度将直接导致耕地中土壤养分含量变化，造成土壤肥力变化和耕地质量变化，影响农户对于耕地生产能力和价值能力的差异。为了追求效用最大的农户，又会根据耕地本身的资源特征和利用特点的变化和外部所处的社会经济政策压力的变化不断调整自身的土地利用决策行为。

6.1.4　不同时期农户土地利用行为时间与空间演变规律

此外，农户土地利用行为和决策具有群体特征，某个农户个体的土地利用行为和决策受到其周围一定空间内的农户土地利用群体特征的影响。农户土地利用决策单元群体特征，导致了耕地利用单元在一定的空间范围内表现出利用的同质性特征，而农户土地利用目标在不同时期的差异则导致了农用地利用在时间上的变异性和空间上的差异性。

因此，农户需求是农户经济活动的动机和最终目标。自改革开放以来，农户主要需求变化表现为，从口粮保障需求，以解决温饱问题→货币支出需求（在温饱问题解决的基础上）→利润最大化需求。农户土地利用行为是属于农户家庭一项非常重要的经济活动，农户土地利用目标与农户经济活动目标的实现具有一致性。农户土地利用目标的阶段性变化，导致农户土地利用行为在不同时间上具体表现为粮食产量最大化阶段→粮食产量和利润最佳化阶段→利润最大化阶段。农户土地利用群体行为在同一时间不同空间范围上出现以农为主型农户→兼业型农户→以兼业为主、以农为辅型农户的空间分布格局。

6.2　工业化、城市化进程中农户土地利用行为时间演变规律特征研究

研究区域属于大城市郊区，是一个客观存在、介于城市和农村之间错综复杂的地域综合体，农业发展既有接受工业化、城市化辐射的优势，又受到被工业化、城市化吞噬的压力。该区域具有交通区位优势以及劳动力、资金、人才和技术优势，发展农业产业化的条件得天独厚。由于农业的参与性强，城乡联系密切，使得农民有较多的机会向非农产业转移，是我国工业化、城市化进程中一个特殊、重要、敏感地带，也是土地利用行为变化最显著的区域。同时，农户对耕地利用权限仅限于农业范围内，大规模的耕地转变为建设用地在目前的土地制度框架内不可能是农户行为。所以本章主要从农户在粮食作物、经济作物之间做的种植作物选择（土地利用方式）、耕地的复种

指数（土地利用程度）和耕地的化肥等物质投入（土地投入强度）等方面探讨1983—2015 年 32 年间苏家屯地区农户耕地利用行为演变规律及变化特征。

6.2.1 农户作物种植选择行为

对苏家屯区 1983—2015 年粮食作物（水稻和玉米）和经济作物（蔬菜和瓜果）的播种面积变化进行分析（图 6-3）。从图 6-3 中可以看出，粮食作物的播种面积从整体上出现下降的趋势，在粮食作物播种结构内部，水稻的播种面积在下降，而玉米的播种面积在上升，具体表现如下：

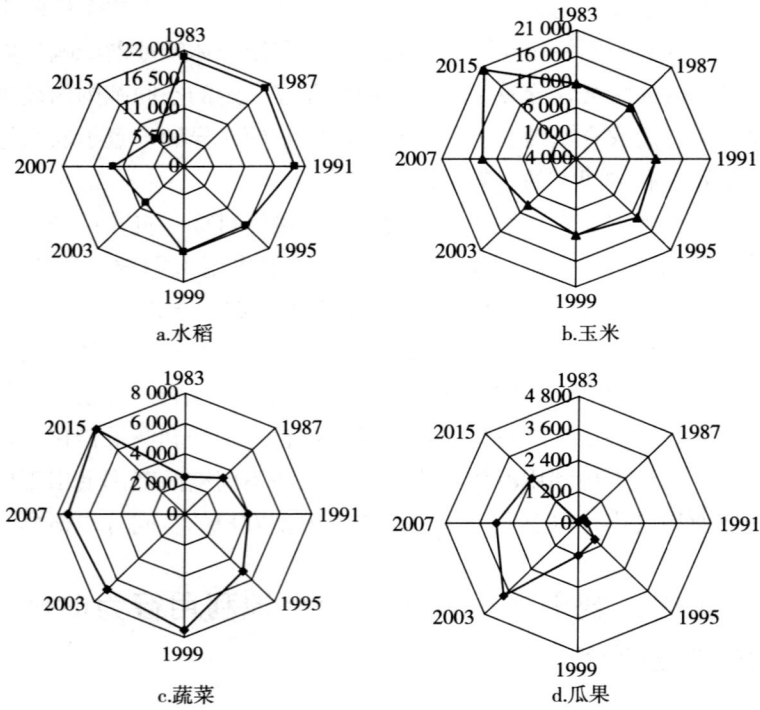

图 6-3 1983—2015 年苏家屯区各类作物播种面积变化比较

水稻的播种面积变化经历了三个阶段。第一阶段 1983—1991 年，水稻播种面积维持在较高的水平，1983 年为 20 673hm²，1991 年为 20 123hm²，最高值出现在 1985 年，为 20 802hm²，最小值出现在 1989 年，为 16 557hm²，期间平均为 20 132hm²。第二阶段 1992—1999 年，水稻播种面积出现缓慢的下降趋势，从 1992 年的 20 022hm² 下降到 1999 年的 16 109hm²，平均每年减少489hm²。第三阶段 2000—2010 年，水稻播种面积出现了快速的下降，从 2000年的 14 633hm² 下降到 2015 年的 7 560hm²，平均每年减少 470hm²。

玉米的播种面积变化也经历了三个阶段。第一阶段 1983—1991 年，玉米播种面积维持在一个较低水平，1983 年为 10 644hm²，1991 年为 10 886hm²，最高值出现在 1989 年，为 12 088hm²，最低值出现在 1985 年，为 9 547hm²，平均值为 10 563hm²。第二阶段 1992—1999 年，玉米的播种面积出现缓慢增加趋势，最高值出现在 1993 年，为 12 641hm²，最低值出现在 1997 年，为 10 118hm²，均值为 11 728hm²。第三阶段 2000—2010 年，玉米播种面积开始快速增长，从 2000 年的 8 397hm² 增长到 2015 年的 20 250hm²，平均每年增长 790hm²。特别是从 2003 年开始，增幅非常明显。

从图 6-3 中可以看出，经济作物的种植面积呈现快速增长趋势，在经济作物内部，农户蔬菜种植面积增长要比瓜果类作物的增长更加明显，具体表现为：

蔬菜的种植面积变化经历了三个变化阶段。第一阶段 1983—1991 年，蔬菜种植面积出现缓慢增长，从 1983 年的 2 471hm² 增长到 1991 年的 4 030hm²，最高值出现在 1989 年，为 6 112hm²，最小值出现在 1984 年，为 2 456hm²。第二阶段 1992—1999 年，蔬菜种植面积出现较快增长趋势，从 1992 年的 3 367hm² 增长到 1999 年的 7 546hm²，年均增长 522hm²。第三阶段 2000—2015 年，蔬菜种植面积出现小幅的波动，先小幅下降，然后再缓慢增长，整体保持在一个较高的水平上，最高值出现在 2008 年，为 8 439hm²，最小值出现在 2004 年，为 4 340hm²。

瓜果的种植面积变化也经历了三个阶段。第一阶段 1983—1991 年，瓜果种植面积在低水平上的波动，最高值出现在 1985 年，为 392hm²，最低值出现在 1992 年，为 104hm²，均值为 221hm²。第二阶段 1992—1999 年，瓜果种植面积在中等水平波动，最高值出现在 1993 年，为 440hm²，最低值出现在 1991 年，为 104hm²，均值为 288hm²。第三阶段 2000—2015 年，瓜果种植面积开始快速上涨，从 2000 年的 424hm² 增长到 2015 年的 707hm²。

6.2.2　农户土地利用程度变化

作为衡量土地利用程度的度量指标之一，复种指数反映区域一定自然资源条件下人口压力对种植制度的最终影响。复种指数显示人们对土地利用强度的变化，对 1983—2010 年苏家屯区农户复种指数的研究可以看出，农户对土地利用程度呈现逐步上升趋势，大致可以分为三个阶段。第一阶段 1983—1991 年，复种指数从 100.58% 增加到 104.41%，中间经历了一次波峰在 1986 年为 105.04%，经历了一次波谷，在 1989 年为 100.16%。第二阶段 1992—1999 年，复种指数处于较平稳的变化阶段，从 1992 年的 104.41% 下降到 1999 年的 103.54%。第三阶段 2000—2015 年，复种指数出现先大幅上涨然后再平稳增长阶段，复种指数从 2000 年的 104.67％上涨到 2015 年的 116.24％，中间经历一次波谷，在 2003 年为 101.27％，经历一次波峰，在 2006 年为 112.37％。

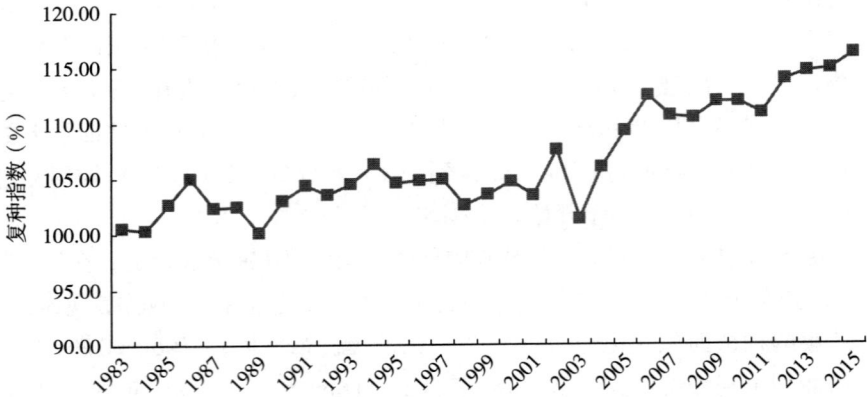

图 6-4 1983—2015 年苏家屯区复种指数变化趋势

6.2.3 土地投入强度变化

根据数据的可得性和前面的分析框架，农户在土地上的投入主要包括农家肥、化肥、农药、农膜和机械总动力等。本研究主要从以上 5 个方面研究单位面积上农户土地投入强度的变化。

第一，单位耕地面积农家肥的投入从 1983—2015 年整体呈现下降的趋势，从 1983 年的 26.0 t/ hm² 下降到 2015 年的 14.9 t/ hm²，下降幅度为 50％左右（图 6-5）。究其原因主要：一方面，随着大城市郊区农村劳动力机会成本的上升，施用农家肥费时费力，很多农户不愿意投入农家肥；另一方面，随着大

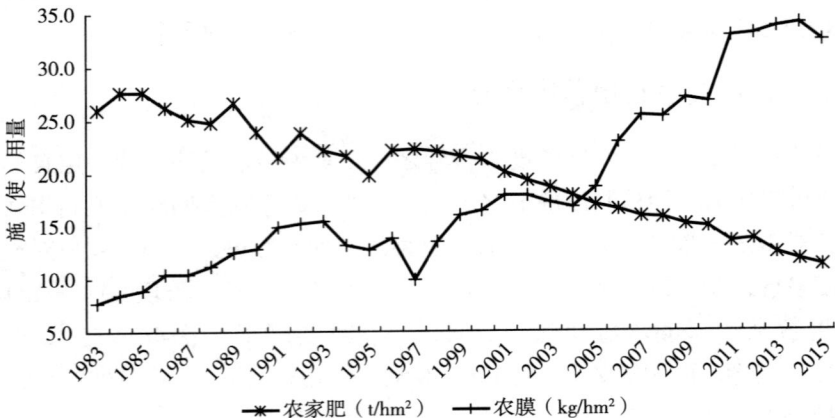

图 6-5 1983—2015 年苏家屯区单位耕地面积农家肥、农膜投入情况

城市郊区农户畜禽饲养量的下降，很多农户家里根本没有可用于施用的农家肥，如果想施用，只能靠购买，这样就大大增加了农业生产成本。研究也发现，虽然研究区域的农户知道施用农家肥对保持和提高耕地质量有很好的作用，但是由于农业生产的比较效益较低，很多农户都不愿意将劳动时间消耗在农家肥的施用上，导致农家肥施用量逐年下降。

第二，单位面积化肥的投入量整体呈现下降的趋势，从 1983 年的 1 260 kg/hm²，下降到 2015 年的 980kg/hm²，但是从化肥施用的内部结构来看（图 6-6），氮肥的施用量在逐渐下降，从 1983 年的 723kg/hm² 下降到 2010 年的 464kg/hm²，磷肥的施用量也在逐渐下降，从 1983 年的 506kg/hm² 下降到 2010 年的 118kg/hm²，钾肥的施用量出现先增加、后减少的发展趋势，1983 年为 0kg/hm²，2010 年为 9.8kg/hm²，在此期间出现一次波峰，为 2006 年的 128kg/hm²，复合肥的施用量在逐渐增加，从 1983 年的 33kg/hm² 增加到 2015 年的 446kg/hm²，虽然农户在化肥的施用中仍然以施用氮肥为主，但是现在更注重氮肥、磷肥、钾肥、复合肥的施用比例。

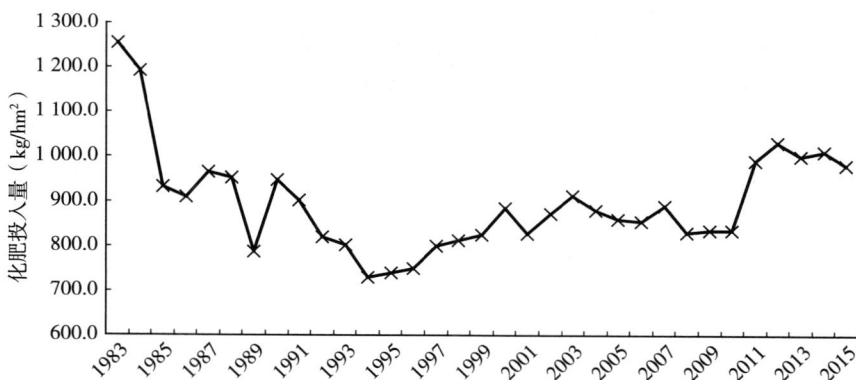

图 6-6 1983—2015 年苏家屯区单位耕地面积化肥投入情况

从肥料施用比例可以看出，1983—1997 年，农户施用的肥料主要是以氮肥和磷肥为主，原因是经过第二次土壤普查发现制约研究区域农作物产量提高在于土壤中氮和磷的含量较低，因此在这个时期，农户主要通过施用氮肥和磷肥提高产量，且效果明显。但是随着农户种植作物品种的增加和产量的提高，植物对于钾的吸收增加，由于在此期间农户很少施用钾肥，到了 1997 年，钾肥的缺失成为制约农户种植作物产量提高的主要原因，因此从 1998 年开始，农户施用钾肥的比例在逐渐增加。2000 年以后，当地土肥站开始推广测土配方施肥技术，让农户逐渐意识到土壤中氮、磷、钾三元素达到一个合理的比例才能更有效地提高产量，因此，农户施用氮、磷、钾三元素的复合肥的比例在逐渐增加（图 6 - 7）。

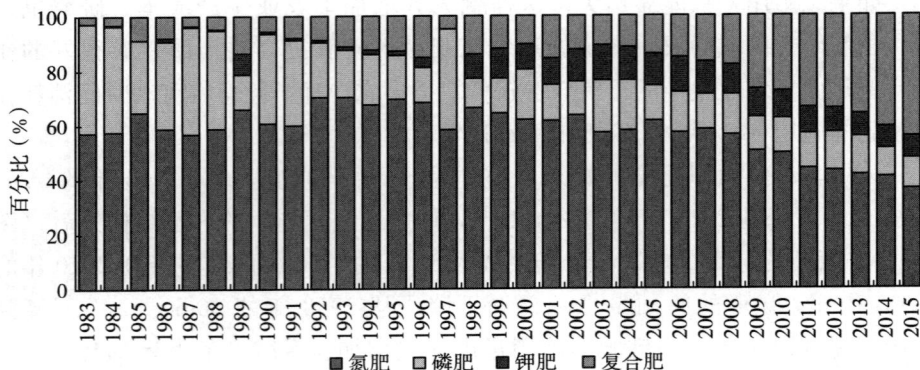

图 6 - 7　1983—2015 年苏家屯区单位面积化肥施用比例变化

第三，单位面积农药的施用量呈现逐渐增长的趋势，从 1983 年的 3.5kg/hm² 上升到 2015 年的 12.1kg/hm²，对于农药的施用量在 28 年间增长了接近 3 倍，特别是从 2000 年开始，农药施用量增长速度非常显著，说明随着工业化、城市化进程的加快，劳动力机会成本的增加，农户开始逐渐采用资本替代劳动力的投入方式。单位面积农膜的使用量也在快速上升，从 1983 年的 7.7kg/hm² 增长到 2015 年的 32.5kg/hm²，对于农膜的使用量在 28 年也增长 4 倍多。单位面积机械总动力也在缓慢增长，从 1983 年的 3.3 万 kW/hm² 增长到 2015 年的 10.9 万 kW/hm²，增长了接近 3 倍（图 6 - 8）。

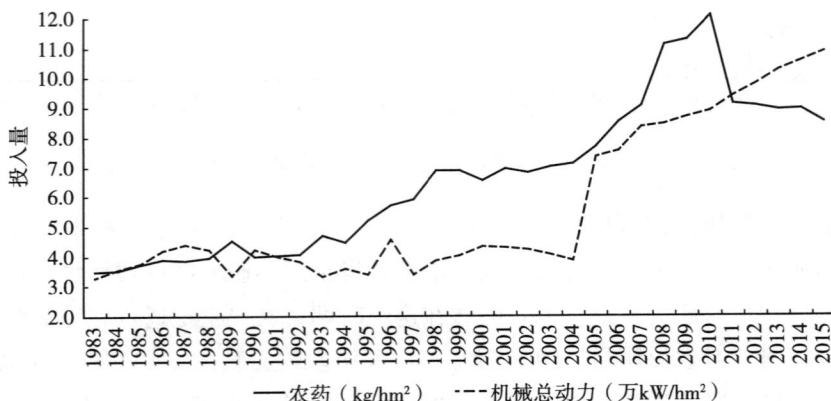

图 6 - 8　1983—2015 年苏家屯区单位耕地面积农药、机械总动力投入量

从前面的分析可以明显看出，在时间演变规律上，农户的土地利用行为与农户所处的外部环境的变化具有一定的耦合性。在生产力、社会经济发展水平比较低的改革开放初期，劳动力市场、农产品市场和生产资料市场发育

程度较低，农户收入的主要来源为土地收入，而且为了满足家庭粮食需求，种植作物以粮食作物为主。由于农户主要从事的是农业生产，很少能外出打工，在耕地上投入的劳动时间和投入强度相对较大。生产资料流通市场改革也刚刚起步，农户的肥料投入也是以农家肥为主。但是，随着相应的生产要素流通市场改革的不断深化，劳动力的机会成本逐渐上升，农户也开始逐渐改变传统的土地投入方式，在耕地增加了资产性投入，比如化肥、农药、农膜和机械总动力都在逐渐增加，并且，随着农业科学技术的不断推广，农户开始逐渐认识到科学种田的重要性，特别是在化肥的使用上，更注重科学施肥，既节约了成本，保证了耕地的生产力，同时也能更好地保护耕地质量。

6.2.4　农户耕地利用行为变化规律的模拟研究

依据前面的理论分析，农户的土地利用目标决定着农户的土地利用行为。然而，随着经济的不断发展，农户耕地利用目标也随之调整和变化。依据苏家屯区 1983—2015 年的耕地作物播种面积单产、化肥、农家肥、农膜、农药、农业机械总动力等统计数据进行模拟，得到图 6-9，图形的拟合度 $R^2 = 0.936\,6$，达到了较好的拟合程度。从图 6-9 中可以明显看出，目前苏家屯区农户土地利用目标主要处于 II 和 III 阶段的过渡期，既处于产量最大化、利润最佳化与最大化的过渡阶段。

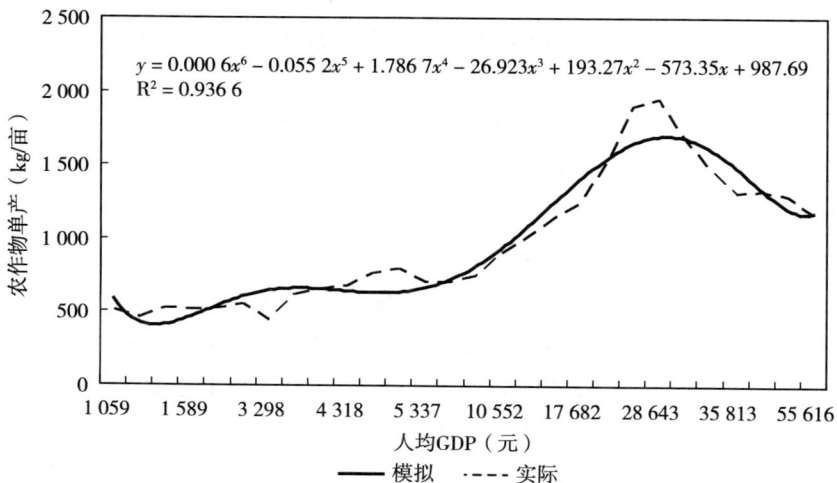

$$y = 0.000\,6x^6 - 0.055\,2x^5 + 1.786\,7x^4 - 26.923x^3 + 193.27x^2 - 573.35x + 987.69$$
$$R^2 = 0.936\,6$$

图 6-9　不同经济发展水平下农户土地利用目标与耕地生产能力的模拟图

"生产函数"模型是经济增长最常用的分析模型，由于柯布-道格拉斯生产函数（C-D 函数）能够明确表明模型内部各要素对经济增长的贡献，因此模型在分析经济增长贡献时得到了普遍采用。为了进一步明确不同经济发展水平下农户土地利用行为的演变规律，本研究通过建立作物播种面积产量生产函数的关系来模拟在不同经济发展水平下的作物生产的投入产出关系，从而为不同阶段农户土地投入变化分析提供了依据。柯布-道格拉斯生产函数的原始形式为：

$$Y = AK^{\alpha}L^{\beta} \tag{6-1}$$

为了研究的需要，对柯布-道格拉斯生产函数的原始形式进行了修正，把历年的粮食单位面积产量作为函数的因变量，而把单位耕地上的投入作为自变量，经过修正后的生产函数表达式为：

$$CL = cHF^{\alpha}NJF^{\beta}NM^{\gamma}NY^{\eta}JX^{\kappa}e^{\delta} \tag{6-2}$$

其中，CL 表示单位面积作物单产，单位为 kg/亩；HF 表示单位面积土地化肥的投入量，单位为 kg/hm²；NJF 表示单位面积土地农家肥的投入量，单位为 t/hm²，NM 表示单位面积土地农膜的投入量，单位为 kg/hm²；NY 表示单位面积土地农药的投入量，单位为 kg/hm²，JX 表示单位面积土地农业机械的投入量，单位为万（kW·h）/ hm²；α、β、γ、θ、ω、δ 分别表示与之相对应的弹性系数，表明当相应的变量增加 1% 时，粮食单产增加的百分比，例如当单位面积的化肥施用量增加 1% 时粮食单产增加；c 是常数也称效率系数。

采用上述生产模型，根据苏家屯区 1983—2015 年土地的产量及农户投入的相关统计数据，利用 SPSS 13.0 软件进行处理，得出苏家屯区作物播种面积单产的生产函数模型。通过对模型的精度检验，$R^2 = 0.720\ 7$，调整后的 $R^2 = 0.657\ 3$，F 值 $= 11.355$，符合统计要求。并且模型符合 T 检验要求，并且回归系数达到显著相关。

$$CL = 5.23HF^{0.112}NJF^{0.089}NM^{0.267}NY^{1.503}JX^{1.242} \tag{6-3}$$
$$(0.234)\ (0.160)\ (1.543)\ (1.576)\ (2.099)$$

模型的运行结果表明，上述因素的贡献份额之和大于 1，研究区域耕地单产总体上仍然处于规模报酬递增阶段，生产要素的投入还不能完全满足耕地单产继续提升的需要。对作物产量贡献大小的依次顺序为：单位面积农药投入＞单位面积农户机械投入＞单位面积农膜投入＞单位面积化肥投入＞单位面积农家肥的投入。因此，可以看出目前苏家屯地区农户提高土地生产能力主要依靠农业机械投入和农药投入。其中，单位耕地面积农药施用量的生产弹性最高，达到 1.503＞1，表明农药这种要素处于边际产出递增阶段，这是由于近些年来随着全球气候的变化以及农药的持续增强使用，作物病虫抗药性不断加强，病虫害愈加严重，不得不依靠增加农药的施用量来予以控制。耕地的单位面积机械投入量生产弹性 1.242＞1，表明这种生产要素也处于边际产量递增阶段，机械投入量的扩大能够带来粮食单产的大幅度增加。化肥施用量的生产弹性0.112，农家肥的生产弹性0.089，农膜使用量的生产弹性为0.267，三者均小于1，说明这三种要素投入都处于边际产量递减阶段。表明苏家屯区生产已经由传统方式向现代方式转变，改变过去依靠劳动力的大量投入来增加生产，而开始依靠资本投入的增加和技术的提高，由劳动密集型转变为资本和技术密集型。化肥的大量施用虽然在一定时期内对提高粮食单产起到了不可替代的作用，但同时也因为施用过量和结构不合理，致使土壤板结、肥力下降，反过来也制约了耕地单产的进一步提高。农家肥的施用量会对土壤的结构产生正向影响，但是研究区区域农家肥施用量空间分布极度不均衡，大田作物的种植根本不施农家肥，而大棚蔬菜和陆地蔬菜等经济作物种植区域，又存在着过量施用有机肥（主要是鸡粪）的情况，因此，整体对耕地产量的提高有一定的抑制作用。

6.3 工业化、城市化进程中农户土地利用行为空间演变规律研究

6.3.1 种植选择差异分析

首先考察农户作物种植情况，通过对临湖街道、王纲堡乡、永乐乡三地的调查研究发现，农户作物选择行为存在明显的差异。第一，农户的作物种植选择出现多种分化，由原来的单一种植粮食作物，分化为只种粮食作物、兼种粮食作物和经济作物、只种经济作物三种类型的农户，而且，随着距离的增加，在不同的区域三种类型的农户所占的比重也存在着规律性的变化，近郊的临湖街道以种植粮食作物为主，研究区中部的王纲堡乡以兼种粮食作物和经济作物为主，远郊永乐乡以种植经济作物为主。第二，随着距离的增加，种植粮食作物农户的比重在逐渐地降低，其中临湖街道74户，占该区域调查样本总量的93.7%，王纲堡乡23户，占该区域调查样本总量29.5%，永乐乡2户，占该区域调查样本总量的2.5%。第三，随着距离的增加，种植经济作物的农户的比重在逐渐增加，其中临湖街道4户，占该区域调查样本总量的5.1%，王纲堡乡20户，占该区域调查样本总量25.6%，永乐乡48户，占该区域调查样本总量的59.3%（刘洪彬等，2012），具体如表6-1和图6-10所示。

表 6-1　农户作物种植选择统计表

类型	只种植粮食作物		兼种粮食作物和经济作物		只种植经济作物	
	户数（户）	百分比（%）	户数（户）	百分比（%）	户数（户）	百分比（%）
临湖街道	74	93.7	1	1.3	4	5.1
王纲堡乡	23	29.5	35	44.9	20	25.6
永乐乡	2	2.5	31	38.3	48	59.3
合计	115	48.3	50	21.0	73	30.7

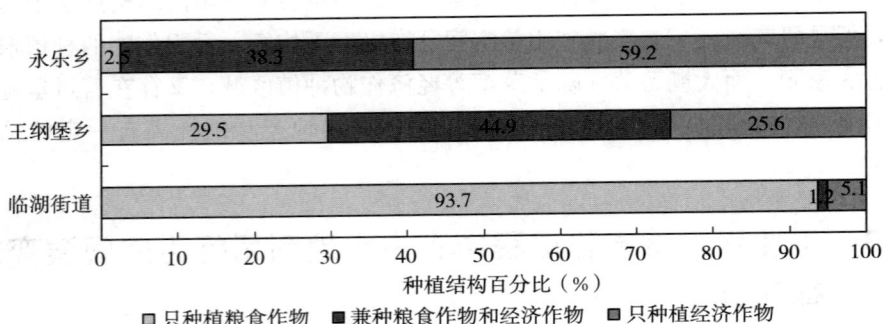

图 6-10　农户作物种植行为选择统计图

6.3.2　土地利用程度差异分析

通过对临湖街道、王纲堡乡、永乐乡三个区域的复种指数调查发现，三个区域的农户也存在空间上分异的规律。第一，复种指数为 1 的农户，临湖街道为 74 户，占该区域调查样本总量的比例最高，为 93.7%，王纲堡乡次之，为39 户，占该区域调查样本总量的 50.0%，永乐乡最少，为 2 户，占该区域调查样本总量 2.5%。第二，复种指数为 1～1.5 的农户，王纲堡乡最高，为 26户，占该区域调查样本总量的 33.3%，永乐乡次之，为 22 户，占该区域调查样本总量 27.2%，临湖街道最少，为 3 户，占该区域调查样本总量 3.8%。第三，复种指数为 1.5～2.0 的农户，永乐乡最高，为 32 户，占该区域调查样本总量的 39.5%，王纲堡乡次之，为 5 户，占该区域调查样本总量 6.4%。第四，复种指数为 2.0～2.5 和 2.5～3.0 的农户，以永乐乡最高，分别占到该区域调查样本总量的 14.8% 和 16.0%。具体如表 6-2 和图 6-11 所示。

通过调查发现，三个区域的土地利用强度存在明显的差异，临湖街道的复种指数比较低，大部分农户选择种植一茬的粮食作物，王纲堡乡的复种指数居于临湖街道和永乐乡之间，一部分农户选择种植一茬的粮食作物，另一部农户选择种植多茬的经济作物，而且，每茬种植的品种大部分是不同的；永乐乡大部分农户种植陆地蔬菜和大棚蔬菜，因此，复种指数是三个区域中最高的。

表6-2　农户土地利用强度统计表

单位：户，%

复种指数	1		1～1.5		1.5～2.0		2.0～2.5		2.5～3.0	
	户数	百分比	户数	百分比	户数	百分比	户数	百分比	户数	百分比
临湖街道	74	93.7	3	3.8	0	0.0	0	0.0	2	2.5
王纲堡乡	39	50.0	26	33.3	5	6.4	3	3.9	5	6.4
永乐乡	2	2.5	22	27.2	32	39.5	12	14.8	13	16.0
合计	115	48.3	186	21.4	37	15.5	5	2.1	10	4.2

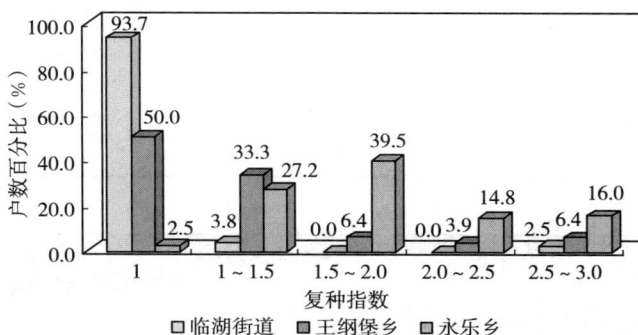

图6-11　农户土地利用强度统计图

6.3.3　土地投入差异分析

农户土地投入主要有劳动力的投入和资金的投入，其中劳动力又分为自用劳动力和雇工，因此，本研究主要从农户自用工投入、农户雇工投入和农户资金投入三个方面对农户投入行为差异进行研究。

6.3.3.1　农户自用工投入

通过三个区域农户亩均自用工投入情况的调查可以看出，第一，在亩均自用工投入为0～10工日/亩的农户临湖街道＞王纲堡乡＞永乐乡，其中临湖街道为56户，占该区域调查样本总量70.9%，王纲堡乡为29户，占该区域调查样本总量32.7%，而永乐乡为19户，占该区域调查样本总量23.5%；第二，在亩均自用工投入为10～20工日/亩的农户王纲堡乡＞永乐乡＞临湖街道，其中王纲堡乡为40户，占该区域调查样本总量51.3%，永乐乡为26户，占该区域调查样本总量32.1%，临湖街道为19户，占该区域调查样本总量24.1%；第三，在亩均自用工投入为20～30工日/亩的农户永乐乡＞王纲堡乡＞临湖街道，其中永乐乡为 11 户，占调查样本总量 13.6%；第四，在亩均自用工投入为 30 工日/亩以上的农户永乐乡＞王纲堡乡＞临湖街道，其中永乐乡为 25 户，占该区域调查样本总量 30.9%。通过比较分析可以看出，临湖街道和王纲堡乡的亩均自用工投入主要集中于 0～10 工日/亩和 10～20 工日/亩，而永乐乡更集中于 10～20 工日/亩和 30 工日/亩以上。具体如表 6-3 和图 6-12所示。

表 6-3　农户自用工投入统计表

单位：工日/亩，户，%

自用工	0～10		10～20		20～30		30 以上	
	户数	百分比	户数	百分比	户数	百分比	户数	百分比
临湖街道	56	70.9	19	24.1	2	2.5	2	2.5
王纲堡乡	29	37.2	40	51.3	5	6.4	4	5.1
永乐乡	19	23.5	26	32.1	11	13.6	25	30.9
合计	128	53.8	61	25.6	18	7.6	31	13.0

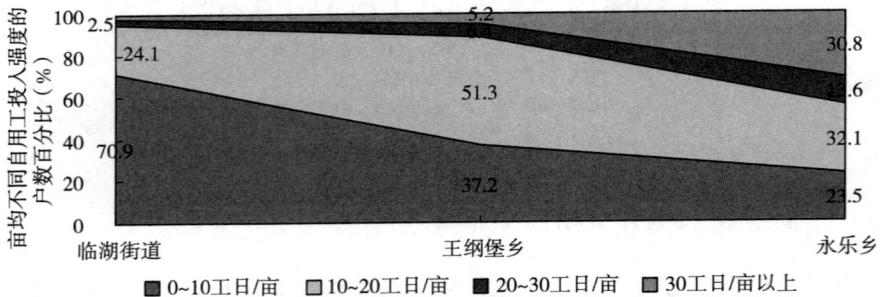

图 6-12　农户自用工投入统计图

6.3.3.2　农户雇工投入

通过对三个区域农户亩均雇工投入情况的调查可以看出，存在着与前面自用工投入情况不同的差异。第一，在亩均雇工投入为 0 工日/亩的农户，王纲堡乡＞临湖街道＞永乐乡，其中王纲堡乡为 63 户，占该区域调查样本总量的 80.8%，临湖街道为 47 户，占该区域调查样本总量的 59.5%，永乐乡为 9 户，占该区域调查样本总量的 11.1%；第二，在亩均雇工投入为 1～10 工日/亩的农户，临湖街道＞永乐乡＞王纲堡乡，其中临湖街道为 30 户，占该区域调查样本总量的 38.0%，永乐乡为 21 户，占该区域调查样本总量的 25.9%，王纲堡乡为 6 户，占该区域调查样本总量的 7.7%；第三，在亩均雇工投入为

11～20工日/亩的农户，永乐乡＞王纲堡乡＞临湖街道，其中，永乐乡为23户，占该区域调查样本总量的28.4％，王纲堡乡为5户，占该区域调查样本总量的6.4％，临湖街道为2户，占该区域调查样本总量的2.5％；第四，在亩均雇工投入为20工日/亩以上的农户，永乐乡＞王纲堡乡＞临湖街道，其中，永乐乡为28户，占该区域调查样本总量的34.6％，王纲堡乡为4户，占该区域调查样本总量的5.1％，具体见表6-4和图6-13。

表6-4 农户雇工投入统计表

单位：工日/亩，户，％

雇工	0		1～10		11～20		20以上	
	户数	百分比	户数	百分比	户数	百分比	户数	百分比
临湖街道	47	59.5	30	38.0	2	2.5	0	0.0
王纲堡乡	63	80.8	6	7.7	5	6.4	4	5.1
永乐乡	9	11.1	21	25.9	23	28.4	28	34.6
合计	119	50.0	57	23.9	30	12.6	32	13.4

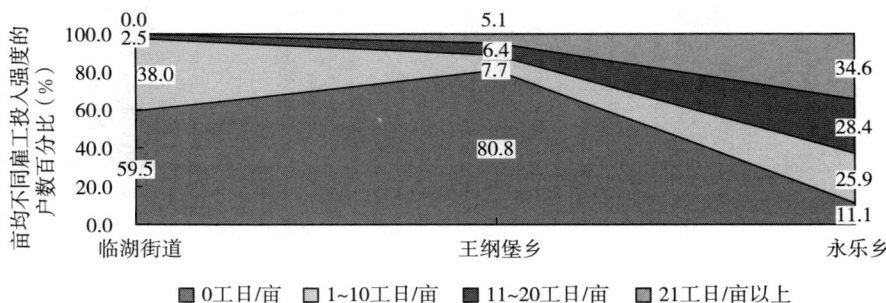

图6-13 农户雇工投入统计图

6.3.3.3 农户资金投入

通过对三个区域农户土地资金投入情况的调查，然后计算出农户单位面积土地上资金投入，将单位面积土地资金投入数额划分为0～500元/亩、500～1 000元/亩、1 000～1 500元/亩和1 500元/亩以上四组，比较各组农户数量占该区域调查农户总数量的比例，具体如图6-5所示。农户单位面积土地投入呈现以下差异：第一，临湖街道农户随着土地投入强度的增加，农户数量的比例在降低，四组分别为91.1％、7.6％、1.3％、0.0％，土地投入强度较低；第二，永乐乡与临湖街道相反，随着单位面积土地投入强度的增加，农户数量的比例在增加，四组分别为11.1％、8.6％、11.1％和69.2％，土地投入强度较高；第三，研究区中部的王纲堡乡居于前两个区域之间，变化幅度相对比较缓慢，四组分别是 48.7%、21.8%、20.5%、9.0%，投入强度居中。具体见表 6-5 和图 6-14。

表 6-5　农户单位面积土地资金投入强度统计表

单位：元/亩，户，%

投入资金	0~500		500~1 000		1 000~1 500		1 500 以上	
	户数	百分比	户数	百分比	户数	百分比	户数	百分比
临湖街道	72	91.1	6	7.6	1	1.3	0	0.0
王纲堡乡	38	48.7	17	21.8	16	20.5	7	9.0
永乐乡	9	11.1	7	8.6	9	11.1	56	69.1
合计	119	50.0%	30	12.6	26	10.9	63	26.5

注：农户的资金投入主要包括农户在农业生产中的种子、农药、化肥、地膜、机械、电力等。

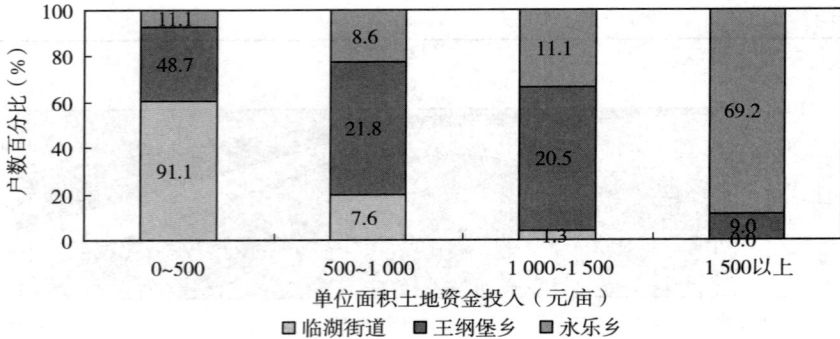

图 6-14　农户单位面积土地资金投入强度统计图

6.4　不同区域农户土地利用行为空间分布特征研究

通过前面对不同区域农户种植选择行为、土地利用强度行为、生产资料投入行为的的差异分析可以看出，随着沈阳市城市进程的加快和苏家屯主城区的扩展、辐射，导致农户土地利用方式和集约程度存在显著差异，农户土地利用行为在空间上整体遵循分层扩散的演变趋势（刘洪彬等，2012），具体的特征如下：

6.4.1　近郊区"以兼业为主、以农为辅型"的农户，土地利用程度低，土地投入强度小

从前面的分析中可以看出，在调查样本中临湖街道有 93.7% 的农户选择

种植粮食作物，而且基本上都种植一茬的玉米，自用工的投入主要集中在 0～10 工日/亩，有 40.5％的农户都雇工劳动力种地，由于主要种植大田作物，因此，每亩的雇工数量主要集中于 1～10 工日/亩。另外，亩均的土地投入主要在 0～500 元/亩，土地利用整体表现出粗放利用的方式，土地集约化利用程度低，土地利用效率低下。

该区域由于受城市化和城市扩张影响最强烈，农户"兼业"情况比较普遍，调查样本中有 87.3％的农户具有兼业行为，甚至有的农户完全从事了非农就业。城市化和工业化会提供更多的就业机会及与农业劳动者相比更高的工资水平，使得很多农户非农就业机会比较多，就业成本又相对较低，促使该区域很多农户都离开土地，从事非农生产，剩下都是不能非农就业的老人和妇女。大田作物由于比较好管理，不需要投入太多的劳动力和资金，既省时又省力，成为该区域很多农户的首选。甚至有的农户由于收入主要来源于非农就业，劳动力的机会成本较高，对土地种植的积极性不高，土地投入以雇工投入、物质投入和机械投入代替自己劳动力的投入，如果实在顾不上，就采取把土地无偿或有偿出租给亲戚朋友耕种。另外，土地投机行为比较严重，城市发展所带来的土地价格的上涨及城市化期望，加剧了土地投机活动，因为，临湖街道正处于苏家屯主城区的扩展区域，很多农户的承包地由于地理位置较好，存在着被征用的可能，会使一部分农民（从事别的生产活动维持生计）不放弃土地的使用权和所有权，象征性地耕种（仅种植一茬玉米），甚至闲置耕地。因此，在土地利用上的突出表现是土地的投入和利用也趋向于粗放利用，土地利用低。

6.4.2 研究区域中部是"兼业型"农户，农户土地利用程度较高，土地投入强度较大

从前面的分析中可以看出，在调查样本中王纲堡乡有 44.9％的农户选择兼种经济作物和粮食作物，有 25.6％选择只种植经济作物，自用工的投入主要集中在 10～20 工日/亩，主要使用自用工，很少有农户雇工，雇工农户只占样本总量的 11.5％。另外，亩均土地投入也有所增加，主要在 500～1 000 元/亩和 1 000～1 500 元/亩。农户土地利用行为出现分化，少部分农户选择种植粮食作物，大部分农户选择兼种粮食作物和经济作物，其中经济作物以陆地蔬菜为主，土地利用程度较高，土地投入较多。另外一部分农户只种植经济作物，土地的利用程度和投入强度都是最高的。

该区域农户的土地利用行为方式是双重的：既要考劳动力的充分利用，又要考虑资金的充分利用；既要保障家庭成员的基本消费品的满足，又要在此基

础上追求产品价值的增值的最大化。由于城市化和苏家屯主城区城市扩展的影响程度减弱，使非农就业成本增加，虽然部分掌握非农技术的农户还可以找到比较效益更高的工作，但是，出于对非农产业风险的考虑，土地对农户生活具有保障作用，农户又不愿意放弃对土地的经营，表现在土地利用上，就是在稳定粮食生产的基础上，寻求利润最大化。由于替代要素增加，对土地的物质、技术投入增加，突出表现在获得土地产品增加的手段上，使用化肥、农药等投入，并且改善耕地的基础设施、提高耕地的有效灌溉面积，以机械、技术替代劳动力。土地产出迅速提高，土地利用变化形式突出表现为集约化程度的提高、种植结构不断地调整，农户土地利用方式在经济作物和粮食作物之间摆动。该阶段农户往往对其所经营的土地精耕细作，以求获得尽可能大的收益。

6.4.3 远郊区是"以农为主型"的农户，土地利用程度最高，土地投入强度最大

从前面的分析中可以看出，在调查样本中永乐乡有 59.3% 的农户只种植经济作物，有 38.3% 选择兼种经济作物和粮食作物，由于种植陆地蔬菜和大棚蔬菜，土地利用强度在三个地区中是最大的，自用工的投入主要集中在 10~20 工日/亩和 30 工日/亩以上，雇工投入主要集中 11~20 工日/亩和 20 工日/亩以上，不雇工的农户只占到样本总量 11.1%。另外，亩均土地投入也最大，主要在 1 500 元/亩以上。该区域农户经营土地就是为了获取收益最大化，为了获取更多的收益，会增加对土地的投入和提高土地的利用效率。

该地区由于离市区相对较远，非农就业机会较少，非农就业成本较高，但是农户受到更多城市经济辐射的影响，城市为其销售多样农产品提供了广大的市场空间。而土地利用者和经营者土地利用行为的首要目标是追求效用最大化，期望通过土地的最优利用达到最大获利，从而土地资源趋向于向那些收益最高的用途转移。相对于蔬菜等经济作物而言，粮食作物的效益长期低迷，所以，农户耕地利用行为的重要特征就是更多地选择集约边际较高的作物，而减少集约边际较低的作物种植，不重视耕地粮食生产，而是投入更多的劳动力、物质、资本、土地在经济作物的种植上。因此，该区域农户土地利用的突出表现为选择比较效益高的经济作物，为了获取更多收益，采取增加投入、提高土地利用强度等方式。

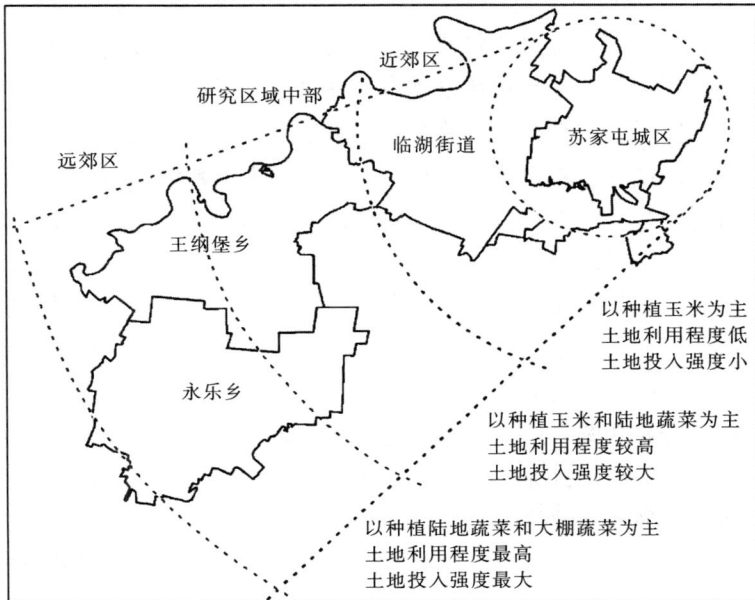

图 6-15　农户土地利用行为空间分布特征示意图

6.5　本章小结

　　第一，从理论上揭示作为获取效用最大化的农户，最终要实现的目标就是耕地的生产功能、经济价值与农户的粮食需求、经济价值需求的完美匹配。因此，在工业化、城市化进程中，由于农户所承受的外部社会经济、政策制度压力的不同，农户土地利用行为会存在空间上的差异。

　　第二，在回顾了工业化、城市化进程中农村社会经济政策环境变迁的基础上，以苏家屯 1983—2010 年农业生产统计数据为例，对 28 年农户作物选择行为、土地利用程度和土地投入行为的研究。研究结果表明：①从整体上看，农户土地利用行为演变与农户所处的外部社会经济政策环境变化具有一定的耦合性，也呈现出阶段性变化。从前面的分析可以看出，由于国家在农业经济体制、土地制度、劳动力市场、农产品市场和生产资料市场方面的阶段性改革，使得农户在土地利用方式、土地利用程度和土地投入强度三个方面出现阶段性的变化，因此，农户土地利用行为的演变与农户所处的社会经济及政策环境的变化密切相关。②在土地利用方式上，集约程度和利润相对较低的粮食作物种植面积逐渐减少，集约程度和利润相对较高的经济作物种植面积逐渐增加。从分析中明显看出，研究区域种植经济作物的面积是在逐渐提高的，特别是

2000 年以后，由于城市的快速发展和劳动力的大量转移，城市居民对于农产品的需求量上升，特别是对新鲜的蔬菜、瓜果等农产品的需求量在迅速提高。③在土地利用程度上，复种指数呈现逐渐增长的趋势，从 21 世纪初开始，复种指数增长幅度明显。在改革开放初期，由于研究区域气候条件的限制，只能种植一茬的玉米或者水稻，因此，复种指数以 1 为主，但是随着农业生产技术和农产品市场化程度的提高，农户开始种植多茬的陆地蔬菜和大棚蔬菜等经济作物，这样就大大提高了土地的复种指数。④在土地投入强度上，传统的以劳动力和农家肥投入为主体的农业生产方式，被以化肥、农药、机械和农膜投入为主体的现代生产方式替代，化肥的投入比例更趋于合理，表现为从主要以施用氮肥为主，开始逐渐增加磷肥、钾肥以及复合肥料的比例。

第三，对研究区域农户耕地利用行为变化规律的模拟研究可以看出，目前苏家屯区农户土地利用目标主要出于 Ⅱ 和 Ⅲ 阶段的过渡期，即处于产量最大化与利润最佳化、最大化的阶段。种植经济作物的比例在逐渐上升，复种指数也在逐渐提高，在土地投入方面更注重依靠资本投入的增加和技术的提高，由劳动密集型转变为资本和技术密集型。通过柯布-道格拉斯生产函数计算可以看出，目前农户提高耕地生产能力主要依靠农业机械和农药投入。研究区域农户集约边际相对较低的粮食作物的种植面积逐渐减少，其利用程度和投入强度较低（集约利用度低）；集约边际相对较高的经济作物的播种植面积逐渐增加，其利用程度高和投入强度较大（集约利用度较高）。

第四，通过对研究区域 238 户农户调查研究发现，在要素投入方面：①大城市郊区农户土地利用方式、土地利用程度、土地投入强度在空间分布上存在明显的差异，近郊区的农户对土地粮食生产能力的需求有较大偏好，导致土地利用维持粮食生产的利用方式，并具有将其他土地转化为粮食利用的动力；纯农村的农户则对土地的经济价值产生需求偏好，有将土地维持种植经济作物以及将其他土地转化为种植经济作物的动力；远郊区的农户对于土地的粮食生产力和经济价值生产能力同时产生需求，对土地具有维持一定必要粮食种植面积的基础上，将其转化为种植经济作物的动力。②大城市郊区农户的劳动力投入各业存在很大差异。劳动力质量投入水平非农产业要好于农业产业，经济作物要好于大田作物。同时劳动力从农业向非农产业、在农业内部从大田作物向经济作物转移的趋势明显。③大城市郊区农户各种植业类型资本投入具有很大差异。从资本投入水平看，农户对于经济作物的投入要远高于大田作物；从资本投入结构分析，农户对于经济作物的物质投入结构也要好于大田作物。④支配农户要素投入产生差异的驱动因素是对土地利用未来收益的预期，种植经济效益预期的不同是农户要素投入产生差异的主要原因。加强扶持和引导以稳定市场预期，对于农户回避市场风险，引导农户要素投入和投向具有重要作用。在空间分布上，近郊区临湖街道的农户以种植玉米等大田作物为主，土地利用程度低，土地投入强度小；研究区域中部的王纲堡乡的农户以种植玉米和陆地蔬菜为主，土地利用程度较高，土地投入强度较大；远郊区永乐乡的农户以种植陆地蔬菜和大棚蔬菜为主，土地利用程度最高，土地投入强度最大。农户土地利用行为从中心城区向外形成圈层结构，在空间上呈现"反屠能圈"式的分布模式，这是古典农业区位论的一种特殊的表现形式。

第七章 农户土地利用行为响应对 耕地质量变化影响研究

7.1 理论框架的构建

通过前面的研究可以看出，农户土地利用方式千差万别，在相同的利用方式下也存在利用程度、投入强度的差异，农户的耕地利用方式、利用程度和投入强度差异必然对土壤的物理性质、化学性质产生不同的影响。因此，研究农户土地利用行为差异对耕地质量的影响规律，才能解释农户土地利用行为与耕地质量变化之间的逻辑关系，为制定规范农户土地利用行为政策措施提供科学依据，保证耕地能够得到可持续的利用。

因此，基于人地关系相关理论，以农户土地利用行为与土地质量变化的理论关系为基础，把影响农户土地利用行为的社会、经济因子综合起来，通过过程分析，推导基于农户行为的耕地质量变化的驱动力，构建"农户土地利用行为—耕地质量"之间的相互关系理论分析框架（图7-1），并基于此框架来寻找到工业化、城市化（实质上是社会、经济及政策因素的变化）—农户土地利用行为（实质是作物选择行为、土地利用程度行为和土地投入强度行为）—耕地质量（实质是耕地土壤肥力变化）三者之间的耦合关系。

一方面，工业化、城市化进程导致社会、经济、人口等方面的变化，给农户施加了压力并带来农户对土地利用目标的变化，进而导致农户土地利用行为的变化；另一方面，农户对土地的利用，带来了土地资源或耕地质量的变化。在此过程中，若不采取合理的保护措施，就会导致耕地质量的退化。因此，需要通过政府的宏观调控措施，积极引导农户合理利用土地，达到耕地质量的良性循环和提高。所以，设计一个良好的"农户土地利用行为—耕地质量"理论关系框架，并能准确反映出农户在耕地质量变化过程中的作用，有利于从农户行为的角度出发，提出相应的耕地质量保护对策。

农户行为是指农户在特定的社会经济环境中，为了实现自身的经济利益面对外部经济信号做出的反应。农户行为体系包括经营投入行为、种植选择行为、资源利用行为、消费行为和技术应用行为。其中，种植选择、经营投入与资源利用是对耕地质量影响最直接的行为，主要体现在土壤养分、地下水位、土壤和水质的污染等方面。农业种植业生产中，对耕地质量的影响主要通过种植行为选择和经营投入行为（包括施肥、农药施用、秸秆还田和灌溉等方面）对土壤质量和环境发生影响。因此，本章中所研究的农户行为也主要是指种植选择行为、土地利用程度行为和土地投入强度行为三方面。

农户经济学理论认为，农户作为一个独特的经济主体，其行为的总目标是效用最大化，并且在这种效用最大化的驱动下，进行各种生产要素的优化组合，安排所有的土地利用活动。随着经济的发展、人口的增加、城市的扩展以及随之带来的耕地资源的相对减少，使得农户在感受到这些外部压力的冲击下，也在不断地调整着经营目标。农户会考虑调整农业生产结构、生产技术以及改变资金、劳动力的投入量及投入方向等问题，来实现自己的效用最大化目标。这些调整方案落实到土地上，就是带来土地利用的变化。

总体来讲，土地利用变化主要包括三方面的内容：一种是土地利用类型的变化，如水浇地、旱地、菜地、林地、建设用地、水域、未利用地之间由于使用意图而产生的变化；第二种是在一种土地使用用途上进行物质和能量的输入变化，化肥使用的变化、机械投入变化、劳动力投入变化、灌溉投入变化、农药使用变化、农膜使用的变化等属于这种变化；第三种是土地利用强度变化，土地利用强度可以定义为人类为满足自身需要而对土地生态系统的改变或干扰程度，常用来表示土地利用强度的有土地利率、土地垦殖率、复种指数等。农户土地利用这三方面的变化，都会直接或间接地引起耕地质量的变化。例如：未利用地开发利用成农用地，合理的化肥投入，有利于耕地质量的提高，过度利用又会引起土地的退化。因此，农户土地利用方式的变化对耕地质量具有正

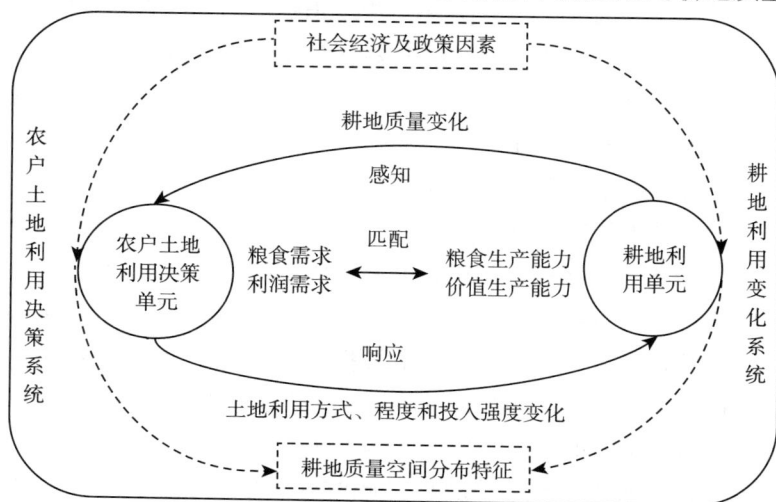

图 7-1　"农户土地利用行为—耕地质量"之间的相互关系理论分析框架

反两方面的影响。同时,耕地质量的变化也会影响到农户行为及土地利用目标的变化。人们利用土地的活动,任何时候都发生在自然系统、经济系统及体制系统的三重框架之内。因此,这些土地利用变化的形式以及引起土地利用变化的人口、技术、社会经济、政策等因素和土地利用主体——农户共同组成了耕地质量变化系统。

从图7-1可以看出,如果不考虑自然条件变化对耕地质量变化的影响,或者说在自然条件变化不明显的地区,农户土地利用行为的变化则成了耕地质量变化的决定性因素。因此,要研究耕地质量的变化规律,也只能从土地利用的主体——农户出发,研究农户在不同的土地利用目标、利用方式和管理方式下,对耕地质量变化的影响作用。

7.2 农户土地利用行为对耕地质量变化的理论分析

农户在上述各种压力的综合作用下,不断调整土地的经营目标。根据前面农户在各个土地利用目标阶段的土地利用行为特点的分析可知,在不同的土地利用目标下,农户土地利用行为也有所不同。根据本研究的假设条件,作为"理性经济人"的农户总是会选择有利于自己目标实现的利用方式,随着土地利用目标的阶段性变化,农户土地利用行为也发生着相应的变化,具体表现为土地利用方式、利用程度和投入强度的不同。

7.2.1 土地利用方式与耕地质量变化

农户土地利用方式主要体现在种植结构的选择上,农户作物种植结构的调整主要是由于在工业化、城市化进程中,城市数量的增加和城市人口的集中,使得蔬菜、水果、肉、蛋、奶等产品的需求增加,作物种植结构也由粮食作物为主向粮食、经济二元结构和粮食、经济、饲料三元结构转换;同时,城市郊区农户非农就业机会增加,劳动力机会成本上升,农户在农业生产过程中,可能会选择劳动节约型作物种植结构。因此,为了获取效益最大化的农户会根据自身对粮食需求和经济价值需求的不同改变种植结构。

种植结构的变化对耕地质量的影响表现为土壤肥力水平与农业生态系统中的物质循环过程,导致土壤中植物营养元素平衡的变化,主要是由于不同作物种植模式之间耕地的物质循环差异引起的。这种差异主要体现在三个方面:一是不同作物对养分吸收的差异,如水果、蔬菜一般而言比谷类作物从土壤中吸收更多的养分,而油料作物对元素K的吸收远大于一般农作物,叶菜类蔬菜吸收氮比较多,茄果类蔬菜需磷较多,块根蔬菜吸收钾较多。二是不同的作物种植结构，农户的物质投入组合不同，尤其是肥料投入方面会有很大差异。一般来说，种植粮食作物肥料使用量较低，蔬菜露地种植肥料使用量是粮食作物的 3.0～3.6 倍，而保护地种植肥料使用量是粮食作物的 6 倍左右。从肥料使用结构来看，蔬菜种植有机肥使用量也一般高于粮食作物。这种肥料的使用数量和结构变化直接影响到耕地质量变化，尤其是土壤肥力的变化。三是土地种植结构调整直接导致土地利用类型的变化。一般来说，粮田改为菜地之后，土壤中，尤其是表层土壤中有机质、碱解氮以及有效磷、钾等养分会增加，已有研究结果表明，不同利用方式下，土壤质量优劣顺序为：菜地＞水浇地＞水田＞园地＞旱地。主要原因是：旱地由于受到水分的限制表现为脆弱的农业生态系统，农业利用后不能建立良性的物质能量循环体系，所以各项养分含量较低。菜地由于累年耕种熟化，耕层养分含量在不同土地利用方式中最高，充分说明了耕种对土壤熟化的影响。但是，由于菜地盲目大量施肥以及薄膜覆盖等原因，也会导致菜地土壤酸化、板结和盐分含量大量累积的次生盐渍化等问题。

7.2.2 土地利用程度与耕地质量变化

土地利用程度可以定义为人类为满足自身需要而对土地生态系统的改变或干扰程度，它可以指示农业及土地集约化对土地质量的影响，土地利用强度增加意味着对土地的干扰增强，在这个过程中如果没有相应的措施，就会导致养分的损耗及其他形式的土地退化。土地利用强度不仅反映了土地利用中土地本身的自然属性，同时也反映了人类因素与自然环境因素的综合效应。常用来表示土地利用程度的有土地利用率、土地垦殖率和复种指数、土地灌溉率。

工业化、城市化进程的加快，会增加城市郊区农户非农就业机会，从理论上来讲，非农就业使得农户将部分劳动时间和劳动力配置到非农产业上，家庭劳动投入在农业生产上的相对不足，将导致农户减少复种、连作、轮作的次数或面积和采取单作的耕作方式，降低耕地的复种指数。因此，耕地复种指数在不同类型农户之间可能存在比较大的差异。以耕地经营为主的农户为增加收入，将会增加农地的利用强度，从而增加耕地的复种指数，而以非农收入为主的农户，会降低耕地的复种指数，造成土地的粗放利用。

从理论上来讲，复种指数的增加对耕地质量的变化有正反两方面的作用，一方面，复种可以消耗地力，复种指数越大消耗土壤中氮、磷、钾等养分越多；另一方面，作物与土壤的关系也不仅仅是养分元素的取与给的关系，在作物生长过程中，又可以通过光合作用，固定大气中的碳，其中豆科作物还可以固定大气的氮，从而为土壤提供碳素和氮素，从这个角度来看，随着复种指数的增加，作物在土壤中固定的碳素和氮素也越多。在增加复种指数的同时配合保护性的土壤耕作措施，实现用养地相结合，将会增加作物在土壤中固定的碳素和氮素，进而提高土壤肥力。

7.2.3 土地投入强度与耕地质量变化

土地投入指用于土地利用的资金或物质、劳力和技术。在农户土地利用过程中，要素投入特征直接反映了农户的土地利用行为特征，对农户土地利用效果产生直接影响。土地投入主要表现为将资金和劳动力通过一定的物质载体运用一定的方式投入到土地之中。具体而言包括对土地的化肥投入、农药投入、农膜投入、农业机械的投入与使用、科学耕种技术和方法的采用等。由于物质载体和投入方式的不同。土地投入对耕地质量的影响也不同。

从物质投入对土壤长期生产力的影响角度来划分，可以将农户的土地投入分为保护性投入和生产性投入，其中保护性投入能增加或保持土壤长期的生产力，如有机肥投入、绿肥种植、修梯田、农田基础设施建设等；生产性投入，能提高土壤当前的生产力，但可能不利于长期生产力的提高，如化肥和农药的投入。比较特殊的投入是劳动力和机械的投入，既可以是保护性投入也可以是生产性投入。当劳动和机械被用于农业生产时为生产性投入，当被用于农地保护，如基本农田建设、水土保持工程时为保护性投入。

不同的土地投入强度，特别是化肥的投入，直接影响着土壤中各养分的含量。例如，施肥是土壤养分的重要补给来源，一直对土壤肥力的平衡及其变化起着决定作用。合理的增施化肥，有利于土壤流通物质中相应土壤养分的补充和积累，从而改善相应的土壤养分含量的变化，但不合理的使用则会造成土壤板结和污染或土壤侵蚀和盐碱化等损害土地持续利用；而有机肥和绿肥的使用则既能增加土壤肥力又能改善土壤结构，对耕地质量的提高有很好的促进作用。由于两类投入之间存在一定的竞争关系，而且两类投入还与要素的其他投入方向（如劳动力的休闲、非农就业、资金消费等）进行竞争。因此，农户在进行物质投入时，会根据外部环境条件和自身约束进行选择，表现出不同的需求偏好，导致在土地上保护性投入和生产性投入偏好的不同，而农户这种不同的投入偏好又会对耕地质量产生不同的影响。

通过前面的理论分析可知，工业化、城市化进程的实质是农户所处的社会经济政策及制度环境的变化。第一，城市化的扩张导致征地频次的增加，造成农户土地产权的不稳定性，抑制了农户增加土地保护性投入的积极性；第二，工业化、城市化的发展需要大量的劳动力，促进了农户向非农就业转移。理论上，农户的非农就业对农地物质投入有两方面的作用。一方面，农户非农就业使得农户将部分劳动力和劳动时间配置到非农产业上，导致家庭农业劳动投入的相对不足，而保护性投入一般都是劳动密集型的投入，因此，农户将减少保护性投入。另一方面，非农就业又有利于增加农户的收入，从而有利于增加生产性投资。换言之，农户的非农就业可能会降低农户的保护性投入，而有利于增加生产性投入。第三，工业化、城市化的发展为城市郊区的农户提供了便利的技术服务通道，通过政府技术部门的农业技术指导，可以使农户农业技术水平得到提高，在土地投入上更趋于合理，有利于耕地资源的保护。

7.2.4　不同利用目标下农户土地利用行为对耕地质量影响研究

根据农户"理性经济人"假设，农户总是倾向于选择那些能实现效用最大化目标的土地利用方式，包括作物种类的选择（种什么）、用多少地来种（种多少）以及技术和投资的选择（怎么种）。所以，在不同的经济发展阶段，由于受不同利用目标的影响，农户土地利用行为也必然不一样，对耕地质量的影响程度也必然会有所差异。

因此，分析不同利用目标下农户土地利用行为的特点，对研究耕地质量变化规律和不同经济发展阶段和不同利用目标下耕地质量保护显得尤为重要。根据农户土地利用目标的三个阶段性变化，总结各个阶段农户土地利用行为的特点。

第一，产量最大化阶段。该阶段内，土地收入往往是农户最主要甚至唯一的收入来源。为保障家庭的食物安全，种植作物也相对比较单一，以玉米、水稻等粮食作物为主。农民有对土地进行高投入以获得高产出的意愿，但是受家庭经济能力的限制，对土地的投入不高。他们通常采用传统的土地利用方式，如扩大种植面积、开垦边际土地、降低物质投入等粗放经营模式。农户主要从事农业生产，较少外出打工，在土地上的劳动投入时间和投入强度相对较大，但是对土地缺乏资产性投入。肥料投入主要以少量的农家肥为主，土地生产能力比较低，当开垦出来的耕地产出低于农户认可的劳动力投入时，就会放弃已开垦的土地，又会开垦其他的边际土地．

从该阶段来看，人均耕地面积较大，劳动力机会成本几乎为零，土地是家庭收入的唯一保障，因此对土地的压力较小。但是由于受投资能力、技术水平和管理水平等的限制，加上对土地的掠夺性经营，导致土地的自然肥力和人工肥力均不高。

第二，产量与利润最优化阶段。随着经济的发展，人均 GDP 进一步增加，农户生产性资产与劳动力之比增加时，家庭粮食需求已经不再是制约农户经营的首要因素。农户的土地利用目标，由产量最大化逐渐向利润最大化过渡。这个阶段，农户的行为方式是双重的：既要考虑劳动力的充分利用，又要考虑资金的充分利用；既要保障家庭成员的基本消费品得到满足，又要在此基础上追求产品价值增值的最大化。

表现在土地利用上，就是在稳定粮食生产的基础上，寻求利润最大化。由于替代要素增加，对土地的物质、技术投入增加，突出表现在获得土地产品增加的手段上，使用化肥、农药等投入，并且改善耕地的基础设施、提高耕地的有效灌溉面积，以机械、技术替代劳动力，土地产出迅速提高。土地利用变化形式突出表现为集约化程度的提高、种植结构不断调整，农户土地利用方式在经济作物和粮食作物之间摆动。该阶段农户往往对其所经营的土地精耕细作，以求获得尽可能大的收益。

相比于第一阶段，农户对土地的投入、管理都得到很大的提高，土壤养分也得到进一步的提高，土壤肥力增加。但是由于比较效益的存在，劳动力机会成本越来越大，多数农民不愿意从事种植业，所以耕地培肥被忽视，管理投入大幅度减少，造成耕地土壤肥力供求失衡，地力下降。

因此，该阶段内农户行为对耕地质量的影响是双向的。但是究竟向哪一个方向发展则有赖于政府管理政策的实施。政府政策实施到位，当种地收入超过农户预期时，农民会对土地进行合理投入和管理，有利于土地质量的提高；相反，一旦农民觉得"种地不划算"时，随之而来的可能就是耕地质量的下降。

该阶段内，人均耕地面积减少，劳动力机会成本机会逐步提高，非农收入比重越来越大，因此对土地的压力逐渐加大。同时，农户对土地的各项投入、技术水平和管理水平都有所提高，土壤养分含量逐渐提高。

第三，利润最大化阶段。随着经济发展水平的进一步提高，此时农户寻求的是利润最大化，对土地的利用突出表现为获取利润的最大化。对土地的投入多少完全考虑获利的能力，对于土地、资金，技术和劳动力的应用，考虑它们的机会成本，即影子价格，所采取的土地利用方式就是资金、土地、劳动力组合的影子价格最高的利用方式。如果各种土地利用类型的边际投入与边际收益均衡，则处于一种协调状态，如果失去均衡，便会促使耕地转换用途，向经济作物方面发展，甚至向非农化方面使用。

此时，土地利用变化的突出表现形式为耕地的"非粮化"，而在耕地内部则表现为耕地的规模化经营。如果耕地种植没有形成规模，轻者会导致投入的降低，重者会导致土地的荒芜，表现为农作物产量的降低和复种指数的降低。

该阶段与第二阶段相似，劳动力就业机会成本较大，但正是由于比较高的就业机会成本，种地收入超过农户预期，土地集约化、规模化程度较高。从这方面来看，对继续保留耕地方式的土地来讲，有利于其自身耕地土壤肥力质量的保护和提高。

7.3　理论模型的构建

根据以上的理论分析框架，本研究构建如下的计量经济学分析模型：

$$LUB = f(GCC, MCI, LII) \qquad (7-1)$$

模型（7-1）表示农户土地利用行为包括土地利用方式、土地利用程度和土地投入强度，可以具体化为3个可以量化的因变量。GCC 表示农户是否种植经济作物，说明农户额土地利用方式的不同；MCI 表示土地复种指数，说明农户土地利用程度的不同；LII 表示农户单位面积土地资本投入数额，说明农户土地投入强度的差异。

$$SQ = f(OM, AVN, AVP, AVK, pH) \qquad (7-2)$$

在选取衡量耕地质量变化时，应避免那些相对稳定的自然因素指标，如表层质地、土体构型等，而应选取有机质含量、碱解氮、有效磷、速效钾和 pH 等受人类土地利用行为影响较大，又能准确反映土壤质量的养分指标，来综合评定耕地质量水平。在模型（7-2）中：

$$SQ = g(LUB) \qquad (7-3)$$

模型（7-3）表示农户土地利用行为对耕地质量变化的影响，将模型（7-1）和（7-2）带入模型（7-3）中，得到模型（7-4）：

$$f(OM, AVN, AVP, AVK, pH) = g(LUB)$$
$$= g[f(GCC, MCI, LII)] = h(GCC^{+/-}, MCI^{+/-}, LII^{+/-})$$

$$(7-4)$$

模型（7-4）是"农户土地利用行为—耕地质量"之间的相互关系理论模型。

7.4　农户土地利用行为对耕地质量变化影响实证研究

从表7-1模型统计各参数结果可以看出，将变量带入后在统计模型当中回归分析的结果，都具有很好的拟合效果，符合统计显著性水平的要求。T 统计量的结果也表明，大多数解释变量对于模型具有不同程度的统计显著水平。结合各个变量系数统计结果可以判断，不同的变量对于模型在性质和量化方面的解释程度各不相同，也就是说农户土地利用行为对耕地质量各个指标具有不同性质、不同程度的影响。

表 7 - 1　模型估计结果

自变量		因变量				
		M_O	N_{AV}	P_{AV}	K_{AV}	pH
G_{CC}	B		19.760***	106.036***	84.176***	
	T		3.441	4.737	3.947	
	Beta		0.258	0.310	0.281	
I_{MC}	B		−1.867*		−37.168**	
	T		−0.363		−1.946	
	Beta		−0.023		−0.166	
L_{II}	B	0.001*	0.013***	0.066***	0.060***	−0.064*
	T	2.556	5.321	6.988	6.695	−2.748
	Beta	0.211	0.367	0.427	0.445	−0.229
R^2		0.370			0.308	0.474
调整 R^2		0.351	0.300	0.467	0.370	0.340
F 检验		22.977**	34.639***	69.975***	47.167***	13.813***

注：以 ***、**、* 分别表示 1%、5%、10%的显著水平，对应参数为空白意味着在模型中未达到显著水平。

7.4.1　农户土地利用方式

农户土地利用方式的变化会影响土壤肥力水平与农业生态系统中的物质循环过程，主要是由不同作物种植模式之间耕地的物质循环差异引起，最终导致土壤中植物所需 N、P 和 K 等营养元素平衡的变化。从模型估计结果来看，种植经济作物的地块对土壤碱解氮、速效磷、速效钾含量变化有显著的正向影响，其显著水平为 1%，表示在保持其他条件不变的前提下，改种经济作物的地块会比没有种植经济作物的地块土壤中碱解氮、速效磷、速效钾含量平均升高 19.760mg/kg、106.036mg/kg 和 84.176mg/kg，影响程度排序为：速效磷＞速效钾＞碱解氮。说明改变作物的种植结构，可以大大提高土壤中速效养分的含量，特别是对于提高速效磷含量的效果更加明显。

实证结果验证了前面的理论分析，工业化、城市化进程的加快，使农户作物种植行为产生了很大的差异。其中远郊区永乐乡农户以种植陆地蔬菜和大棚蔬菜等经济作为为主、近郊区临湖街道以种植玉米等粮食作为为主、研究区域中部王纲堡乡农户以兼种陆地蔬菜和粮食作物为主。空间分布呈现出"反图能圈"式的种植模式特征。由于蔬菜种植对土壤中速效磷、速效钾的需求很大，会导致土壤中速效磷和速效钾含量的降低，同时，为了提高经济作物的产量，增加收入，农户往往会增加土壤化学肥料的施用。虽然改变作物种植方式有正负两种效应，但是从研究区域的实证结果可以看出，正效用大于负效用，也就是说农户通过增加土地投入获取到的速效养分含量的增加要远大于由于种植经济作物而从土壤中吸收的养分含量，整体土壤中速效养分含量趋于增加。

7.4.2 农户土地利用程度

土地利用程度主要表现为人类为了满足自身需要对土地生态系统的改变或干扰程度，在此过程中若不采取相应的措施，就会导致土壤中的养分损耗及其他形式的土壤退化。从模型的估计结果来看，复种指数对碱解氮和速效钾含量变化有显著的负向影响，显著水平分别为 10% 和 5%，表示在其他条件不变的情况下，复种指数每增加 1 个单位，土壤中碱解氮和速效钾含量分别平均下降 1.867mg/kg 和 37.168mg/kg，影响程度排序为：碱解氮＞速效钾。说明随着复种指数的增加土壤碱解氮和速效钾含量将显著降低，对前者影响的程度要大于后者，研究结果表明，复种指数的提高，将导致土壤肥力退化。

实证研究证明，虽然复种指数的增加对耕地质量的变化有正反两方面的作用，一方面，复种可以消耗地力，复种指数越大消耗土壤中氮、磷、钾等养分越大；另一方面，复种指数的提高，将会增加作物在土壤中固定的碳素和氮素，进而提高土壤肥力。但实际情况是，复种指数提高的负面效应要大于正面效应，因此，在提高复种指数的同时，要增加对于耕地土壤肥力的保护，这样才能持续稳定地保证耕地的生产能力。

7.4.3 农户土地投入强度

土地投入强度对耕地质量变化的影响最为直接，合理的土地投入，有利于土壤流通物质中相应土壤养分的补充和积累，从而改善相应的土壤养分含量变化，但不合理的土地投入则会造成土壤板结、盐碱化等损害耕地质量的结果。从模型的估计结果可以看出，农户土地投入行为对土壤有机质、速效养分含量变化有显著的正向影响，显著水平分别为 10% 和 1%，表示在其他条件不变的情况下，亩均土地投入每增加 1 单位，土壤中有机质、碱解氮、速效磷和速效钾含量平均增加 0.001g/kg、0.013mg/kg、0.066mg/kg、0.060mg/kg，影响程度排序为：速效钾＞速效磷＞碱解氮＞有机质。对土壤 pH 有显著的负向影响，在 10% 的水平上显著。表示在保持其他条件不变的前提下，亩均土地投入每增加 1 单位，土壤 pH 下降 0.064。

实证研究结果表明，随着研究区域种植经济作物农户的增加，特别是种植葡萄、陆地蔬菜和大棚蔬菜农户，在土地上的生产性投入和保护性投入也在逐渐增加，种植经济作物的土壤质量要明显优于种植大田作物的地块。具体来说，有机肥和化肥施用量的变化，会直接影响着土壤养分库的贮量和变化，农药施用量的变化会改变土壤的物理性状，劳动力和机械投入量的增加，可以改善土壤的通气性和团聚体的稳定性，增强土壤微生物的活性。但是，由于研究区域长期过量施用尿素、碳铵等化学肥料，土壤中残留大量的 H^+，当其含量突破土壤自身的酸碱缓冲能力时，土壤 pH 就开始下降。

7.5　不同区域农户土地利用行为差异对耕地质量影响研究

为了科学分析农户土地利用行为对耕地土壤质量的影响机理，通过测试和比较不同的模型估计形式，最终采用多元线性回归模型。利用 SPSS 13.0 计量分析软件，得到如表 7 - 2 所示的分析结果。从模型统计各参数结果可以看出，不同的变量对于模型在性质和量化方面的解释程度各不相同，也就是说农户土地利用方式、利用程度和投入强度对于耕地土壤质量变化具有不同性质、方向和程度的影响。

表 7 - 2　模型估计结果

地区	自变量		因变量			
			OM	AVN	AVP	AVK
临湖街道	GCC	B	4.709*		42.312*	
		T 值	1.246		1.966	
		Beta	0.188		0.283	
	MCI	B		−11.496*	−44.078***	−15.469*
		T 值		−1.576	−3.655	−1.817
		Beta		−0.240	−0.532	−0.282
	LII	B		0.026*		
		T 值		1.836		
		Beta		0.210		

(续)

地区	自变量		因变量			
			OM	*AVN*	*AVP*	*AVK*
王纲堡乡	*GCC*	B	4.799*	7.454*	100.170***	61.205***
		T值	2.603	1.030	3.131	2.702
		Beta	0.424	0.175	0.413	0.399
	MCI	B			−28.119*	
		T值			−1.711	
		Beta			−0.179	
	LII	B			0.027*	0.009*
		T值			2.128	1.509
		Beta			0.145	0.073
永乐乡	*GCC*	B			134.546*	
		T值			1.384	
		Beta			0.160	
	MCI	B	−2.725**		−51.444*	
		T值	−2.068		−1.687	
		Beta	−0.233		−0.187	
	LII	B		0.007*	0.025*	0.037*
		T值		1.513	1.383	1.884
		Beta		0.180	0.196	0.225

注：表格中的系数是因子作用分别达到 1%、5%、10% 显著水平的结果，以 ***、**、* 表示（因子对应参数为空白即意味着在模型中未达到显著水平）。B 值为回归方程的系数，系数为正值表示解释变量每增加一个单位值时被解释变量相应增加，而系数为负值时说明增加一个单位值时被解释变量相应减少；Beta 值表示在模型中每个解释变量的相对权重，绝对值越大，因子影响作用越大。

7.5.1 近郊区"以兼业为主，以农为辅型"的农户对耕地土壤质量影响研究

从模型的估计结果可以看出，该区域农户作物种植行为对土壤有机质含量和速效磷含量有显著的正向影响，显著水平为 10%，表示在其他条件不变的情况下，种植经济作物的耕地地块要比不种植经济作物的耕地地块有机质含量平均高出 4.709g/kg、速效磷含量平均高出 42.312mg/kg；土地利用程度对土壤碱解氮含量、速效磷含量和速效钾含量有显著的负向影响，显著水平分别在 10%、1% 和 10%，表明在其他条件不变的情况下，农户在该地块多种植一季的农作物，土壤中碱解氮的含量平均下降 11.496mg/kg，速效磷含量平均下

降 44.078mg/kg，碱解氮含量平均下降 15.469mg/kg；土地投入强度对土壤碱解氮含量有显著的正向影响，显著水平为 10％，表示在其他条件保持不变的情况下，单位面积土地投入每增加 1 元/亩，土壤碱解氮含量平均增加 0.026mg/kg。从影响程度上来看，土壤有机质主要受到土地利用方式改变的影响，对土壤碱解氮含量影响程度的排序为土地利用程度＞土地投入强度，对土壤速效磷含量影响程度排序为土地利用程度＞土地利用方式，土壤速效钾含量主要受到土地利用程度的影响。从研究的结果可以看出，土地利用程度是影响该区域耕地质量最主要因素，原因在于该区域由于农户主要从事非农生产，对从事农业生产的积极性不高，对耕地缺乏管理，主要以种植粮食作物为主。由于劳动力机会成本较高，基本上不施用费时费力的农家肥，而是以化肥（尿素、二铵等）为主，这样就导致了该区域土地利用比较粗放，对土地使用"重用轻养"的现象比较严重，因此，农户土地投入强度只对土壤碱解氮的含量有显著影响，在农户土地利用行为的综合作用下，造成研究区域耕地土壤质量整体呈现下降的趋势。

7.5.2 研究区域中部"以兼业为主型"的农户对耕地土壤质量影响研究

从模型的估计结果可以看出，该区域农户作物种植行为对土壤有机质含量、碱解氮含量、速效磷含量和速效钾含量有显著的正向影响，显著水平为 10％、10％、1％和 1％，表示在其他条件不变的情况下，种植经济作物的耕地地块要比不种植经济作物的耕地地块土壤有机质含量平均高出 4.799g/kg、土壤碱解氮含量平均高出 7.454mg/kg、土壤速效磷含量平均高出 100.170mg/kg、土壤速效钾含量平均高出 61.205mg/kg；土地利用程度对土壤速效磷含量有显著的负向影响，显著水平为 10％，表明在其他条件不变的情况下，农户在该地块多种植一季的农作物，土壤中速效磷的含量平均下降 28.119mg/kg；土地投入强度对土壤速效磷和速效钾含量有显著的正向影响，显著水平都为 10％，表示在其他条件保持不变的情况下，单位面积土地投入每增加 1 元/亩，土壤速效磷含量平均增加 0.027mg/kg、土壤速效钾含量平均增加 0.009mg/kg。从影响程度上来看，土壤有机质和碱解氮的含量主要受到土地利用方式改变的影响，对土壤速效磷含量影响程度的排序为土地利用方式＞土地利用程度＞土地投入强度，对土壤速效钾含量影响程度排序为土地利用方式＞土地投入强度。从研究的结果可以看出，土地利用方式的改变是影响该区域耕地土壤质量最主要因素，原因在于该区域的农户主要是以兼种经济作物和粮食作物为主，此时农户的土地利用行为是双重的。由于受到工业化、城市化进程的影响，既要考虑劳动力的充分利用，又要考虑资金的充分利用；既要保障家庭成员的基本消费品的满足，又要在此基础上追求产品价值增值的最大化。土地利用变化形式突出表现为集约化程度的提高、种植结构不断的调整，农户土地利用方式在经济作物和粮食作物之间摆动。因此，土地利用方式的选择就成为影响耕地质量最重要的因素。

7.5.3 远郊区"以农为主型"的农户对耕地土壤质量影响研究

从模型的估计结果可以看出，该区域农户作物种植行为对土壤速效磷含量有显著的正向影响，显著水平为10%，表示在其他条件不变的情况下，种植经济作物的耕地地块要比不种植经济作物的耕地地块土壤有机质含量平均高出134.546mg/kg；土地利用程度对土壤有机质含量和速效磷含量有显著的负向影响，显著水平分别为5%和10%，表明在其他条件不变的情况下，农户在该地块多种植一季的农作物，土壤中有机质含量平均下降2.725g/kg、速效磷的含量平均下降51.444mg/kg；土地投入强度对土壤碱解氮、速效磷和速效钾含量有显著的正向影响，显著水平都为10%，表示在其他条件保持不变的情况下，单位面积土地投入每增加1元/亩，土壤碱解氮含量平均增加0.007mg/kg、土壤速效磷含量平均增加0.025mg/kg、土壤速效钾含量平均增加0.037mg/kg。从影响程度上来看，土壤有机质含量主要受到土地利用程度的影响，土壤碱解氮含量主要受到土地投入强度的影响，对土壤速效磷影响程度的排序为土地投入强度＞土地利用程度＞土地利用方式，土壤速效钾主要受到土地投入强度的影响。从研究的结果可以看出，农户土地投入强度是影响耕地质量最主要的因素。原因在于该区域农户主要以种植经济作物为主，因此农户作物种植行为对耕地质量变化的影响减小，而农户土地投入强度行为成为影响耕地土壤质量变化最重要的因素。由于工业化、城市化的发展，为该区域发展经济作物种植提供了良好的农产品市场，由于距离城市中心距离适中，农户就业成本相对较高，与出外打工相比，在家种植经济作物获取的收益会更高，为了获取更多的收益，就会增加土地的投入，因此，土地投入强度对于改善研究区域耕地质量起着决定性的作用。

7.6 本章小结

本章通过构建"农户土地利用行为—耕地质量"之间的相互关系理论分析框架，并基于此框架来寻找到工业化、城市化（实质上是社会、经济及政策因素的变化）—农户土地利用行为（作物选择行为、土地利用程度行为和土地投

入强度行为)—耕地质量三者之间的耦合关系。然后利用以上的分析框架,基于研究区域的实证进行研究,研究结果表明:

第一,农户改种经济作物,农户收入增加,刺激了农户投入的积极性,土壤速效养分含量增大。具体表现为改种植经济作物的地块会比没有种植经济作物的地块土壤中碱解氮、有效磷、速效钾含量平均分别升高 0.258mg/kg、0.310mg/kg 和 0.281mg/kg。说明改变作物的种植结构,可以大大提高土壤中速效养分的含量,影响程度排序为有效磷>速效钾>碱解氮。

第二,复种指数增加,消耗土壤中 N、P、K 的含量,土壤肥力质量下降,pH 上升。复种指数对土壤有机质、速效钾有显著的负向影响,说明随着复种指数的增加土壤有机质、速效钾含量将显著降低,对于土壤肥力影响程度为速效钾>有机质,复种指数对土壤 pH 有显著的正向影响,说明提高复种指数对调节土壤酸碱度有重要的作用。

第三,土地投入增加对土壤养分含量提高有显著的正向影响,但导致土壤的酸化。农户土地投入行为对土壤有机质、碱解氮、有效磷、速效钾有显著的正向影响,同时会导致土壤的酸化,主要原因是农户过多地依赖化学肥料,特别是氮肥的施用量较大。从对土地利用行为研究也可以发现,土地投入强度的变化是影响农户耕地质量变化最主要的因素。

第八章 农户土地利用行为影响下耕地质量的时空动态演变研究

随着社会经济的迅速发展，工业化、城市化进程不断加快，大城市郊区的农户土地利用行为变化剧烈。同时，农户土地利用投入水平不断提高，使农用地利用的集约度不断提高。土地利用方式和土地覆被类型的空间组合影响着土壤养分的迁移规律，不同的土地利用单元对营养成分的滞留和转化有不同的作用，农户土地利用行为变化必然对土壤养分的变化产生重要的影响，土壤质量也会发生很大变化。因此，本章要弄清楚在农户土地利用行为的作用下，耕地土壤质量发生了怎样的变化。基于此，以沈阳市郊区苏家屯区的临湖街道、王纲堡乡和永乐乡为对象，选择自然条件相对均一的研究区域，基于人文因素角度分析了土壤质量的时间空间变化规律，为全面了解土壤肥力情况、提高区域土壤质量的管理提供科学依据。

8.1 研究区域土壤肥力单项指标等级的确定

以全国第二次土壤普查确定的土壤肥力分级标准为基础，参考前人对本区土壤的分析试验数据，结合当地种植制度对土壤肥力的要求和 1980 年、2000 年和 2010 年土壤分析的结果，给出各单项肥力指标的分级标准（表 8-1）。

表 8-1 研究区域土壤肥力单项指标等级

级别	有机质（MO）（g/kg）	碱解氮（AVN）（mg/kg）	速效磷（AVP）（mg/kg）	速效钾（AVK）（mg/kg）	pH
Ⅰ	＞30	≥150	≥60	≥180	≥8
Ⅱ	25～30	135～150	50～60	160～180	7.5～8.0
Ⅲ	20～25	120～135	40～50	140～160	7.0～7.5
Ⅳ	15～20	105～120	30～40	120～140	6.5～7.0
Ⅴ	10～15	90～105	20～30	100～120	6.0～6.5
Ⅵ	＜10	＜90	＜20	＜100	＜6.0

8.2 土壤有机质的时空变异特征分析

有机质是土壤的重要组成成分，是表征土壤质量与肥力的重要指标之一。有机质不仅是能储存能量的物质，还是自然元素循环的中间产物，有机质作为一种中介物，使营养物质能在植物和土壤之间周转。有机物是一种生命残余物，其含有生命所需要的一切元素，它不仅能缓慢而均衡地释放，而且能以最佳的比例形式消除各种拮抗作用，从而最大满足植物生长的需要。土壤有机质还能提供丰富的碳素营养，通过释放 CO_2，满足陆地植物生长的需要量，同时土壤有机质还能提供氮、磷、钾及其他营养元素，在环境保护、土壤肥力、农业可持续发展等方面都有着很重要的作用。有机质含量的变化受自然因素和人为作用的影响，因此，研究有机质的时空动态变化是区域土壤质量的重要因素，也是掌握该区域土壤质量动态演化特征的重要内容。

8.2.1 不同时期土壤有机质含量的统计特征值

从表 8－2 中可以看出，30 年间，耕层土壤有机质含量的变化很大，呈下降的趋势。三个时期的变异系数分别为 22.83%、15.60% 和 14.63%，整体处于中等变异程度（弱变异性，$CV < 10\%$；中等变异性，$10\% < CV < 100\%$；强变异性，$CV > 100\%$）。经特异值检验并替代后，1980—2010 年的数据的偏度和峰度都有所减少，尤其是 2010 年的数据，再经 K-S 法检验（$P > 0.05$），说明研究区域土壤有机质含量数据均服从正态分布。

表 8－2 1980—2010 年土壤有机质的描述性统计结果

土壤有机质 SOM（$g \cdot kg^{-1}$）	样本数	平均值	标准差	变异系数	最小值	最大值	偏度	峰度	K-S检验
1980 年实测值	119	30.88	7.05	22.83	16.84	53.87	1.032	0.934	—
2000 年实测值	141	22.63	3.53	15.60	11.32	36.19	0.647	−0.139	—
2010 年实测值	1 437	20.07	1.62	14.63	17.87	27.71	0.511	1.187	—
1980 年剔除特异值后数据	119	30.88	7.04	22.82	16.84	49.76	0.934	0.844	0.62
2000 年剔除特异值后数据	141	22.63	3.52	15.59	11.32	33.25	0.563	−0.124	0.23
2010 年剔除特异值后数据	1 437	20.07	1.61	14.62	15.67	27.71	0.401	1.067	0.16

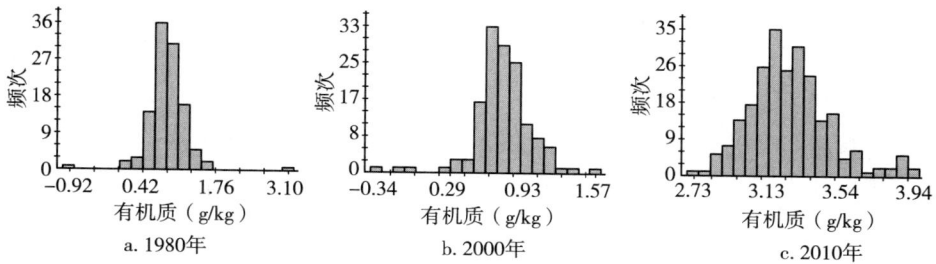

图 8-1　不同时期土壤有机质统计直方图

土壤有机质含量随着时间的推移表现为递减的趋势，但增减的幅度不一样。根据第二次全国土壤普查结果中对有机质的等级划分可知，三个时期土壤有机质的平均值分别为 30.88g/kg、22.63g/kg 和 20.07g/kg，肥力水平整体处于中上水平以上（中上水平：20～25g/kg），2010 年的平均含量比 1980 年下降了 10.81g/kg，比 2000 年下降了 2.56g/kg，与 1980 年相比，年平均下降 0.36g/kg，与 2000 年相比，年平均下降 0.26g/kg，而前 20 年（1980—2000 年）的年均下降速度要高于后 10 年（2000—2010 年）的年平均下降速度。

3 个时期土壤有机质含量的范围不同，1980 年有机质含量的最大值为 53.87g/kg，最小值为 16.84g/kg，极差为 37.03g/kg；2000 年的最大值为 36.19g/kg，最小值为 11.32g/kg，极差为 24.87g/kg；2010 年的最大值为 27.71g/kg，最小值仅为 17.87g/kg，极差为 9.84g/kg。随着时间的递增，最大值和最小值之差呈增减趋势。

8.2.2　不同经济发展阶段土壤有机质含量与农户土地利用行为变化关系

土地利用行为和土壤有机质含量变化关系密切，已经成为其主要影响因素之一。不同时期农户土地利用方式、程度和投入强度差异导致土壤有机质含量时空变异，具体表现为：

第一阶段（1980—2000 年），研究区域土壤有机质平均含量从 30.88g/kg 下降到 22.63g/kg，整体处于下降趋势。该阶段农户为保障家庭的食物安全，种植作物相对比较单一，研究区域以玉米、水稻等粮食作物为主。农户具有对土地进行高投入以获得高产出的意愿，但是受家庭经济能力的限制，对土地的投入不高。他们通常采用传统的土地利用方式，如扩大种植面积、开垦边际土地、降低物质投入等粗放经营模式。农户主要从事农业生产，较少外出打工，在土地上的劳动投入时间和投入强度相对较大。但是对土地缺乏资产性的投入。肥料投入主要以少量的农家肥为主，由于农户耕种的土地生产能力较低，当开垦出来耕地的产出低于农户投入时，就会放弃已开垦的土地，又会继续开垦其他的边际土地。从该阶段来看，人均耕地面积较大，劳动力机会成本几乎为零，土地是家庭收入的唯一保障，因此对土地的压力较小。但是由于受投资能力、技术水平和管理水平等的限制，加上对土地的掠夺性经营，导致土地的自然肥力和人工肥力均不高且存在下降的趋势。

第二阶段（2000—2010年），随着工业化、城镇化进程的不断深入，人均GDP得到进一步增加，此时农户土地利用目标主要表现为在稳定粮食生产的基础上，寻求效益的最大化。由于生产要素市场的不断放开，农户可以更便宜地获取到土地、劳动力、资本和技术等，促使其对替代要素使用增加。突出表现在提高了化肥、农药等使用量，改善耕地基础设施、提高耕地的有效灌溉面积，以农业机械、技术替代劳动力，实现了土地产出的迅速提高。随着农户种植结构的不断调整，土地集约化程度的不断提高，农户的种植方式在经济作物和粮食作物之间摆动。该阶段农户往往对其所经营的土地精耕细作，以求获得尽可能大的收益。相比于第一阶段，农户对土地的投入、管理都得到很大的提高，土壤养分也得到进一步的提高，土壤肥力增加。但是由于比较效益的存在，劳动力机会成本越来越大，多数农民不愿意从事种植业，所以耕地培肥被忽视，管理投入大幅度减少，造成耕地土壤肥力供求失衡，地力下降。因此，整个研究区域土壤有机含量趋于下降，平均含量从22.63g/kg下降到20.07g/kg。

对3个时期土壤有机质实测值进行独立样本的差异性显著检验（表8-3），其中SOM1980～SOM2000的均值为−8.25g/kg，标准误差为0.16g/kg；SOM2000～SOM2010的均值为−2.56g/kg，标准误为0.087。可以看出1980—2000年土壤有机质差异显著。

表8-3　1980—2010年土壤有机质差异显著性检验

土壤有机质 (g·kg^{-1})	均值	标准差	标准误	置信区间范围 上边界	置信区间范围 下边界	t	自由度	双侧显著性检验
SOM1980 ～SOM2000	−8.25	7.05	0.16	−7.93	−8.57	−50.97	118	0.000*
SOM2000 ～SOM2010	−2.56	3.74	0.087	−0.4	−0.73	−6.52	140	0.000*
SOM1980 ～SOM2010	−10.81	6.89	0.16	−8.5	−9.13	−55.28	118	0.000*

注：$P<0.01$。

以上对于研究区域土壤有机质含量的统计描述只能反映出其变化的总体情

况，为了进一步明确其空间分布状况，本研究采用地统计学和 GIS 相结合的方法对土壤有机质时空变异特征进行分析。

8.2.3　不同时期土壤有机质的半方差函数结构分析

地统计学作为一种空间分析方法是以区域变化变量理论为基础，而半方差函数又是地统计学中用于研究区域变化变量空间结构的主要方法。由于本研究采用的是非网格方式采样，所以通过各种不同的步长间距及拟合参数调整，获取使理论模型最为逼近试验半方差函数。其判断标准是决定系数 R^2 最大，残差最小，判断模型的拟合精度越高，模型的选取越符合要求。采用 $C_0 / (C_0 + C_1)$ 比值的大小判断土壤性质的空间相关性。块金值 C_0 与总基台值 $C_0 + C_1$ 之比反映了区域化变量研究范围内的变异强度，是反映区域化变量空间异质性程度的重要指标。如果该比值较高，说明随机部分引起的空间异质性程度较高，如果比值接近于 1，则景观中某一变量在整个尺度上具有恒定的变异，同时也可以说明区域因素（自然因素）和非区域因素（人为因素）谁占主导作用。

在选取半方差函数模型时，首先计算出实验半方差函数的散点图，然后用不同类型的理论模型进行拟合，得到模型的参数，选出决定系数最好的模型类型，最后用交叉验证法来检验模型的拟合效果。本研究采用指数模型和高斯模型来描述土壤有机质的半方差函数，结果见表 8 - 4 和图 8 - 2。由表 8 - 4 可知，1980—2010 年土壤有机质含量的 $C_0 / (C_0 + C_1)$ 分别为 0.84%、0.56% 及 0.65%，1980 年和 2000 年土壤有机质的块金值和基台值都较小，而 2000 年和 2010 年块金值和基台值增大，表明从 2000 年开始研究区有机质含量的空间差异程度较高。表现为较弱至中等的空间变异性。表明 1980 年、2000 年和 2010 年 3 个时期有机质含量的空间变异主要是由于农户土地利用方式、程度和投入强度等人为因素的作用形成的。30 年间土壤有机质的空间相关距离（变程）分别为 8 840m、7 140m 和 6 538m。一直呈增加的趋势，这表示有机质的空间相关范围减小，这表明人为活动对其影响越来越大，这与 $C_0 / (C_0 + C_1)$ 反映的结论是一致的。

表 8 - 4　最优半方差函数模型拟合参数值

	模型类型	块金值（C_0）	基台值（$C_0 + C_1$）	块基比（$C_0 / C_0 + C_1$）	变程（m）	决定系数 R^2	RSS
SOM1980	指数模型	0.072 1	0.085 8	0.84	8 840	0.624	3.534E - 03
SOM2000	指数模型	0.025 3	0.045 2	0.56	7 140	0.640	7.348 E - 04
SOM2010	高斯模型	0.018 4	0.028 3	0.65	6 538	0.712	5.19 E - 02

表8-4中块基比表示由随机因素所引起的异质性占总的空间异质性的程度，1980年、2000年和2010年的该比值分别为0.84、0.56和0.65，说明1980年和2000年土壤有机质的空间异质性是由系统变异引起的占主导地位，而2010年该比值达到0.65，表明人类活动等随机因素对其影响较大。

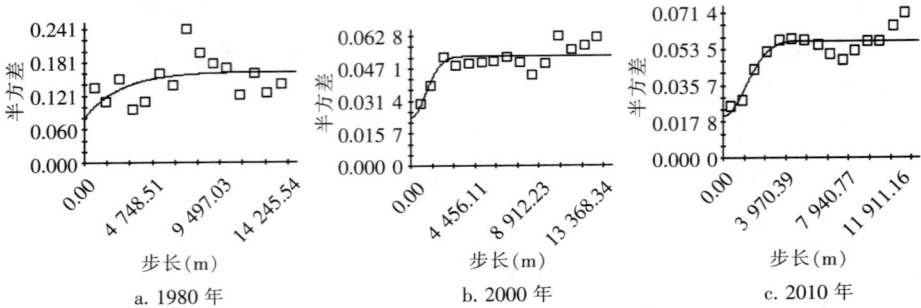

图8-2　不同时期耕层土壤有机质的半方差图

8.2.4　不同时期土壤有机质含量的时空分布特征

从表8-5可以看出，研究区域1980年土壤有机质等级分布比较分散，平均含量为24.94g/kg，其中以Ⅱ级（25～30g/kg）的耕地面积最多，为4 797 hm²，占研究区域耕地总面积的42.8%，主要分布于王纲堡乡和临湖街道的西苏堡村、新兴屯村、前谟家堡村和东谟家堡村。次之为Ⅲ级（20～25g/kg）的耕地面积为2 893hm²，占研究区域耕地总面积的25.8%，主要分布于永乐乡的北部，包括新台子村、水萝卜台村、白云庄村等。Ⅳ级（15～20g/kg）和Ⅰ（＞30g/kg）的耕地面积也占有一定比例，分别为17.3%和14.1%，主要分布于临湖街道的金宝台村、北营子村、大淑堡村和大淑堡村，从空间上可以看出，距离城区越远，有机质含量逐渐降低（见图8-4）。

到2000年，有机质平均含量为22.69g/kg，土壤有机质为Ⅰ级的耕地面积为121hm²，占研究区域耕地总面积的1.1%，比1980年减少了1 456hm²，土壤有机质为Ⅳ级的耕地面积为283hm²，比1980年减少了1 661hm²，而土壤有机质等级主要集中于Ⅱ级和Ⅲ级，耕地面积分别为5 503hm²和5 313 hm²，占研究区域耕地总面积的比例分别为49.0%和47.3%，主要分布于临湖街道的西苏堡村、胡家甸村、金宝台村、北营子村等，王纲堡乡的杨孟达村、金大台村、王纲堡村等（图8-4）。

2010年土壤有机质平均含量为22.80g/kg，土壤有机质等级集中于Ⅲ级，面积为9 433hm²，占研究区域耕地总面积的84.1%（图8-4）。表现出有机质含量在整个区域趋于相对均一。因此，从总体上看研究区域30年间，3个

a. 1980 年

b. 2000 年

c. 2010 年

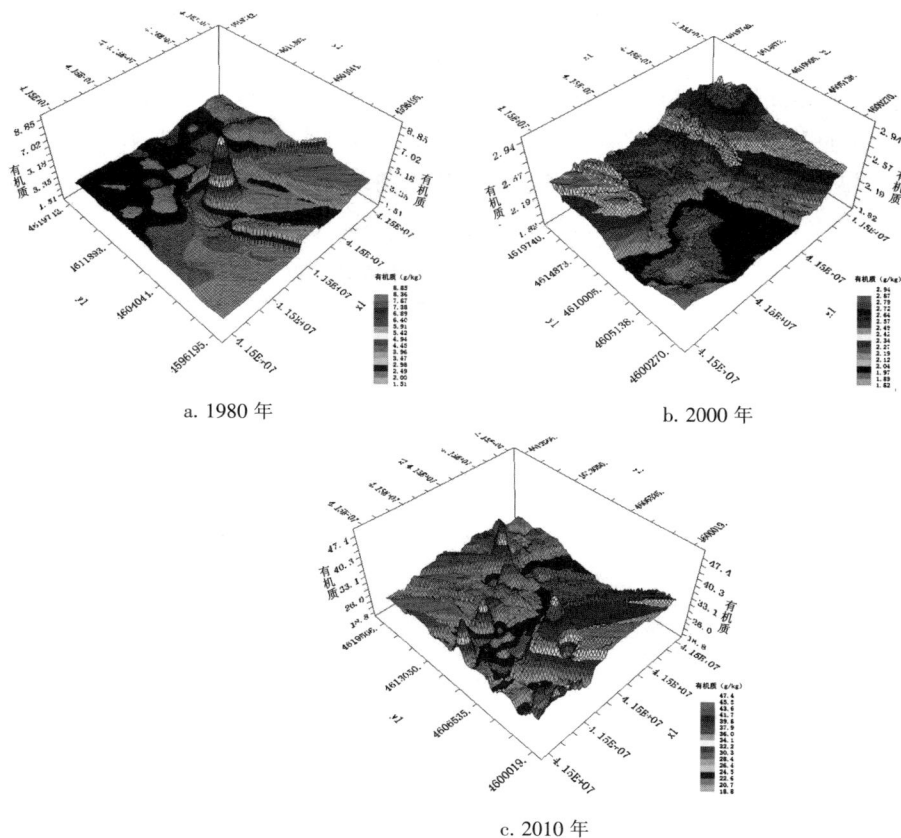

图 8 - 3　不同时期耕层土壤有机质 3D 图

乡镇土壤有机质含量在逐渐降低，并且有机质等级含量高的耕地和有机质等级含量低的耕地趋于向有机质含量等级中等的耕地变化的趋势。

从不同区域的对比研究可以看出，临湖街道 1980 年的有机质含量等级较高，主要集中分布于Ⅰ级和Ⅱ级，耕地面积分别为 1 552hm² 和 1 570hm²，占到研究区域总面积的比例分别为 13.8% 和 14.0%，到 2000 年，有机质含量主要集中分布于Ⅱ级，面积为 2 223hm²，占研究区域土地总面积的 19.8%，而到了 2010 年，有机质含量等级主要集中分布于Ⅲ级，面积为 2 988hm²，有机质含量等级出现了大幅下降的趋势，比如 2010 年，有机质含量等级为Ⅰ级的耕地面积为 0hm²，下降了 1 552hm²，有机质含量等级为Ⅱ级的耕地面积也下降了 1 465hm²。

王纲堡乡 1980 年有机质含量等级主要集中于Ⅱ级，面积为 2 961hm²，占研究区域土地总面积的 26.4%，到 2000 年，有机质含量主要集中分布于Ⅱ级和Ⅲ级，其中Ⅱ级的面积为 1 624hm²，比 1980 年下降了 1 337hm²，到 2010 年，Ⅲ级耕地面积为 2 415hm²，占研究区域耕地总面积的 21.5%，Ⅱ耕地面积为 1 026hm²，比 2000 年减少了 598hm²，出现了持续下降的趋势。因此，从总体上看，王纲堡乡的有机质含量等级也处于下降的趋势，但是下降的幅度没有临湖街道大，同时有机质含量高等别的耕地面积还出现增加的趋势，如到 2010 年，Ⅰ级耕地面积为 139hm²，比 1980 年增加了 114hm²。

表 8-5 有机质含量分布统计表

地区	级别	含量范围	1980 年		2000 年		2010 年	
			面积（hm²）	百分比（%）	面积（hm²）	百分比（%）	面积（hm²）	百分比（%）
临湖街道	Ⅰ	>30	1 552	13.8	121	1	—	—
	Ⅱ	25～30	1 570	14.0	2 223	19.8	105	0.9
	Ⅲ	20～25	45	0.4	768	6.8	2 988	26.6
	Ⅳ	15～20	—		55	0.5	—	—
	Ⅴ	10～15	—		—		1	0.0
	Ⅵ	<10	—		—		74	0.7
王纲堡乡	Ⅰ	>30	25	0.2	—		139	1.2
	Ⅱ	25～30	2 961	26.4	1 624	14.5	1 026	9.1
	Ⅲ	20～25	552	4.9	1 730	15.4	2 415	21.5
	Ⅳ	15～20	44	0.4	228	2.0	1	0.0
	Ⅴ	10～15	—		—		—	
	Ⅵ	<10	—		—		—	
永乐乡	Ⅰ	>30	—		—		—	
	Ⅱ	25～30	266	2.4	1 656	14.8	193	1.7
	Ⅲ	20～25	2 296	20.5	2 815	25.1	4 030	35.9
	Ⅳ	15～20	1 900	16.9	—		249	2.2
	Ⅴ	10～15	9	0.1	—		—	
	Ⅵ	<10	—		—		—	

（续）

地区	级别	含量范围	1980 年		2000 年		2010 年	
			面积（hm²）	百分比（%）	面积（hm²）	百分比（%）	面积（hm²）	百分比（%）
合计	I	>30	1 577	14.1	121	1.1	139	1.2
	II	25～30	4 797	42.8	5 503	49.0	1 324	11.8
	III	20～25	2 893	25.8	5 313	47.3	9 433	84.1
	IV	15～20	1 944	17.3	283	2.5	250	2.2
	V	10～15	9	0.1	—	—	1	0.0
	VI	<10	—	—	—	—	74	0.7

永乐乡有机质含量等级在 1980 年主要集中于Ⅲ和Ⅳ级，耕地面积分别为 2 296hm² 和 1 900hm²，占研究区域总面积的 20.5％和 16.9％。而到了 2000 年，有机质含量主要集中分布于Ⅱ和Ⅲ级，其中Ⅱ级所占的比例由原来的 2.4％，增加到 14.8％，到了 2010 年，有机质含量等级主要集中于Ⅲ级，其耕地面积为 4 030hm²，占研究区域土地总面积的 35.9％。从总体上看，永乐乡有机质含量变化趋势明显与临湖街道和王纲堡乡不同，出现了上升的趋势，特别是Ⅲ级耕地面积上升了 1 734hm²，Ⅳ级耕地面积减少了 1 651hm²。

从空间变化上看，1980—2000 年，研究区域有机质下降幅度在−5～0g/kg，下降幅度大的区域在近郊临湖街道的金宝台子村、北营子村、大淑堡村、小淑堡村、星光村等，远郊区域的永乐乡中的互助村、二台子村、羿古家子村、宝相屯村等有机质含量增加为 0～5g/kg（图 8-4）。2000—2010 年，临湖街道和王纲堡乡有机质含量下降幅度为−5～0g/kg，而永乐乡的有机质含量普遍提高了 0～5g/kg。1980—2000 年，近郊临湖街道有机质含量普遍下降−10～−5g/kg，研究区中部王纲堡乡有机质含量主要下降幅度为−5～0g/kg，而永乐乡有机质含量普遍上升了 0～5g/kg。表现出离城区越近的区域有机质下降的幅度越大，离中心城区越远，有机质含量不但没有下降，反而出现了上升。

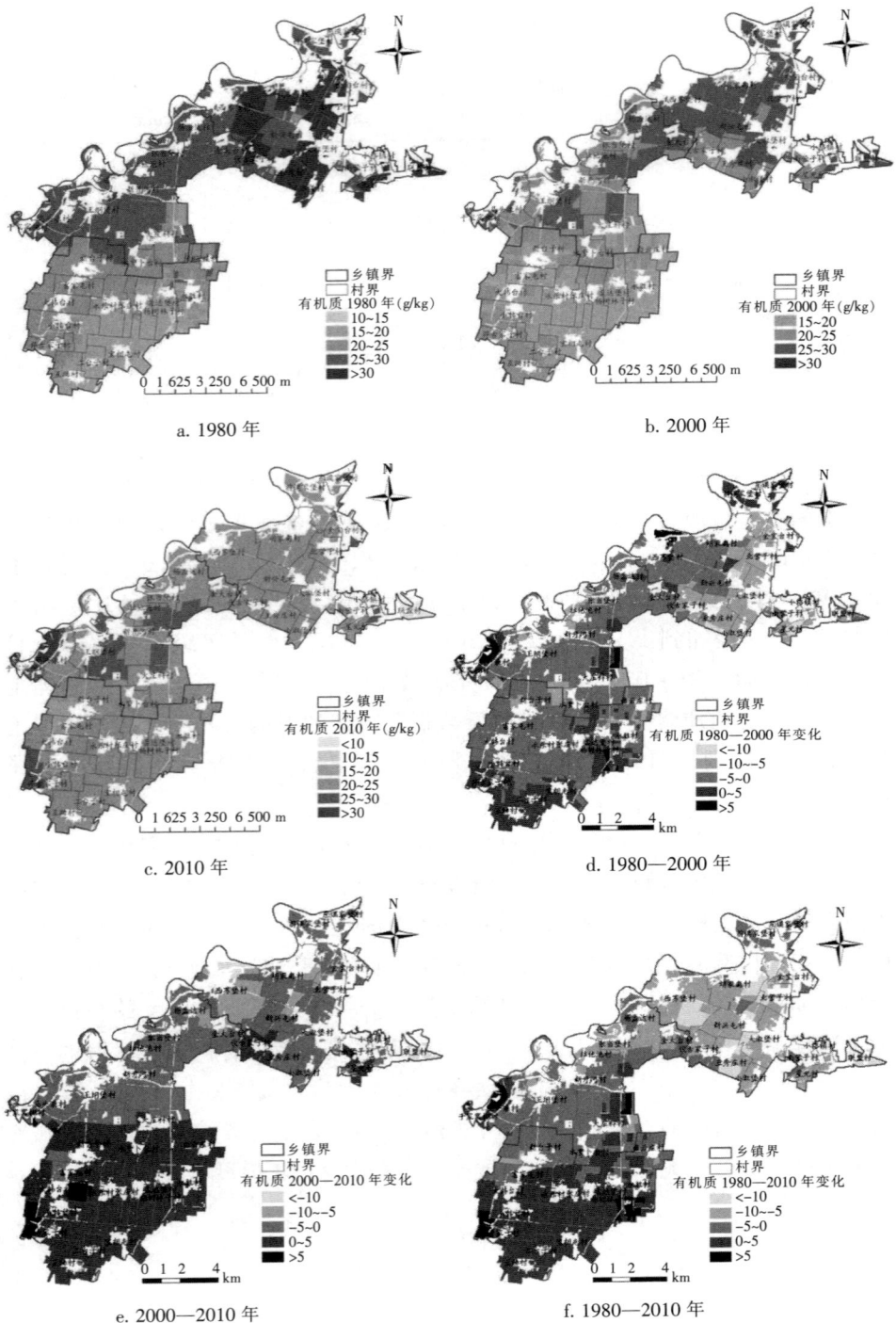

图 8-4　1980—2010 年有机质分布及变化图

表 8 - 6　土壤有机质含量变化分布统计

单位：hm², %

时段	项目	含量差范围（g/kg）				
		<−10	−10～−5	−5～0	0～5	>5
2010—1980 年	面积	682	2 745	3 895	3 550	348
	占总面积百分比	6.07	24.47	34.71	31.64	3.11
2000—1980 年	面积	116	2 038	6 744	2 101	221
	占总面积百分比	1.04	18.16	60.10	18.72	1.97
2010—2000 年	面积	141	711	3 071	7 070	227
	占总面积百分比	1.26	6.33	27.37	63.01	2.02

从等级变化上看，原Ⅰ级中的 92.48% 下降到Ⅲ级地，下降了Ⅱ个等级，下降区域主要分布在近郊临湖街道的金宝台村、胡家甸村、西苏堡村和联盟村等；原Ⅱ级中的 74.23% 下降一个等级，变为Ⅲ级，下降的面积为 3 265.38 hm²，分布在近郊临湖街道的新兴屯村、大淑堡村和小淑堡村，王纲堡乡的新开河村、王纲堡村等，而Ⅳ级中有 98.41% 的土地有机质含量得到提升，提升了 1 个级别，提升面积为 1 882.71hm²，分布在远郊区的互助村、二台子村、永乐村和张庄村等。原有的Ⅲ级中有 83.60% 保持不变，面积为 2 418.79hm²，主要分布于王纲堡乡的大庄科村等，永乐乡的新台子村、水萝卜台村白云庄村等。

8.3　土壤碱解氮的时空变异特征分析

氮素是构成一切生命体的重要元素，是土地利用系统中的主要元素之一，也是组成土壤肥力的非常重要的指标。在作物生产中，作物的氮需求量较大，如果土壤供氮不足，将引起农产品产量下降和品质降低，所以氮对于作物非常重要，是作物的主要影响因素。土壤碱解氮不仅是评价土壤肥力和土壤质量的重要指标之一，而且是全球碳循环的重要源和汇。特别是在目前，土壤环境科学研究热点之一就是土壤碱解氮。本研究通过对土壤碱解氮进行分析，研究30 年间土壤碱解氮的时空变化规律，为苏家屯区农业生产提供依据。

8.3.1　不同时期土壤碱解氮含量的统计特征值

从表 8 - 8 分析看，1980 年、2000 年和 2010 年 3 个时期土壤碱解氮含量的 K-S 检验值均大于 0.05，说明了 3 个时期表层土壤碱解氮含量均服从正态

表 8-7　1980—2010 年土壤有机质等级面积变化

单位：hm²，%

1980年土壤有机质等级	2010年土壤有机质等级												合计（1980年）	
	I		II		III		IV		V		VI			
	面积	比例	面积	比例	面积	比例	面积	比例	面积	比例	面积	比例	面积	比例
I	—	—	74.31	3.76	1 826.83	92.48	—	—	0.6	0.03	73.58	3.73	1 975.32	17.60
II	138.86	3.16	993.65	22.59	3 265.38	74.23	1.05	0.02	—	—	—	—	4 398.94	39.20
III	—	—	256.03	8.85	2 418.79	83.60	218.38	7.55	—	—	—	—	2 893.2	25.78
IV	—	—	—	—	1 882.71	98.41	30.45	1.59	—	—	—	—	1 913.16	17.05
V	—	—	—	—	31.15	100.00	—	—	—	—	—	—	31.15	0.28
VI	—	—	—	—	8.81	100.00	—	—	—	—	—	—	8.81	0.08
合计（2010年）	138.86	1.24	1 323.99	11.80	9 433.67	84.07	249.88	2.23	0.6	0.01	73.58	0.66	11 220.58	100.00

分布。3 个时期土壤碱解氮的变异系数变化范围为 6%～8%，均属于弱变异强度（雷志栋，1988），3 年间变异系数变化不大。

表 8-8　不同时期耕层土壤碱解氮含量的统计特征值

单位：mg/kg

土壤碱解氮	样本数	平均值	标准差	变异系数	最小值	最大值	偏度	峰度	K-S检验
1980 年实测值	119	109.38	8.67	7.93	89.70	126.40	0.258	−1.182	—
2000 年实测值	141	108.36	7.32	6.76	95.90	135.09	0.631	0.174	—
2010 年实测值	1 437	126.80	8.80	6.94	96.33	148.10	−0.554	0.644	—
1980 年剔除特异值后数据	119	109.38	8.57	7.92	89.70	126.40	0.256	−1.182	4.84
2000 年剔除特异值后数据	141	108.36	7.36	6.73	95.90	135.09	0.630	0.174	2.07
2010 年剔除特异值后数据	1 437	126.80	8.82	6.84	96.33	148.10	−0.552	0.644	2.50

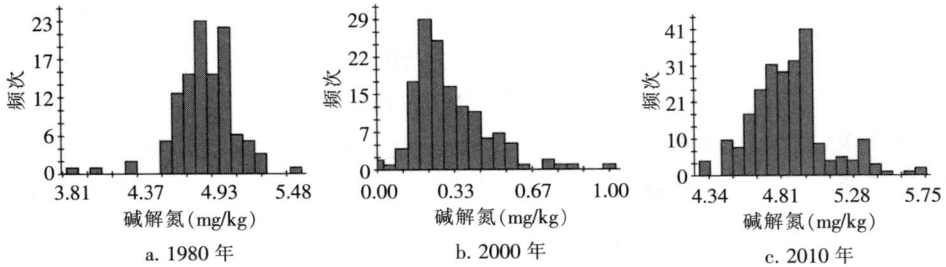

图 8-5　不同时期土壤碱解氮统计直方图

　　3 个时期土壤碱解氮含量的范围不同，1980 年土壤碱解氮平均含量的最大值为 126.40mg/kg，最小值为 89.70mg/kg，极差为 36.7mg/kg；2000 年的最大值为 135.09mg/kg，最小值为 95.90mg/kg，极差为 39.19mg/kg；2010 年的最大值为 148.10mg/kg，最小值仅为 96.33mg/kg，极差为 51.77mg/kg，2010 年极差最大，随着时间的推移，最大值和最小值之差呈渐增的趋势。

　　3 个时期研究区域耕层土壤碱解氮含量随着时间的推移表现为先减少后增加的趋势，且变化的幅度不一样。根据第二次全国土壤普查结果中对碱解氮的等级划分可知，1980 年和 2000 年土壤碱解氮平均含量分别为 109.38mg/kg 和 108.36mg/kg，均处于低等水平，2010 年土壤碱解氮平均含量为 126.80mg/kg，处于中高等水平，比 1980 年增加了 17.42mg/kg，年平均增加

0.581mg/kg，而比 2000 年增加了 18.44mg/kg，年平均增加 1.844mg/kg。近 10 年的年平均增加量要远远快于前 20 年的年均增长量。

8.3.2　不同时期土壤碱解氮的半方差函数结构分析

本研究采用了指数模型来描述不同时期土壤碱解氮的空间结构，结果见表 8-9 和图 8-7。由表 8-9 可见，1980 年、2000 年和 2010 年土壤碱解氮的空间相关距离分别为 2.97km、6.85km 和 36.01km。变程呈增加的趋势，且增加的幅度不一样，前 20 年变程增加的幅度为 3.92km，后 10 年变程增加的幅度为 29.16km，后 10 年增加的速度要远远快于前 20 年增加的幅度。

表 8-9　土壤碱解氮半方差函数模型

	模型类型	块金值 (C_0)	基台值 (C_0+C_1)	块基比 (C_0/C_0+C_1)	变程 (m)	决定系数 R^2	RSS
AVN1980	指数模型	0.013 2	0.031 0	0.426	2 970	0.426	51 718
AVN2000	球状模型	0.011 8	0.023 4	0.504	6 850	0.760	6 953
AVN2010	高斯模型	581	685.14	0.848	36 009	0.788	1.329 E-023

表 8-9 中块基比表示由随机因素所引起的空间异质性占总的空间异质性的程度，1980 年、2000 年和 2010 年的该比值均为 0.426、0.504 和 0.848，1980 年和 2000 年属于中等程度的空间异质性，而 2010 年属于高等程度的空间异质性，说明土壤碱解氮的空间变异是由区域因素与人类活动共同作用的结果。不同时期变程的变化也同有机质相似，前 20 年出现下降，后 10 年表现为增加。这主要是人为活动的影响，前 20 年由于土地利用方式和农户氮肥投入行为的不同，导致了变程增加，而后随着大面推广积秸秆腐熟还田、沃土工程、测土配方施肥等的推广应用后土壤碱解氮得到了较大幅度的提高，从而削弱了其他随机因素的影响，导致其变程增加的幅度更加明显。

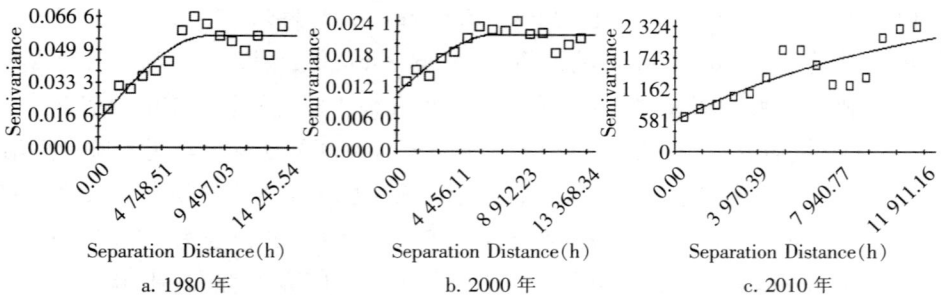

a. 1980 年　　b. 2000 年　　c. 2010 年

图 8-6　不同时期耕层土壤碱解氮的半方差图

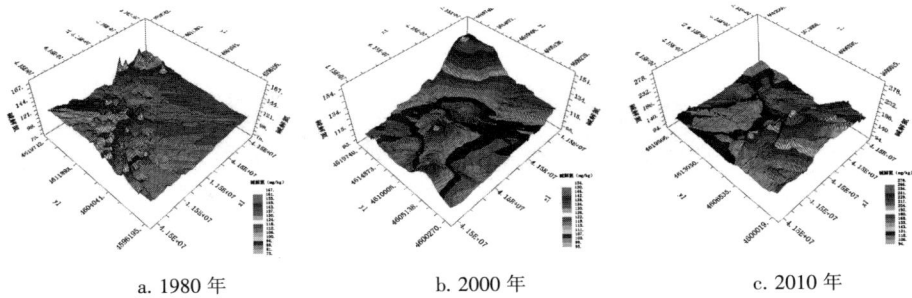

a. 1980 年　　　　　　　b. 2000 年　　　　　　　c. 2010 年

图 8-7　不同时期耕层土壤碱解氮 3D 图

8.3.3　不同时期土壤碱解氮含量的时空分布特征

从表 8-8 可以看出，研究区域 1980 年土壤碱解氮含量平均值为 109.38mg/kg，等级主要集中分布于Ⅲ级、Ⅳ级和Ⅴ级。其中以Ⅴ级（90～105mg/kg）的耕地面积为最多，为 5 306hm²，占研究区域耕地总面积的 47.3%，主要集中分布于近郊临湖街道的胡家甸村、西苏堡村、新兴屯村、大淑堡村、代古家子村、王秀庄村、大淑堡村等和永乐乡的永乐村、张庄村、孟达堡村、永胜村、宝相屯村、二台子村、互助村等；次之为Ⅳ（105～120mg/kg）的耕地面积为 4 391hm²，占研究区域耕地总面积的 39.1%，主要分布于王纲堡乡北部和南部，包括杨孟达、张当堡村、大庄科村；碱解氮含量等级较高的Ⅲ级（120～135）的耕地面积最小，为 1 525hm²，所占比例为 13.6%，主要分布于王纲堡乡的中部，包括马头浪村、王纲堡村、于家窝棚村等。碱解氮分布从中部向两侧逐渐降低（图 8-8）。

2000 年，土壤碱解氮含量平均值为 109.97mg/kg，也主要集中分布于Ⅲ级、Ⅳ级和Ⅴ级，但分布面积最多的碱解氮含量等级为Ⅳ级，面积为 6 394hm²，所占比例为 57.0%；次之为Ⅴ级，耕地面积为 4 185hm²，所占比例为 37.3%。Ⅳ级所占比例比 1980 年上涨了 17.90%。从空间分布上也表现出中间高，两头低的分布特征。Ⅳ级碱解氮含量向两头逐步扩展（图 8-8）。

2010 年，土壤碱解氮含量平均值为 126.80mg/kg，等级主要集中分布于Ⅱ级、Ⅲ级和Ⅳ级，其中以Ⅲ级的耕地面积最大，为 6 739hm²，占研究区域土地总面积的 60.1%，主要分布于王纲堡乡和永乐乡的大部分地区，也第一次出现了等级为Ⅱ级的碱解氮含量，面积为 1 459hm²，所占比例为 13.0%。主要集中分布于王纲堡乡的杨孟达村、张当村、拉他泡村和永乐乡的新台子村、大韩台村等（图 8-8）。

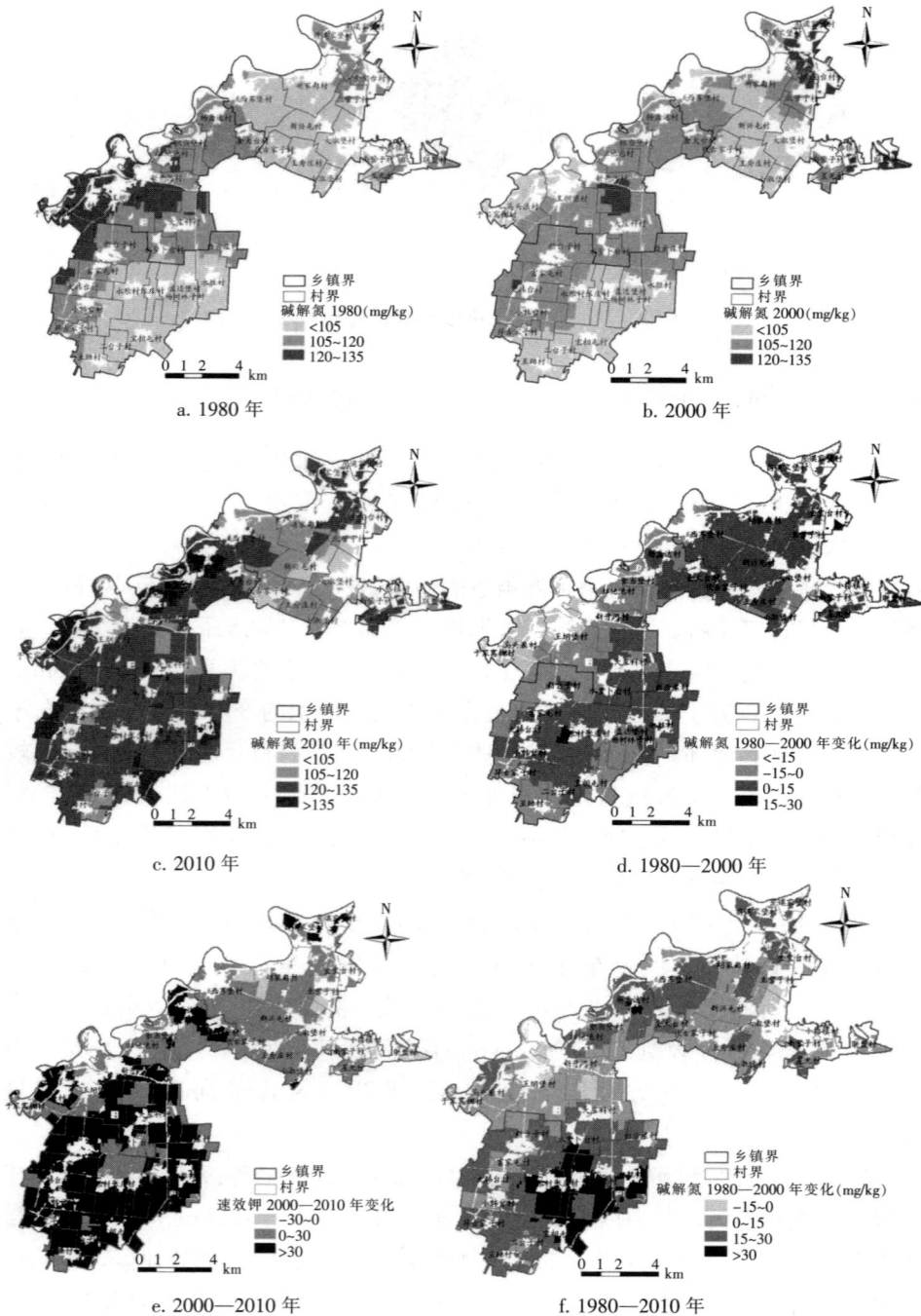

图 8-8　1980—2010 年碱解氮分布及变化图

从不同区域的对比可以看出，临湖街道 1980 年的碱解氮含量等级主要集中于 V 级和 IV 级，耕地面积为 2 375hm² 和 772hm²，所占比例为 21.2% 和 6.9%。到 2000 年，碱解氮的含量等级也主要集中分布于 V 级和 IV 级，但碱解氮含量等级较高的 IV 耕地面积为 1 189hm²，比 1980 年增加了 417hm²，并且碱解氮含量等级更高的 III 级也出现了增加，耕地面积为 395hm²，比 1980 年增加了 374hm²。到 2010 年，碱解氮含量等级仍然集中分布于 III 级、IV 级和 V 级，但 IV 级所占比例最大，为 16.0%，次之为 III 级，耕地面积为 995hm²，所占比例为 8.9%，V 级所占比例最小，为 3.4%。从整体的变化趋势可以看出，临湖街道的碱解氮含量等级变化不大，但是在等级内部，含量等级较高的耕地面积在逐渐增加，说明碱解氮含量在缓慢的增加。

王纲堡乡 1980 年碱解氮含量等级要比临湖街道高，主要集中分布于 III 级和 IV 级，其中 IV 级的面积最大，为 2 147hm²，占研究区域耕地总面积的 19.1%，次之为 III 级，面积为 1 309hm²，所占比例为 11.7%。到 2000 年，碱解氮含量等级主要集中分布于 IV 级，面积为 2 817hm²，占研究区域耕地总面积的 25.1%，III 级的面积比 1980 年减少了 1 069hm²，V 级的耕地面积比 1980 年增加了 399hm²，表明碱解氮含量虽然等级没有发生变化，但是较高等级的面积在下降，说明 1980—2000 年，碱解氮含量出现缓慢的小幅下降。到 2010 年碱解氮含量主要集中分布于 III 级，耕地面积为 2 249hm²，占研究区域土地总面积的 20.0%，比 2000 年增加了 2 009hm²，比 1980 年增加了 940hm²，而且出现了等别更高的 II 级耕地，面积为 791hm²。所以，从 2000—2010 年碱解氮含量出现了快速增长，并且 1980—2010 年，碱解氮含量也处于增长的趋势，增长的幅度临湖街道要更快一些。

表 8-10　碱解氮含量分布统计表

地区	级别	含量范围（mg/kg）	1980 年		2000 年		2010 年	
			面积（hm²）	百分比（%）	面积（hm²）	百分比（%）	面积（hm²）	百分比（%）
临湖街道	I	≥150	—	—	—	—	—	—
	II	135～150	—	—	—	—	—	—
	III	120～135	21	0.2	395	3.5	995	8.9
	IV	105～120	772	6.9	1 189	10.6	1 797	16.0
	V	90～105	2 375	21.2	1 583	14.1	376	3.4
	VI	<90	—	—	—	—	—	—

（续）

地区	级别	含量范围（mg/kg）	1980 年		2000 年		2010 年	
			面积（hm²）	百分比（%）	面积（hm²）	百分比（%）	面积（hm²）	百分比（%）
王纲堡乡	I	≥150	—	—	—	—	—	—
	II	135～150	—	—	—	—	791	7.0
	III	120～135	1 309	11.7	240	2.1	2 249	20.0
	IV	105～120	2 147	19.1	2 817	25.1	541	4.8
	V	90～105	126	1.1	525	4.7	0	0.0
	VI	<90	—	—	—	—	—	—
永乐乡	I	≥150	—	—	—	—	—	—
	II	135～150	—	—	—	—	668	6.0
	III	120～135	195	1.7	6	0.1	3 495	31.1
	IV	105～120	1 472	13.1	2 388	21.3	309	2.8
	V	90～105	2 805	25.0	2 077	18.5	—	—
	VI	<90	—	—	—	—	—	—
合计	I	≥150	—	—	—	—	—	—
	II	135～150	—	—	—	—	1 459	13.0
	III	120～135	1 525	13.6	641	5.7	6 739	60.1
	IV	105～120	4 391	39.1	6 394	57.0	2 647	23.6
	V	90～105	5 306	47.3	4 185	37.3	376	3.4
	VI	<90	—	—	—	—	—	—

永乐乡碱解氮含量等级在 1980 年与临湖街道和王纲堡乡所处的等级一致，主要集中于Ⅳ级和Ⅴ级，其中Ⅴ级最多，耕地面积为 2 805hm²，占研究区域耕地总面积的 25.0%，次之为Ⅳ级，耕地面积为 1 472hm²，所占比例为 13.1%。到 2000 年，碱解氮含量等级也主要集中于Ⅳ级和Ⅴ级，以Ⅳ级面积最大，为 2 388hm²，所占比例为 21.3%，比 1980 年增加了 916hm²。到 2010 年，碱解氮含量等级也主要集中分布于Ⅲ级，面积为 3 495hm²，所占比例为 31.1%，比 2000 年增加了 3 489hm²，比 1980 年增加了 3 300hm²，而且出现了等级更高的Ⅱ级，面积为 668hm²，所占比例为 6.0%。从总体

上看，永乐乡碱解氮的变化趋势与整个区域变化趋势相似，1980—2000 年碱解氮含量缓慢增加，2000—2010 年碱解氮含量出现快速上升，整体呈现上升的趋势。

　　从总体上可以看出，1980—2000 年，研究区域碱解氮含量整体出现缓慢增长的趋势，增长幅度主要范围为 0～15mg/kg，分布于临湖街道的大部分区域和永乐乡中部的大韩台村、小韩台村、大庄科村、白云庄村等，2000—2010 年，研究区域碱解氮含量出现快速增长的趋势。增长幅度范围主要在 0～15mg/kg 和 15～30mg/kg，前者主要分布于临湖街道，后者主要集中于王纲堡乡的西部和永乐乡的东南部（图 8-8）；1980—2010 年，碱解氮含量整体趋于上升，其中近郊临湖街道碱解氮含量主要上升幅度在 0～15mg/kg，王纲堡乡碱解氮含量上升幅度在 0～15mg/kg 和 15～30mg/kg，而永乐乡碱解氮含量上升幅度主要集中在 15～30mg/kg 和大于 30mg/kg。离城市越远，碱解氮增加的幅度相应也会大些（表 8-11）。

表 8-11　土壤碱解氮含量变化分布统计

单位：hm²，%

| 时段 | 项目 | 含量差范围（mg/kg） | | | | |
		<−15	−15～0	0～15	15～30	>30
2010—1980 年	面积	—	427	4 127	5 428	1 239
	占总面积百分比	—	3.81	36.78	48.37	11.04
2000—1980 年	面积	631	3 836	6 682	72	—
	占总面积百分比	5.62	34.19	59.55	0.64	—
2010—2000 年	面积	30	574	4 266	5 042	1 309
	占总面积百分比	0.27	5.12	38.02	44.94	11.66

　　从碱解氮的等级变化看，整体呈现上升趋势，原Ⅲ～Ⅴ级中分别有 30.16%、14.90% 和 6.50% 上升到Ⅱ级，变化的面积分别是 459.91hm²、654.15hm² 和 344.64hm²，分布在王纲堡乡的于家窝棚村、马头浪村、王纲堡村和新开河村的西部，原Ⅳ～Ⅴ级上升为Ⅲ级非常明显，面积分别是 3 330.09hm² 和 2 780.76hm²，占原有等级面积的 75.85% 和 52.41%，主要分布在临湖街道的西苏堡村和大淑堡村，王纲堡乡的张当堡村、拉他泡村等。同时处于永乐乡的永乐村、张庄村、孟达堡村和宝相屯村的土壤碱解氮得到了较大幅度的提高，最多提高的幅度大于 30mg/kg。

表 8-12 1980—2010 年土壤碱解氮等级面积变化

单位：hm², %

1980 年土壤碱解氮等级	2010 年土壤碱解氮等级									合计（1980 年）	
	II		III		IV		V				
	面积	比例	面积	比例	面积	比例	面积	比例	面积	比例
III	459.91	30.16	858.23	56.28	206.76	13.56	—	0.00	1 524.9	13.59
IV	654.15	14.90	3 330.09	75.85	405.3	9.23	0.81	0.02	4 390.35	39.13
V	344.64	6.50	2 780.76	52.41	1 805.23	34.03	374.7	7.06	5 305.33	47.28
合计（2010）	1 458.7	13.00	6 969.08	62.11	2 417.29	21.54	375.51	3.35	11 220.58	100.00

8.4　土壤速效磷的时空变异特征分析

生命支撑系统不可替代的重要成分就是磷，植物细胞中遗传物质 RNA 和能量物质 ATP 的基本构成元素也是磷，磷还是植物生长发育的三大必需元素之一，影响作物的正常生长，如果土壤缺乏磷素，也会妨碍植物对其他营养元素的吸收，从而限制农作物产量和产品质量的提高。土壤供磷能力的重要指标就是土壤速效磷含量，其变化十分复杂，它不但与动态平衡有关，即不同生物气候条件下土壤不同形态磷间的动态平衡，而且还与人为耕作施肥状况有非常密切的关系（刘彦随等，2002）。因此掌握好耕地磷素的空间变异特征及分布格局是精确施肥和养分分区管理的基础，而且对提高作物产量和品质，以及减少对生态环境的负面影响等方面都有着重要意义。

8.4.1　不同时期土壤速效磷含量的统计特征值

从表 8-13 可知，1980 年、2000 年和 2010 年 3 个时期土壤速效磷含量均不服从正态分布，说明土壤速效磷的变化比有机质和碱解氮复杂。经对数变换后其 KS 检验值均大于 0.05，说明了 3 个时期表层土壤速效磷含量均服从对数正态分布。3 个时期土壤速效磷的变异系数变化范围为 0.27～0.53，均属于中等变异程度。2000 年和 2010 年土壤速效磷的变异系数分别为 0.35 和 0.27，均低于 1980 年的 0.53，可能是人为管理措施导致的，自从 1980 年实行家庭联产承包责任制以后，极大地提高了农民的种粮积极性，对氮肥和磷肥的投入增加较多，由于施入土壤中的磷移动性小，而磷肥当季利用率低，导致其在土壤中累积较多，由于土壤质地、土地利用方式等的不同导致了积累的磷差异很大，故 2000 年和 2010 年土壤速效磷的变异系数较小。

表 8-13　不同时期耕层土壤速效磷含量的统计特征值

单位：mg/kg

土壤速效磷	样本数	平均值	标准差	变异系数	最小值	最大值	偏度	峰度	K-S 检验
1980 年实测值	119	11.46	6.08	53.05	4.63	46.35	1.708	4.321	——
2000 年实测值	141	26.32	9.32	35.41	13.49	61.92	1.015	0.798	——
2010 年实测值	1 437	54.31	12.86	26.67	17.41	84.16	−0.126	−0.284	——
1980 年剔除特异值后数据	119	11.43	6.06	53.04	4.63	46.35	1.706	4.320	7.06
2000 年剔除特异值后数据	141	26.30	9.31	35.40	13.49	61.92	1.014	0.794	5.03
2010 年剔除特异值后数据	1 437	54.27	12.83	26.65	17.41	84.16	−0.123	−0.282	0.77

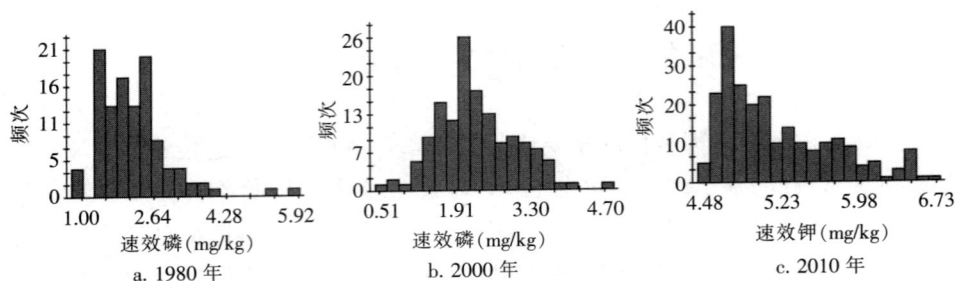

图 8-9　不同时期土壤速效磷统计直方图

1980 年、2000 年和 2010 年 3 个时期土壤速效磷的平均含量分别为 11.43mg/kg，26.30mg/kg 和 54.27mg/kg，反映了土壤速效磷含量随着时间的推移表现为增加的趋势，但增加的幅度不一样，2010 年土壤速效磷平均含量分别比 1980 年和 2000 年增加了 42.84mg/kg 和 27.97mg/kg。30 年间的年平均增加速率为 1.43mg/kg，后 10 年的年平均增加速率为 2.80mg/kg，而前 20 年的年平均增加速率为 0.74mg/kg，远远小于后 10 年的年平均增加量。

3 个时期研究区域耕层土壤速效磷的含量范围（最大值和最小值之差）呈快速递增的趋势。1980 年速效磷含量的最大值为 46.35mg/kg，最小值为 4.63mg/kg，两者极差约 9 倍；2000 年的最大值为 61.92mg/kg，最小值为 13.49mg/kg，极差值约 11 倍；2010 年的最大值为 84.16，最小值仅为 19.41mg/kg，极差值最大，达 14 倍。

8.4.2　不同时期土壤速效磷的半方差函数结构分析

本研究分别采用了纯块金和球状模型来描述土壤速效磷的空间结构，结果见表 8-14 和图 8-10。由表 8-14 可见，1980 年、2000 年和 2010 年土壤速效磷的空间相关距离（变程）表现为先递减后递增趋势，从 1980 年的 25.2km 下降到 2000 年的 8.13km，然后又上升到 2010 年的 28.93km，这主要是由于从 1980 年后实行家庭联产承包责任制，农民的积极性被调动了，注重对土地的投入，使土壤速效磷的空间相关距离在局部有所增加。到 2010 年除了投入增加外，秸秆还田和增施有机肥等措施也使速效磷在土壤中进一步累积。由于磷的累积与土壤类型和土壤质地密切相关，故增加了其空间相关性。

表 8 - 14　土壤速效磷半方差函数模型

	模型类型	块金值 (C_0)	基台值 (C_0+C_1)	块基比 (C_0/C_0+C_1)	变程 （m）	决定系数 R^2	RSS
AVP1980	指数模型	0.22	0.761	0.309	25 200	0.916	0.020 3
AVP2000	指数模型	0.23	0.396	0.581	8 130	0.849	0.012 9
AVP2010	球状模型	0.39	0.471	0.828	28 930	0.969	0.047 8

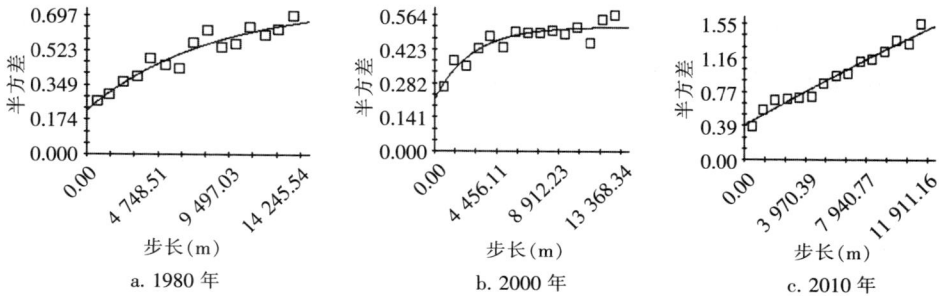

a. 1980 年　　　　　　　　b. 2000 年　　　　　　　　c. 2010 年

图 8 - 10　不同时期耕层土壤速效磷的半方差图

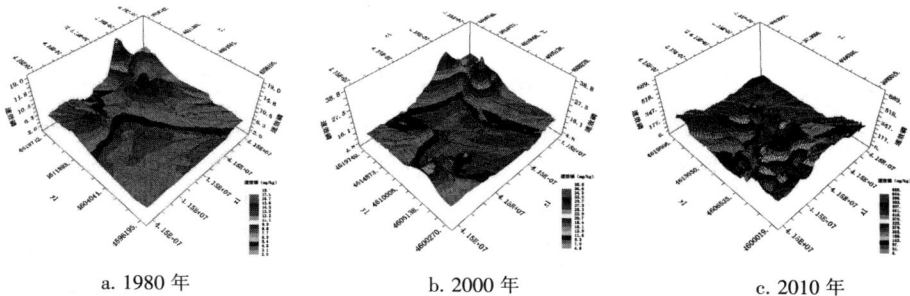

a. 1980 年　　　　　　　　b. 2000 年　　　　　　　　c. 2010 年

图 8 - 11　不同时期耕层土壤速效磷 3D 图

8.4.3　不同时期土壤速效磷含量的时空分布特征

从表 8 - 13 可以看出，研究区域 1980 年土壤速效磷含量平均值为 11.46mg/kg，等级分布比较集中，主要集中分布于Ⅵ级（＜20mg/kg），耕地面积为 10 226hm²，占研究区域总面积的比例为 91.1%。

到 2000 年，土壤速效磷含量均值为 26.32mg/kg，等级开始分化，主要集中于Ⅲ级（40～50mg/kg）、Ⅳ级（30～40mg/kg）、Ⅴ级（20～30mg/kg）和Ⅵ级，其中仍以Ⅵ级所占比例最大，为 35.2%，但是与 1980 年相比，已经下降了 55.90%，次之的为Ⅴ级，面积为 2 469hm²，所占比例为 22.0%，主要集中分布于王纲堡乡的张当堡村、拉他泡村、新开河村和永乐乡的水萝卜台村、孟达堡村、杨树林子村、宝相屯村等。Ⅳ级所占比例比Ⅴ级略小，为21.4%，Ⅵ级也占有一定比例，耕地面积为1 842hm²，所占比例为16.4%。

到2010年，土壤速效磷含量平均值为54.31mg/kg，等级分布主要集中分布于Ⅰ级（≥60mg/kg）、Ⅱ级（50～60mg/kg）、Ⅲ级和Ⅳ级，与2000年相比，发生了较大的变化，其中以Ⅲ级所占的比重最大，为3 130hm²，主要集中分布于临湖街道和永乐乡的部分区域，占研究区域耕地总面积的比例为27.9%，耕地面积比2000年增加了1 288hm²，比1980年增加了3 114hm²。次之为Ⅱ级，面积为2 975hm²，所占比例为26.5%，主要集中分布于近郊临湖街道的新兴屯村、大淑堡村、王秀庄村和永乐乡的白云庄村、新台子村和大韩台村等，Ⅰ级所占的比例比Ⅱ级略小，为24.5%，主要集中分布于王纲堡乡的张当堡村、拉他泡村和永乐乡的永乐村、孟达堡村、杨树林子村、小韩台村、宝相屯村等（图8－12）。

从不同区域的对比研究可以看出，临湖街道1980年的土壤速效磷的含量主要集中分布于Ⅵ级，耕地面积为2 260hm²，占研究区耕地总共面积的比例为20.1%，次之为Ⅴ级，所占比例为7.2%。到2000年，土壤速效磷的含量等级没有发生明显的改变，仍旧主要集中分布于Ⅵ级，面积为2 395hm²，所占比例为21.3%，与1980年所占的比例基本一样。但Ⅲ和Ⅳ级也开始存在一定比例，耕地面积分别为223hm²和257hm²，所占比例分别为2.0%和2.3%。虽然碱解氮整体含量保持比较稳定，但是局部也有增加的趋势。到2010年，主要集中分布于Ⅲ和Ⅳ级，其中Ⅲ级所占比例最大，耕地面积为1 015hm²，所占比例为9.0%，Ⅳ级次之，耕地面积为995hm²，所占比例为8.9%。Ⅰ和Ⅱ级也占一定的比例，其中Ⅰ级的比例为4.4%，Ⅱ级的比例为5.5%，出现了明显的增长趋势。因此从总体上看，临湖街道1980—2010年土壤速效磷的含量处于上升趋势，其中1980—2000年，土壤速效磷的含量基本保持不变，有局部地区出现增长，2000—2010年，出现了缓慢的增长趋势，但增长的幅度不大。

王纲堡乡1980年土壤速效磷的含量等级主要集中于Ⅵ级，等级较低，分布的耕地面积为3 495hm²，占研究区域耕地总面积的31.1%。到2000年，土壤速效磷的含量等级主要集中于Ⅳ级和Ⅴ级，其中Ⅴ级所占比例仍是最大，为13.8%，但是比1980年已经下降了17.30%。次之为Ⅳ级，耕地面积为1 792hm²，所含比例为16.0%，比1980年增加了1 705hm²。到2010年，土壤速效磷的含量等级以Ⅱ级和Ⅲ级为主，其中Ⅲ级所占的比例为7.7%，Ⅱ级所占比例为7.3%，相应的耕地面积比2000年增加了868hm²和817hm²。Ⅰ级也占有一定的比例，为6.7%。从分析中可以明显看出，王纲堡乡碱解氮含量增加的幅度要比临湖街道的增加幅度更大一些，总体上也呈现出增加的趋势，2000—2010 年增加的幅度要比 1980—2000 年增加的幅度大。

表 8 - 15　速效磷含量分布统计表

地区	级别	含量范围（mg/kg）	1980 年		2000 年		2010 年	
			面积（hm²）	百分比（%）	面积（hm²）	百分比（%）	面积（hm²）	百分比（%）
临湖街道	Ⅰ	≥60	—	—	42	0.4	496	4.4
	Ⅱ	50～60	—	—	127	1.1	620	5.5
	Ⅲ	40～50	16	0.1	223	2.0	1 015	9.0
	Ⅳ	30～40	84	0.7	257	2.3	995	8.9
	Ⅴ	20～30	808	7.2	124	1.1	42	0.4
	Ⅵ	<20	2 260	20.1	2 395	21.3	—	—
王纲堡乡	Ⅰ	≥60	—	—	—	—	753	6.7
	Ⅱ	50～60	—	—	—	—	817	7.3
	Ⅲ	40～50	—	—	—	—	831	7.7
	Ⅳ	30～40	—	—	237	2.1	636	5.7
	Ⅴ	20～30	87	0.8	1 792	16.0	482	4.3
	Ⅵ	<20	3 495	31.1	1 553	13.8	26	0.2
永乐乡	Ⅰ	≥60	—	—	—	—	1 502	13.4
	Ⅱ	50～60	—	—	389	3.5	1 500	13.4
	Ⅲ	40～50	—	—	1 619	14.4	1 284	11.4
	Ⅳ	30～40	—	—	1 910	17.0	172	1.5
	Ⅴ	20～30	—	—	553	4.9	13	0.1
	Ⅵ	<20	4 471	39.8	—	—	—	—
合计	Ⅰ	≥60	—	—	42	0.4	2 751	24.5
	Ⅱ	50～60	—	—	516	4.6	2 975	26.5
	Ⅲ	40～50	16	0.1	1 842	16.4	3 130	27.9
	Ⅳ	30～40	84	0.7	2 404	21.4	1 800	16.0
	Ⅴ	20～30	895	8.0	2 469	22.0	537	4.8
	Ⅵ	<20	10 226	91.1	3 948	35.2	26	0.2

　　永乐乡土壤速效磷含量等级在 1980 年主要分布于Ⅵ级，面积为 4 471 hm²，占研究区域耕地总面积的 39.8%，到 2000 年，土壤速效磷含量等级主要分布于Ⅲ级和Ⅳ级，其中Ⅳ级所占的耕地面最大，为 1 910hm²，所占比例为 17.0%，Ⅲ级所占耕地面积次之，为 1 619hm²，所占比例为 14.4%。到 2010 年，土壤速效磷含量等级主要分布于Ⅰ和Ⅱ级，耕地面积分别是 1 502hm² 和 1 500hm²，

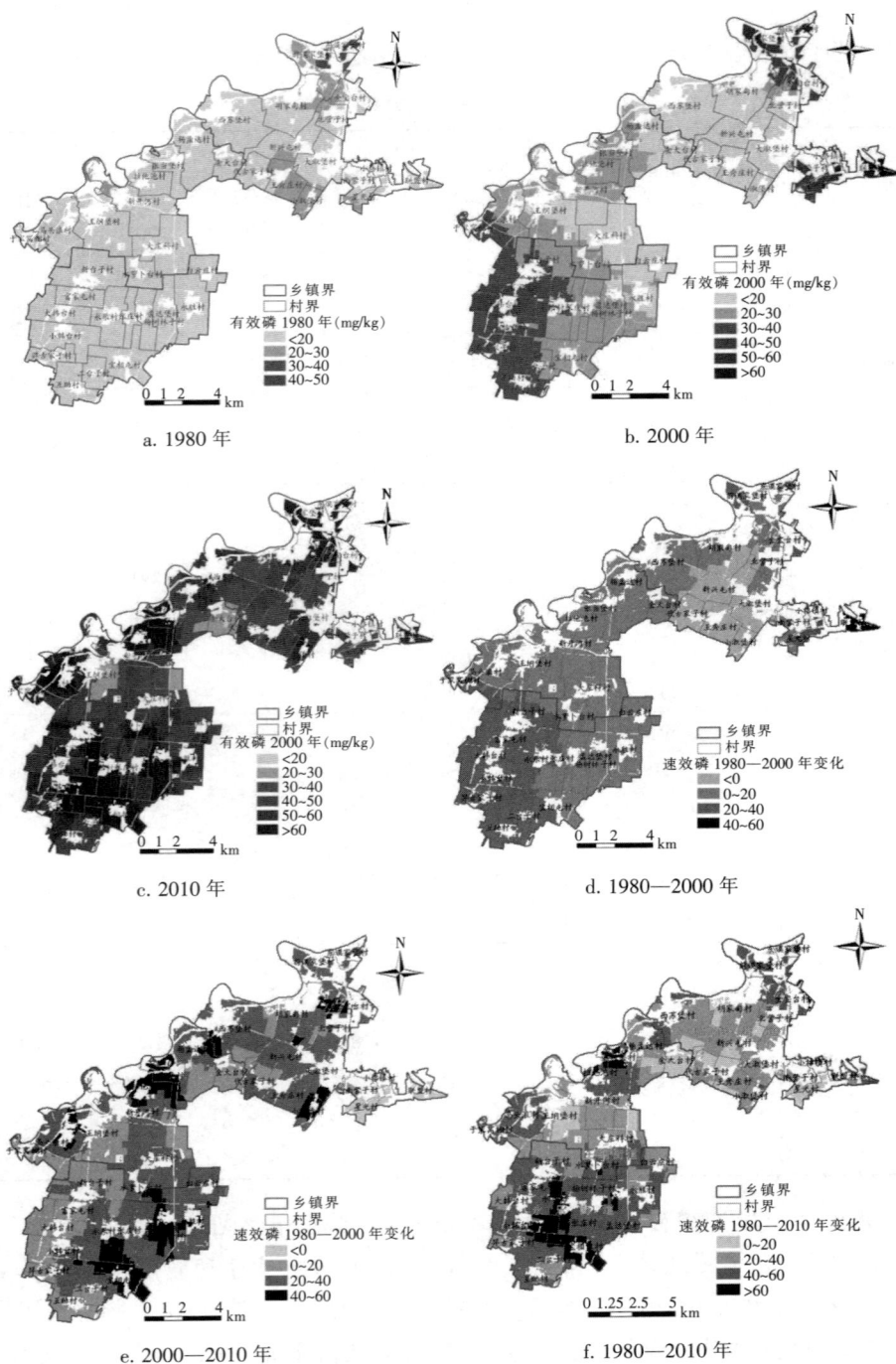

a. 1980 年

b. 2000 年

c. 2010 年

d. 1980—2000 年

e. 2000—2010 年

f. 1980—2010 年

图 8-12　1980—2010 年速效磷分布及变化图

所占比例都为 13.4％，再次之为Ⅲ级，所占比例为 11.4％。从 1980—2010 年永乐乡土壤速效磷含量变化的趋势可以看出，在三个地区中，永乐乡增长的幅度是最大，变化也是最激烈的。

从总体上看，研究区域土壤速效磷一直处于增长的趋势，而且从 2000—2010 年时间段的增长速度要明显比 1980—2000 年增长的速度更快。其中 1980—2000 年土壤速效磷大部分增长幅度在 0～20mg/kg，主要集中于临湖街道的西苏堡村、金宝台村、南营子村，王纲堡乡和永乐乡的白云庄村、永胜村、水萝卜台村、孟达堡村、杨树林子村；上涨幅度在 20～40mg/kg 的区域主要集中于永乐乡的中西部地区；速效磷含量下降区域主要集中于临湖街道的新兴屯村、代古家子村、王秀庄村、大淑堡村、小淑堡村。2000—2010 年，研究区域速效磷含量普遍上涨幅度在 20～40mg/kg，包括临湖街道的大部分区域，王纲堡乡的中部和永乐乡的中东部地区；上涨幅度在 40～60mg/kg 的区域主要集中于临湖街道的金宝台村、小淑堡村、王纲堡乡的张当堡村、拉他泡村和永乐乡的孟达堡村、杨树林子村。在临湖街道的星光村和联盟村出现了下降的情况。从 1980—2010 年的变化趋势可以看出，土壤速效磷含量增长幅度主要集中于 40～60mg/kg，主要分布的区域在于永乐乡的大部分区域、王纲堡乡的中部。临湖加到速效磷的增长幅度主要集中于 0～20mg/kg 和 20～40mg/kg，是 3 个区域中增长幅度最小的，而永乐乡是增长幅度最大的（图 8 - 12）。

表 8 - 16　土壤速效磷含量变化分布统计

单位：hm², ％

时段	项目	含量差范围（mg/kg）				
		＜0	0～20	20～40	40～60	＞60
2010—1980 年	面积	—	1 304	4 334	4 680	903
	占总面积百分比	—	11.62	38.62	41.71	8.05
2000—1980 年	面积	1 455	6 790	2 901	74	—
	占总面积百分比	12.97	60.51	25.86	0.66	—
2010—2000 年	面积	231	3 085	6 292	1 612	—
	占总面积百分比	2.06	27.49	56.08	14.37	—

从等级变化上看，土壤速效磷中原等级为Ⅲ～Ⅵ等上升为Ⅰ等的面积分别是 16.23hm²、83.03hm²、316.67hm² 和 2 335.73hm²，占原等级的比例分别是 100％、100％、35.42％和 22.84％，原Ⅴ等和Ⅵ等上升为Ⅱ等的面积分别是 217.56hm² 和 2 756.93hm²，上升为Ⅲ等的分别是 159.43hm² 和2 970.59hm²，上升为Ⅳ等的分别是 200.66hm² 和 1 599.76hm²，从统计分析可以看出Ⅵ等变化的最为明显，只有 0.26％没有发生变化，主要分布于永乐乡和王纲堡乡的大部分地区。

表 8 - 17　1980—2010 年土壤速效磷等级面积变化

单位：hm², %

1980年土壤速效磷等级	2010年土壤速效磷等级												合计 (1980年)	
	Ⅰ		Ⅱ		Ⅲ		Ⅳ		Ⅴ		Ⅵ			
	面积	比例	面积	比例	面积	比例	面积	比例	面积	比例	面积	比例	面积	比例
Ⅲ	16.23	100.00	—	—	—	—	—	—	—	—	—	—	16.23	0.14
Ⅳ	83.03	100.00	—	—	—	—	—	—	—	—	—	—	83.03	0.74
Ⅴ	316.67	35.41	217.56	24.33	159.43	17.83	200.66	22.44	—	—	—	—	894.32	7.97
Ⅵ	2 335.73	22.84	2 756.93	26.96	2 970.59	29.05	1 599.76	15.64	537.9	5.26	26.1	0.26	10 227.01	91.15
合计 (2010)	2 751.66	24.52	2 974.49	26.51	3 130.02	27.90	1 800.42	16.05	537.9	4.79	26.1	0.23	11 220.59	100.00

8.5　土壤速效钾的时空变异特征分析

土壤中的钾能够促进作物的光合作用，促进作物结果和提高作物的抗寒、抗病能力，从而提高农业产量。钾元素在植物体内以游离钾离子形式存在，它能促进碳水化合物和氮的代谢；控制和调节各种矿物营养元素的活性；活化各种酶的活动；控制养分和水的输送；保持细胞的内压，从而防止植物枯萎。具体表现为：①促进酶的活化是钾在植物生长过程中最重要的功能之一，现已发现钾是 60 多种酶的活化剂，因此钾同植物体内的许多代谢过程密切相关，如光合作用、呼吸作用和碳水化合物、脂肪、蛋白质的合成等。②促进光合作用和光合产物的运输，包括：提高光合效率；调节气孔的开闭，控制 CO_2 和水的进出；促进碳水化合物的合成，加速光合产物的流动。③促进蛋白质合成，包括：促进蛋白质合成的关键成份 NO_3 的摄取和运转；与蛋白质的合成过程密切相关。④增强植物的抗逆性钾能使作物体内可溶性氨基酸和单糖减少，纤维素增多，细胞壁加厚；钾在作物根系累积产生渗透压梯度能增强水分吸收；钾在干旱缺水时能使作物叶片气孔关闭以防水分损失。因此钾能增强作物的抗病、抗寒、抗旱、抗倒伏及抗盐能力。⑤改善作物产品品质提高粮食作物蛋白质的含量、油料作物的粗脂肪和棕榈酸含量、薯类和糖料作物淀粉和糖分含量；增加纤维作物及棉花的纤维长度、强度、细度；调整水果的糖酸比，增加其维生素 C 的含量；改善果菜的形状、大小、色泽和风味，增强其耐贮性。过去很长的时间里一直认为辽河平原土壤不缺钾，但因长期大量施氮、磷化肥，忽视施用有机肥，加上作物产量的不断提高，从土壤中带走大量的钾素，导致土壤钾素逐渐耗竭。目前钾素问题日益突出，有可能成为作物产量的限制因素。

8.5.1　不同时期耕层土壤速效钾含量的统计特征值

从表 8-18 可以看出，1980 年、2000 年和 2010 年 3 个时期研究区域土壤速效钾含量的 K-S 检验值均大于 0.05，说明 3 个时期的耕层土壤速效钾含量均服从正态分布。3 个时期土壤速效钾的变异系数大小范围为 0.12 左右，均属于弱变异强度。其中 1980 年和 2010 年土壤速效钾的变异系数较高，约为 0.12，2000 年的变异系数最小，为 0.11。

表 8 - 18 不同时期耕层土壤速效钾含量的统计特征值

单位：mg/kg

土壤速效磷	样本数	平均值	标准差	变异系数	最小值	最大值	偏度	峰度	K-S检验
1980 年实测值	119	149.58	17.96	12.01	79.69	197.65	0.083	−0.103	—
2000 年实测值	141	103.62	11.19	10.80	85.17	125.26	0.274	−1.190	—
2010 年实测值	1 437	134.29	17.21	12.82	86.67	167.95	−0.012	−1.004	—
1980 年剔除特异值后数据	119	149.56	17.95	12.00	79.69	197.65	0.082	−0.102	3.69
2000 年剔除特异值后数据	141	103.52	11.17	10.78	85.17	125.26	0.272	−1.189	4.60
2010 年剔除特异值后数据	1 437	134.27	17.20	12.81	86.67	167.95	−0.011	−1.003	3.38

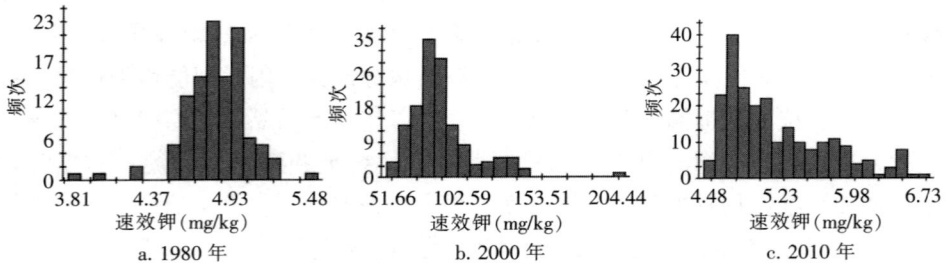

图 8 - 13 不同时期土壤速效钾统计直方图

　　3 个时期耕层土壤速效钾含量的范围不同，1980 年速效钾含量的最大值为 197.65mg/kg，最小值为 79.69mg/kg，两者相差约 3 倍；2000 年的最大值为 125.26mg/kg，最小值为 85.17mg/kg，两者相差约 1.5 倍；2010 年的最大值为 167.95，最小值仅为 86.67mg/kg，两者相差约 2 倍，说明随着时间的推移，最大值和最小值之差呈缩小的趋势。

　　土壤速效钾平均含量随着时间的推移总体表现为递减的趋势，但减少的幅度不一样，2010 年土壤速效钾平均含量为 134.29mg/kg，比 1980 年的 149.58mg/kg 减少了 15.29mg/kg，而比 2000 年的 103.62mg/kg 增加了 30.67mg/kg。从 1980 年到 2010 年的 30 年间，年均减少 0.51mg/kg，其中前 20 年（1980—2000 年）年均减少 2.30mg/kg，后 10 年（2000—2010 年）年均减少 1.5mg/kg，前 20 年的减幅远大于后 10 年的年均增加量。

8.5.2　不同时期土壤速效钾的半方差函数结构分析

本研究采用了球状和指数模型来描述不同时期土壤速效钾含量的空间结构，结果见表 8－19 和图 8－14。由表 8－19 可见，1980 年、2000 年和 2010 年土壤速效钾的空间相关距离分别为 8.5km、1.8km 和 11.12km。前 20 年变程呈减小的趋势，而后 10 年变程呈增加的趋势，这是区域因素与随机因素共同作用的结果。1980 年前土地归国家所有，投入很少，人为活动干扰少，区域因素起主导作用，故变程比较大。从 1980 年后实行了家庭联产承包责任制，极大地调动了农民生产的积极性，注重对土地的投入，但是钾肥的投入很少，同时随着作物品种的改良，产量不断提高，秸秆收获移走后，大量的养分被带出了土体，土壤速效钾含量不断下降，这段时期随机因素起主导作用，导致了土壤速效钾的空间相关距离大幅减小。2000 年后，随着秸秆还田保护性耕作措施和平衡施肥技术的大面积推广，土壤速效钾含量在较大的范围内有所恢复，故 2010 年土壤速效钾的空间相关距离又呈现增加的趋势。

表 8－19　土壤速效钾半方差函数模型

	模型类型	块金值 (C_0)	基台值 (C_0+C_1)	块基比 (C_0/C_0+C_1)	变程 (m)	决定系数 R^2	RSS
AVK1 980	球状模型	239	366.564	0.652	8 580	0.877	53 723
AVK2 000	指数模型	0.014 83	0.022	0.679	1 860	0.312	5.209 E－05
AVK2 010	高斯模型	0.122 2	0.128	0.955	11 120	0.932	6.63 E－03

表 8－19 中块基比表示由随机因素所引起的异质性占总的空间异质性的程度，1980 年、2000 年和 2010 年的该比值分别为 0.65、0.68 和 0.96，说明 1980 年和 2000 年土壤速效钾的空间异质性是由系统变异引起的占主导地位，而 2010 年该比值达到 0.96，表明人为活动干扰对其影响越来越大。

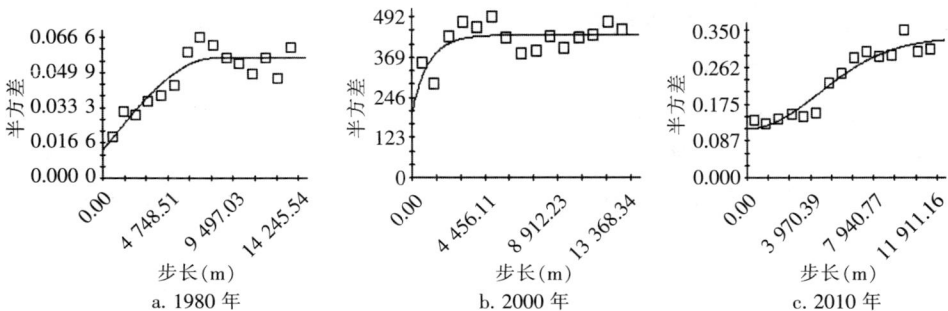

a. 1980 年　　　　b. 2000 年　　　　c. 2010 年

图 8－14　不同时期耕层土壤速效钾的半方差图

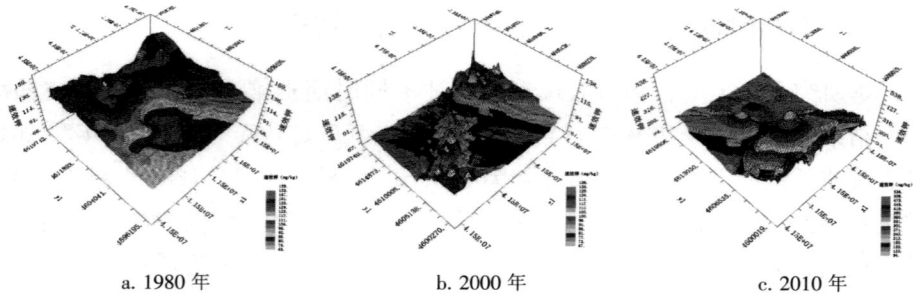

a. 1980 年　　　　　　　　b. 2000 年　　　　　　　　c. 2010 年

图 8 - 15　不同时期土壤耕层速效钾的 3D 图

8.5.3　不同时期土壤速效钾含量的时空分布特征

研究区域 1980 年土壤速效钾含量平均值为 149.58mg/kg，等级主要分布于Ⅱ级（160～180mg/kg）、Ⅲ级（140～160mg/kg）和Ⅳ级（120～140mg/kg）级，其中Ⅱ级耕地面积最大，为 3 899hm²，所占比例为 34.7%，主要集中分布于临湖街道和王纲堡乡，Ⅲ级次之，耕地面积为 3 760hm²，所占比例为 33.5%，主要集中分布于永乐乡的北部和王纲堡乡的南部。土壤速效钾含量整体水平较高，在空间上北部要高于南部（见图 8 - 16）。

到 2000 年，土壤速效钾含量平均值为 103.62mg/kg，等级主要分布于Ⅳ级（120～140mg/kg）、Ⅴ级（100～120mg/kg）和Ⅵ级（<100mg/kg），其中Ⅴ级含量分布的耕地面积最大，为 5 329hm²，占研究区域耕地总面积的 47.5%，王纲堡乡的中南部和永乐乡的中西部，次之为Ⅵ级分布的耕地面积，为 5 036hm²，所占比例为 47.5%，主要集中分布于临湖街道和王纲堡乡的大部分区域。可以看出从 1980—2000 年土壤速效钾含量出现了明显的下降趋势（图 8 - 16）。

到 2010 年，土壤速效钾含量平均值为 134.29mg/kg，等级主要分布于Ⅲ级、Ⅳ级和Ⅴ级，其中Ⅲ级和Ⅳ级分布的耕地面积基本一样，分别是 3 657hm² 和 3 670hm²，集中分布于王纲堡乡和永乐乡，占到研究区域耕地总面积的比例分别是 32.6% 和 32.7%，次之为Ⅴ级，分布的耕地面积为 3 072hm²，所占比例为 27.4% 主要集中于临湖街道。可以看出，2000—2010 年，土壤速效钾含量等级出现了明显的增加趋势，但总体上是近郊较低、远郊较高（图 8 - 16）。

从不同区域的对比研究可以看出，临湖街道 1980 年的土壤速效钾含量等级主要集中于Ⅱ级和Ⅲ级，其中Ⅱ级耕地面积最大，为 1 923hm²，占研究区域耕地总面积的 17.1%，次之为Ⅲ级，耕地面积为 684hm²，所占比例为

6.1％，说明该在 1980 年的时候，临湖街道土壤速效钾含量较高，但到了 2000 年，土壤速效钾含量等级主要集中分布于Ⅴ级和Ⅵ级，其中Ⅵ级的面积最大，为 2 097hm²，所占比例为 18.7％，Ⅴ级的面积次之，为 1 037hm²，所占比例为 9.2％公顷，土壤速效钾含量处于较低的水平。到 2010 年，土壤速效钾含量等级仍主要集中分布于Ⅴ级和Ⅵ级，其中Ⅴ级的耕地面积最大，为 2 314hm²，占研究区域总面积的比例为 20.6％，Ⅳ级耕地面积也有一定的增加，为 559hm²，比 2000 年增加了 525hm²，比 1980 年增加了 412hm²。因此，从总体上看，临湖街道的土壤速效磷含量区域降低的趋势，其中 1980—2000年，降低的幅度比较大，2000—2010 年，有小幅的上升趋势。

王纲堡乡 1980 年土壤速效磷含量等级主要集中于Ⅱ级和Ⅲ级，其中Ⅱ级的面积最大，为 1 976hm²，占研究区域耕地总面积的 17.6％，Ⅲ级次之，面积为 1 146hm²，所占比例为 10.2％。到 2000 年，土壤速效磷含量等级主要集中于Ⅴ级和Ⅵ级，其中Ⅵ级的面积最大，为 1 785hm²，占研究区域总耕地面积的比例为 15.9％，主要集中分布于王纲堡乡和永乐乡的东部，次之为Ⅴ级，面积为 1 673hm²，所占比例为 14.9％，与临湖街道相似，土壤速效磷含量出现了大幅的降低，到 2010 年，土壤速效磷的含量等级主要集中于Ⅳ级，面积为 2 135hm²，所占比例为 19.0％，Ⅲ级面积也有所增加，达到 778hm²，也出现了与临湖街道相似的变化趋势。因此，从总体上看，王纲堡乡和临湖街道在土壤速效磷含量等级的变化上趋于一致，都出现了先急剧下降，然后缓慢增长的趋势。

表 8 - 20　速效钾含量分布统计表

地区	级别	含量范围（mg/kg）	1980 年		2000 年		2010 年	
			面积（hm²）	百分比（％）	面积（hm²）	百分比（％）	面积（hm²）	百分比（％）
临湖街道	Ⅰ	≥180	183	1.6	—	—	—	—
	Ⅱ	160～180	1 923	17.1	—	—	—	—
	Ⅲ	140～160	684	6.1	—	—	—	—
	Ⅳ	120～140	147	1.3	34	0.3	559	5.0
	Ⅴ	100～120	164	1.5	1 037	9.2	2 314	20.6
	Ⅵ	<100	66	0.6	2 097	18.7	295	2.6
王纲堡乡	Ⅰ	≥180	343	3.1	—	—	—	—
	Ⅱ	160～180	1 976	17.6	—	—	35	0.3
	Ⅲ	140～160	1 146	10.2	—	—	778	6.9
	Ⅳ	120～140	117	1.0	123	1.1	2 135	19.0
	Ⅴ	100～120	—	—	1 673	14.9	634	5.7
	Ⅵ	<100	—	—	1 785	15.9	—	—

（续）

地区	级别	含量范围 （mg/kg）	1980 年		2000 年		2010 年	
			面积 （hm²）	百分比 （%）	面积 （hm²）	百分比 （%）	面积 （hm²）	百分比 （%）
永乐乡	Ⅰ	≥180	—	—	—	—	—	—
	Ⅱ	160～180	—	—	—	—	492	4.4
	Ⅲ	140～160	1 930	17.2	—	—	2 879	25.7
	Ⅳ	120～140	2 542	22.7	699	6.2	976	8.7
	Ⅴ	100～120	—	—	2 619	23.3	124	1.1
	Ⅵ	<100	—	—	1 154	10.3	—	—
合计	Ⅰ	≥180	526	4.7	—	—	—	—
	Ⅱ	160～180	3 899	34.7	—	—	522	4.7
	Ⅲ	140～160	3 760	33.5	—	—	3 663	32.6
	Ⅳ	120～140	2 806	25.0	856	7.6	3 670	32.7
	Ⅴ	100～120	164	1.5	5 329	47.5	3 070	27.4
	Ⅵ	<100	66	0.6	5 036	44.9	295	2.6

永乐乡土壤速效钾含量等级在 1980 年主要集中于Ⅲ级和Ⅳ级，耕地面积分别为 1 930hm² 和 2 542hm²，占研究区域总面积的比例分别为 17.2% 和 22.7%，在 3 个乡镇中，永乐乡土壤速效钾的含量是最低的。到 2000 年，土壤速效钾含量等级主要集中于Ⅳ级、Ⅴ级和Ⅵ级，其中Ⅴ级的面积最大，为 2 619hm²，所占比例为 23.3%，Ⅵ级次之，面积为 1 154hm²，所占比例为 10.3%，Ⅳ级也占一定比例，为 6.2%，虽然也出现下降的趋势，但是可以看出，在 3 个地区中，下降幅度是最小的。到 2010 年，土壤速效钾含量等级主要集中于Ⅲ级，面积为 2 879hm²。所占比例为 25.7%，增长幅度也是非常明显的，而且，与 1980 年相比较，Ⅲ级面积增加了 949hm²，Ⅱ面积增加了 492hm²，从 1980—2010 年，土壤速效钾含量是趋于上升的，这是区别临湖街道和王纲堡乡的一个重要的特点。

从空间总体变化趋势可以看出，1980—2000 年土壤速效钾含量整体呈现下降趋势，其中临湖街道和王纲堡乡的部分地区下降幅度最大，大于 60mg/kg，永乐乡的北部和王纲堡的南部地区下降幅度在 30～60mg/kg，而永乐乡南部地区下降幅度最小为 0～30mg/kg，从空间上表现出离城市越近，下降幅度越大的趋势。而 2000—2010 年，整个研究区域土壤速效钾含量呈现上升的趋势，其中临湖街道上升的幅度主要集中于 0～30mg/kg，王纲堡乡的部分地区上升幅度在 0～30mg/kg，包括张当堡村、拉他泡村、于家窝棚村等，其余

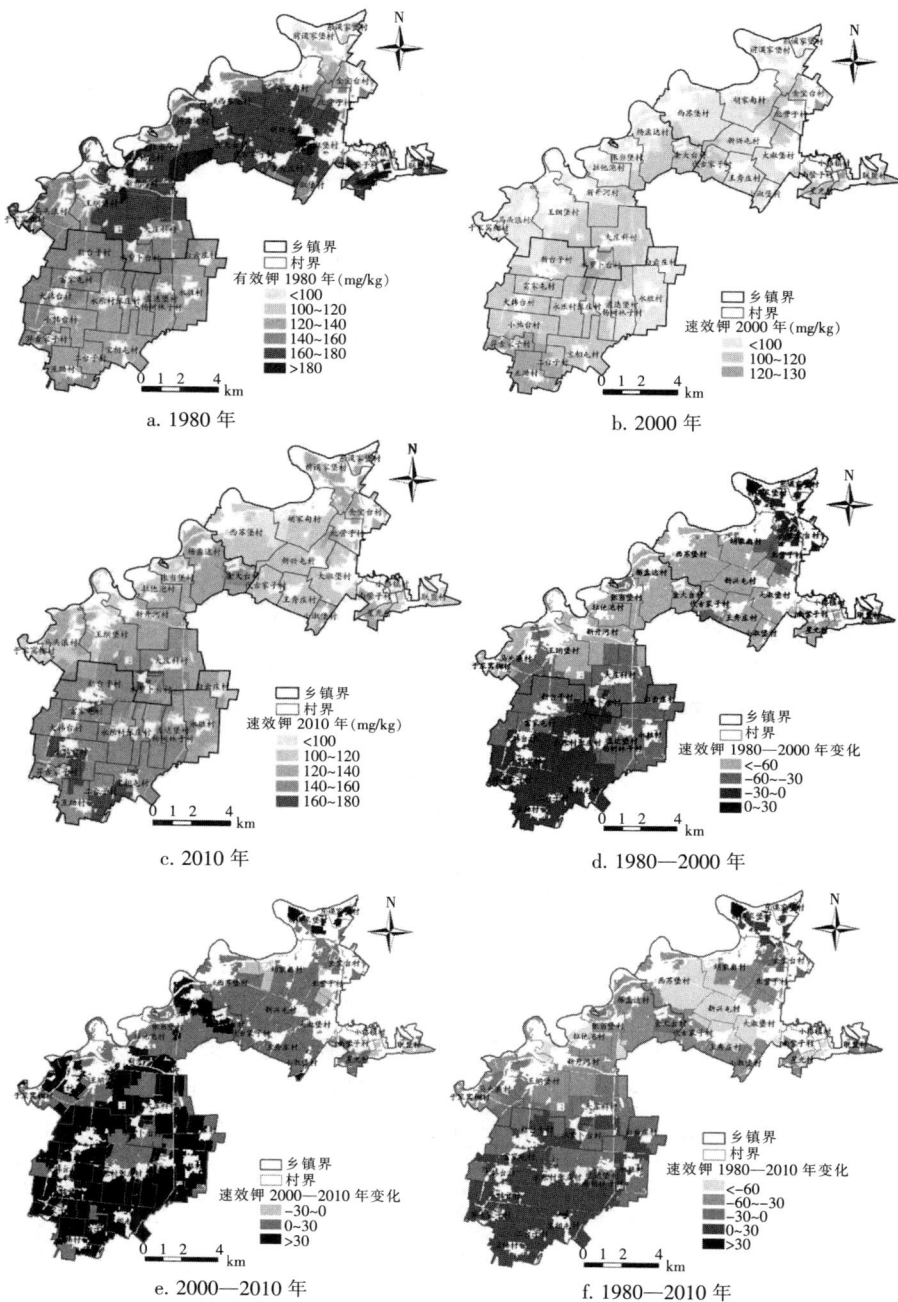

图 8-16 1980—2010 年速效钾分布及变化图

村庄上升幅度在大于 30mg/kg 以上。永乐乡的上升幅度最大，大部分地区土壤速效钾含量上升幅度都大于 30mg/kg。从 1980—2010 年变化趋势可以看出，靠近城市近郊土壤速效钾含量呈现下降的趋势，而且下降的幅度在逐渐增大，而远离城市的区域，速效磷含量也出现了缓慢增长的趋势，比如永乐乡南部的大部分区域，土壤速效磷含量在 30 年间普遍上幅度在 0～30mg/kg（图8-16）。

表 8-21　土壤速效钾含量变化分布

单位：hm²，%

时段	项目	含量差范围（mg/kg）				
		<−60	−60～−30	−30～0	0～30	>30
2010—1980 年	面积	1 595	3 334	2 721	3 512	57
	占总面积百分比	14.22	29.72	24.25	31.30	0.51
2000—1980 年	面积	4 508	3 843	2 826	43	—
	占总面积百分比	40.17	34.25	25.19	0.39	—
2010—2000 年	面积	—	—	340	5 092	5 788
	占总面积百分比	—	—	3.03	45.38	51.59

从等级变化的分析可以看出，原有的 I 等主要下降为 IV 等和 V 等，面积分别是 270hm² 和 256hm²，主要分布在近郊临湖街道的西苏堡村、新兴屯村等，原有的 II 等主要下降为 IV 等和 V 等，面积分别是 1 425hm² 和 1 983hm²，而原有的 III 等和 IV 等有部分上升为 II 等，面积分别是 183hm² 和 339hm²，主要分布在永乐乡的互助村、二台子村、羿古家子村等。

8.6　土壤 pH 的时空变异特征分析

土壤酸碱性是土壤许多化学性质的综合反映，自然状态下的土壤酸碱性主要受成土因子控制，其酸碱变化的过程十分缓慢，pH 每变化一个单位往往需要非常漫长的时间。沈阳市特别是苏家屯区是高强度经济发展地区之一，快速的城市化过程以及不合理的农业生产方式使该地区的生态环境受到了人为活动的强烈干扰，土壤酸碱性空间分布和演变方向，特别是土壤酸化进程发生了剧烈改变。本研究通过对比 1980 年以及 2000 年和 2010 年研究区域土壤 pH，研究了土壤 pH 的时空变化，分析了不同土壤类型 pH 的变化，并初步探讨了土壤 pH 变化的自然影响因素和人为驱动因子，以期为耕地质量建设和土壤酸化控制对策的制定提供理论指导。

8.6.1　不同时期耕层土壤 pH 的统计特征值

从表 8-23 可以看出，1980 年，2000 年和 2010 年 3 个时期研究区域土壤

表 8 - 22　1980—2010 年土壤速效钾等级面积变化

单位：hm², %

1980年土壤速效钾等级	2010年土壤速效钾等级													合计（1980年）	
	I		II		III		IV		V		VI				
	面积	比例	面积	比例	面积	比例	面积	比例	面积	比例	面积	比例	面积	比例
I	—	—	—	—	—	—	269.87	51.31	256.07	48.69	—	—	525.94	4.69
II	—	—	182.87	5.08	435.83	10.74	1 425.03	35.10	1 983.41	48.86	215.28	5.30	4 059.55	36.18
III	—	—	—	—	1 713.14	47.61	1 049.04	29.16	572.88	15.92	80.14	2.23	3 598.07	32.07
IV	—	—	338.74	12.07	1 514.22	53.96	731.27	26.06	221.98	7.91	—	—	2 806.21	25.01
V	—	—	—	—	—	—	144.63	88.01	19.71	11.99	—	—	164.34	1.46
VI	—	—	—	—	—	—	50.33	75.72	16.14	24.28	—	—	66.47	0.59
合计（2010年）	—	—	521.61	4.65	3 663.19	32.65	3 670.17	32.71	3 070.19	27.36	295.42	2.63	11 220.58	100.00

pH 值的 K-S 检验值均大于 0.05，说明 3 个时期的耕层土壤 pH 均服从正态分布。3 个时期土壤 pH 的变异系数大小范围为 0.15~0.23，均属于中等变异强度。其中 2000 年和 2010 年土壤 pH 的变异系数较低约为 0.15，1980 年的变异系数最高为 0.23。

表 8-23　不同时期耕层土壤 pH 的统计特征值

土壤 pH	样本数	平均值	标准差	变异系数	最小值	最大值	偏度	峰度	K-S 检验
1980 年实测值	119	6.33	0.39	22.83	5.57	7.24	0.323	−0.667	—
2000 年实测值	141	6.29	0.24	15.60	5.81	6.81	0.127	−1.010	—
2010 年实测值	1 437	5.92	0.54	14.63	5.00	7.24	1.192	2.212	—
1980 年剔除特异值后数据	119	6.32	0.38	22.82	5.57	7.24	0.322	−0.665	4.21
2000 年剔除特异值后数据	141	6.27	0.23	15.58	5.81	6.81	0.125	−1.008	3.72
2010 年剔除特异值后数据	1 437	5.82	0.53	14.62	5.00	7.24	1.190	2.209	3.64

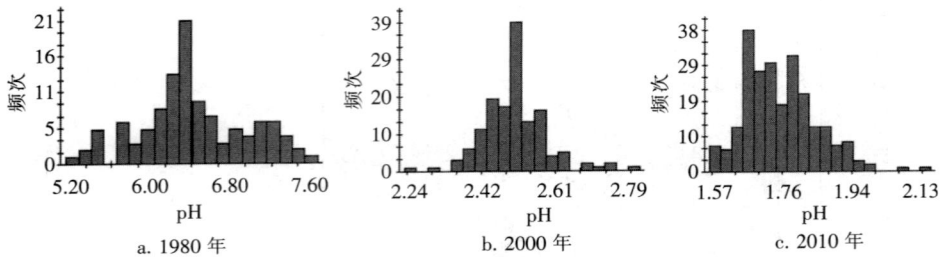

图 8-17　不同时期土壤 pH 统计直方图

3 个时期耕层土壤 pH 的范围不同，1980 年 pH 的最大值为 7.24，最小值为 5.57，两者相差 1.67；2000 年的最大值为 6.81，最小值为 5.81，两者相差 1；2010 年的最大值为 7.24，最小值仅为 5，两者相差 2.24。说明随着时间的推移，最大值和最小值之差呈扩大的趋势。

　　土壤 pH 平均值随着时间的推移总体表现为递减的趋势，但减少的幅度不一样，2010 年土壤 pH 平均为 5.82，比 1980 年的 6.32 下降了 0.50，而比 2000 年的 6.27 下降了 0.45。1980—2010 年的 30 年间，年均下降 0.02，其中前 20 年（1980—2000 年）年均下降 0.002 5，后 10 年（2000—2010）年均下降 0.045，前 20 年的减幅远小于后 10 年的年均减少量。

8.6.2　不同时期土壤 pH 的半方差函数结构分析

　　本研究采用了球状和指数模型来描述不同时期土壤 pH 的空间结构，结果见表 8 - 24 和图 8 - 14。由表 8 - 24 可见，1980 年、2000 年和 2010 年土壤 pH 的空间相关距离分别为 33.29km、7.98km 和 0.82km。30 年间变程呈下降趋势，这是区域因素与随机因素共同作用的结果，从 1980 年后实行了家庭联产承包责任制，极大地调动了农民生产的积极性，注重对土地的投入，特别是农家肥和化肥的投入量在逐渐地增加，这段时期随机因素起主导作用，导致了土壤 pH 的空间相关距离大幅减少。2000 年后，随着劳动力转移的逐渐增加，化肥的投入量逐渐增加，有机肥的投入量在下降，特别是施用硫酸铵、氯化钾、氯化铵等酸性和生理酸性肥料，可以造成土壤酸化，再加上随着工业化、城市化进程的加快，工业迅猛发展导致的"三废"增加已经成为局部地区土壤急剧酸化的重要因素，如采矿、化工、电镀、纺织、印染、造纸等工业废水排入土壤，工业废气中的 SO_2、NO_x 等造成的酸性干湿沉降，固体废弃物中所含酸性物质通过大气扩散或降水淋滤后也直接进入土壤，这些都将直接引起土壤 pH 的下降。因此，后 10 年变程下降的幅度比前 20 年下降的幅度更大。

表 8 - 24　土壤 pH 半方差函数模型

	模型类型	块金值 (C_0)	基台值 (C_0+C_1)	块基比 (C_0/C_0+C_1)	变程 (m)	决定系数 R^2	RSS
pH1980	高斯模型	0.152	0.181 8	0.836	33 290	0.965	5.560E - 03
pH2000	指数模型	0.008 92	0.016 1	0.553	7 980	0.761	2.904 E - 05
pH2010	球状模型	0.000 4	0.000 4	0.999	820	0.065	0.057

表 8 - 24 中块基比表示由随机因素所引起的异质性占总的空间异质性的程度，1980 年、2000 年和 2010 年的该比值分别为 0.836、0.553 和 0.999，说明 1980 年和 2000 年土壤 pH 的空间异质性是由系统变异引起的占主导地位，而 2010 年该比值达到 0.999，表明人为活动干扰对其影响越来越大。

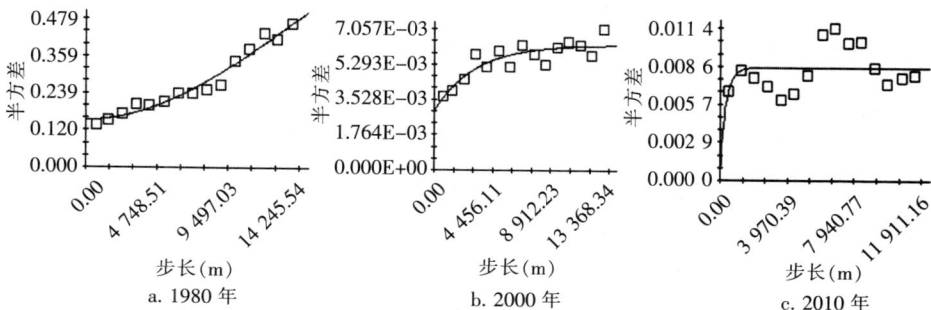

图 8 - 18　不同时期耕层土壤 pH 的半方差图

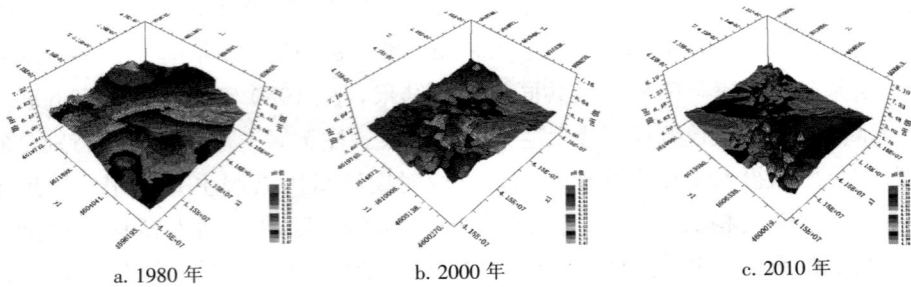

a. 1980 年   b. 2000 年   c. 2010 年

图 8-19   不同时期耕层土壤 pH 的 3D 图

8.6.3   不同时期土壤速 pH 的时空分布特征

研究区域 1980 年土壤 pH 平均值为 6.33，等级主要集中分布于 Ⅲ 级（7.0～7.5）、Ⅳ 级（6.5～7.0）、Ⅴ 级（6.0～6.5）和Ⅵ级（<6.0），其中Ⅴ级面积最大，为 4 206hm²，占研究区域总耕地面积的比例为 37.5%，次之为Ⅵ级，面积为 2 570hm²，所占比例为 22.9%，Ⅳ级面积为 2 304hm²，所占比例为 20.5%。从空间分布来看，表现出靠近城区 pH 主要为 7.0～7.5，比如临湖街道的大部分区域。王纲堡乡的 pH 主要集中在 6.5～7.0 和 6～6.5，其中北部地区杨孟达村、金大台村、张当村、拉他泡村主要集中于前者，南部大部分地区集中于后者。永乐乡的大部分区域 pH 集中于 6 以下，靠近东部区域在 6～6.5，整体表现出北部土壤显中性，南部土壤显酸性，从北到南土壤酸性逐渐增强（图 8-20）。

到 2000 年，土壤 pH 平均值为 6.30，等级主要集中于Ⅴ级，面积为 7 164 hm²，所占比例为 63.8%，可以看出，研究区域的 pH 区域酸化，Ⅳ级和Ⅵ级也占一定的比例，分别为 20.1% 和 16.0%。从空间分布可以看出，pH 小于 6 的区域主要集中于临湖街道的北部，靠近城区的区域，临湖街道的南部、王纲堡乡和永乐乡的北部主要集中于 6～6.5，而永乐乡南部的少部分地区 pH 达到 6.5～7.0，比如永乐乡的永乐村、小韩台村、奕古家子村、宝相屯村、二台子村、互助村（图 8-20）。

到 2010 年，土壤 pH 平均值为 5.92，等级主要集中分布于Ⅴ级和Ⅵ级，其中Ⅵ级面积最大，为 6 599hm²，所占比例为 58.8%。与 2000 年相比，酸化程度进一步加强。次之为Ⅴ级，面积为 3 587hm²，所占比例为 6.0%。虽然到 2010 年，研究区域整体区域酸化，但也有土壤 pH 增大到 7.0～7.5，面积为 344hm²，所占比例为 3.1%。从空间分布来看，临湖街道和王纲堡乡的大部分区域的 pH 都小于 6.0。永乐乡的土壤 pH 在 6.0～7.0，pH 最高的区域出现在永乐乡的小韩台村、奕古家子村、二台子村（图 8 - 20）。

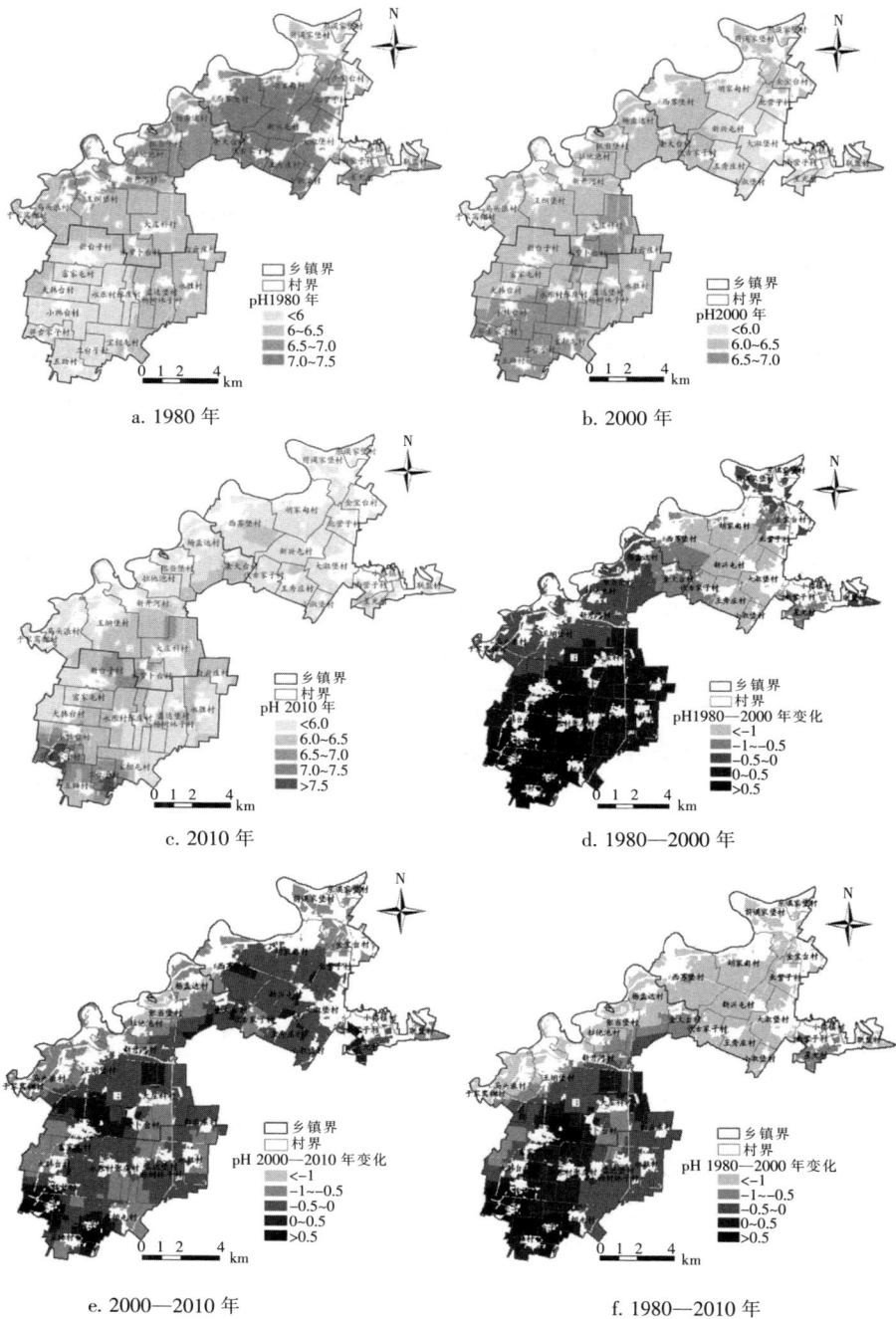

a. 1980 年

b. 2000 年

c. 2010 年

d. 1980—2000 年

e. 2000—2010 年

f. 1980—2010 年

图 8 - 20　1980—2010 年 pH 分布及变化图

从不同区域的对比研究可以看出，临湖街道 1980 年的土壤 pH 等级主要集中分布于Ⅲ级，面积为 2 110hm²，所占比例为 18.8％，Ⅳ级和Ⅴ级也占一定比例，面积分别为 763hm² 和 296hm²，所占比例分别为 6.8％和 2.6％。到 2000 年，土壤 pH 等级主要集中分布于Ⅴ级和Ⅵ级，其中Ⅵ级的面积最大，为 1 686hm²，所占比例为 15.0％，Ⅴ级次之，面积为 1 482hm²，所占比例为 13.2％，1980—2000 年，土壤 pH 趋于下降。到 2010 年，土壤 pH 等级主要集中分布于Ⅵ级，面积为 2 904hm²，占研究区域耕地总面积的比例为 25.9％。因此，1980—2000 年，土壤 pH 趋于下降，土壤开始酸化，2000—2010 年比 1980—2000 年下降的幅度要更大。

王纲堡乡 1980 年土壤 pH 等级主要集中于Ⅳ级和Ⅴ级，Ⅴ级面积最大，为 2 007hm²，所占比例为 17.9％，Ⅳ级面积次之，为 1 541hm²，所占比例为 13.7％，土壤偏酸性。到 2000 年，土壤 pH 等级主要集中于于Ⅴ级，面积为 2 925hm²，所占比例为 26.1％ hm²，1980—2000 年，土壤 pH 趋于下降。到 2010 年，土壤 pH 主要集中于Ⅵ级，面积为 2 006hm²，比 2000 年增加了 1 893hm²，比 1980 年增加了 2 004hm²，次之为Ⅴ级，面积为 1 452hm²，所占比例为 12.9％，2000—2010 年，土壤酸化程度加深。

表 8-25　pH 分布统计表

地区	级别	含量范围	1980 年		2000 年		2010 年	
			面积 (hm²)	百分比 (％)	面积 (hm²)	百分比 (％)	面积 (hm²)	百分比 (％)
临湖街道	Ⅰ	≥8	—	—	—	—	—	—
	Ⅱ	7.5～8.0	—	—	—	—	—	—
	Ⅲ	7.0～7.5	2 110	18.8	—	—	—	—
	Ⅳ	6.5～7.0	763	6.8	—	—	—	—
	Ⅴ	6.0～6.5	296	2.6	1 482	13.2	263	2.3
	Ⅵ	<6.0	—	—	1 686	15.0	2 904	25.9
王纲堡乡	Ⅰ	≥8	—	—	—	—	—	—
	Ⅱ	7.5～8.0	—	—	—	—	—	—
	Ⅲ	7.0～7.5	31	0.3	—	—	—	—
	Ⅳ	6.5～7.0	1 541	13.7	544	4.8	124	1.1
	Ⅴ	6.0～6.5	2 007	17.9	2 925	26.1	1 452	12.9
	Ⅵ	<6.0	2	0.0	113	1.0	2 006	17.9

（续）

地区	级别	含量范围	1980 年		2000 年		2010 年	
			面积（hm²）	百分比（%）	面积（hm²）	百分比（%）	面积（hm²）	百分比（%）
永乐乡	Ⅰ	≥8	—	—	—	—	—	—
	Ⅱ	7.5～8.0	—	—	—	—	19	0.2
	Ⅲ	7.0～7.5	—	—	—	—	344	3.1
	Ⅳ	6.5～7.0	—	—	1 714	15.3	548	4.9
	Ⅴ	6.0～6.5	1 903	17.0	2 757	24.6	1 872	16.7
	Ⅵ	<6.0	2 568	22.9	0	0.0	1 689	15.1
合计	Ⅰ	≥8	—	—	—	—	19	0.2
	Ⅱ	7.5～8.0	—	—	—	—	128	1.1
	Ⅲ	7.0～7.5	2 141	19.1	0	0.0	216	2.0
	Ⅳ	6.5～7.0	2 304	20.5	2 258	20.1	672	6.0
	Ⅴ	6.0～6.5	4 206	37.5	7 164	63.8	3 587	32.0
	Ⅵ	<6.0	2 570	22.9	1 799	16.0	6 599	58.8

永乐乡土壤 pH 等级在 1980 年主要集中于Ⅴ级和Ⅵ级，耕地面积分别为 1 903hm² 和 2 568hm²，占研究区域总面积的比例分别为 17.0% 和 22.9%，土壤以酸性为主，而到了 2000 年，土壤 pH 等级主要集中分布于Ⅳ级和Ⅴ级，其中Ⅴ级面积最大，为 2 757hm²，所占比例为 24.6%，Ⅳ级次之，面积为 1 714hm²，所占比例为 15.3%，土壤 pH 逐渐增加。到 2010 年，土壤 pH 等级主要集中于Ⅴ级和Ⅵ级，面积分别为 1 872hm² 和 1 689hm²，所占比例分别为 16.7% 和 15.1%。但等级更高的Ⅲ级也占一定比例，为 3.1%，虽然 2000—2010 年土壤 pH 减小，趋于酸化，但是 1980—2010 年，土壤 pH 趋于增加，土壤酸碱度趋于中性。

从 pH 的空间变化趋势也有很强的规律特征，1980—2000 年，临湖街道 pH 下降幅度最大，在大于 1 和 0.5～1 之间，王纲堡乡土壤 pH 下降幅度在 0～0.5，而永乐乡大部分区域土壤 pH 呈现了上升的趋势，北部地区上升幅度在 0～0.5，南部部分地区上升幅度大于 0.5（图 8 - 20）。2000—2010 年，临湖街道的土壤 pH 继续下降，下降幅度主要集中于 0～0.5。王纲堡乡的部分地区下降幅度在 0.5～1，其余地区下降幅度在 0～0.5。永乐乡土壤 pH 也呈现下降趋势，下降幅度在 0～0.5，但也有部分区域土壤 pH 在上升，比如二台子村和羿古家子村（图 8 - 20）。1980—2010 年，临湖街道和王纲堡乡的北部地区土壤趋于酸化，土壤 pH 下降幅度大于 1，在王纲堡乡的南部地区和永乐乡的北部地区土壤 pH 下降幅度在 0～0.5，而永乐乡的永乐村、张庄村土壤 pH 普遍上升 0～0.5，新台子村、小韩台村、奕古家子村二台子村普遍上升幅度大于 0.5（图 8 - 20）。

表 8 - 26　耕层土壤 pH 变化分布

单位：hm²，%

时段	项目	含量差范围				
		<-1	-1～-0.5	-0.5～0	0～0.5	>0.5
1980—2010 年	面积	4 168	1 367	2 743	1 860	1 082
	占总面积百分比	37.15	12.18	24.45	16.58	9.64
1980—2000 年	面积	1 786	1 334	2 759	3 163	2 178
	占总面积百分比	15.91	11.89	24.59	28.19	19.41
2000—2010 年	面积	328	3 298	6 011	1 287	297
	占总面积百分比	2.92	29.39	53.57	11.47	2.64

从等级变化的统计分析可以看出，原有的Ⅲ～Ⅳ级主要变为Ⅵ级，面积分别为 1 933hm² 和 1 885hm²，占原有等级面积的 90%，原有的 Ⅴ 级中有 54.81% 下降到Ⅵ级，面积为 2 305hm²，可以明显看出，研究区域土壤酸化的情况是比较突出的，主要分布在近郊临湖街道的胡家甸村、新兴屯村、王秀庄村，研究区域中部王纲堡乡的张当堡村、拉他泡村、新开河村和王纲堡村等。

8.7　耕地土壤肥力质量时空演变规律

耕地在农业生产中扮演着重要的作用，它不仅是农业生产不可替代的最基本生产资料，而且是人类赖以生存和发展的生命线。其面积的大小以及耕地质量的高低，直接关系和决定着一个地区的经济建设、社会发展、生态环境质量和人民生活水平的提高。耕地质量演变是通过耕地质量短时期内的动态状况，描述长时间尺度上内在的和静态的能力，也是土壤质量演变规律研究的重要内容。只有通过两个或多个时段土壤现状的差异，才能真正阐明耕地肥力变化的真实情况，更好地评价土壤质量的方向和速率，反映土壤肥力质量时间序列上演化的趋势。本章将探讨耕地肥力质量变化并进行综合评价，分析其变化特征，为耕地可持续利用提供建议和参考。

表 8 - 27　1980—2010 年土壤 pH 等级面积变化

单位：hm²，%

1980年土壤 pH 等级	I 面积	I 比例	II 面积	II 比例	III 面积	III 比例	IV 面积	IV 比例	V 面积	V 比例	VI 面积	VI 比例	合计（1980年）面积	合计（1980年）比例
III	—	—	—	—	—	—	—	—	218.94	10.23	1 922.15	89.77	2 141.09	19.08
IV	—	—	—	—	—	—	—	—	418.1	18.16	1 884.5	81.84	2 302.6	20.52
V	—	—	—	—	—	—	163.71	3.89	1 737.29	41.30	2 305.22	54.81	4 206.22	37.49
VI	18.95	0.74	128.07	4.98	216.21	8.41	507.82	19.75	1 212.78	47.18	486.84	18.94	2 570.67	22.91
合计（2010）	18.95	0.17	128.07	1.14	216.21	1.93	671.53	5.98	3 587.11	31.97	6 598.71	58.81	11 220.58	100.00

（表头：2010 年土壤 pH 等级）

8.7.1 耕地肥力质量评价指标体系及评价等级

本研究采用国内外较为常用的土壤质量指数法，该方法利用不同时段的土壤质量指数，来评价区域耕地肥力质量的变化。因而指标的选取、权重的确定以及各指标的赋值就尤为重要。

土壤质量指数法，首先利用指标的统计性质，找相关的专家，根据他们意见来确定权重；利用指标的统计性质和特征确定的权重多属于信息量权重，该方法没有充分考虑指标本身的相对重要程度，如果单独应用此类方法得到的权重在耕地质量评价中是不适合的，也不是可行的，而利用专家知识或将二者结合确定权重是比较可靠和可行的。本研究主要采用后者。

（1）耕地肥力指标体系

本章主要研究耕地肥力质量的时空变化规律，主要选取了有机质、碱解氮、速效磷、速效钾和 pH 五个指标来表征耕地肥力质量。这个指标体系基本上比较全面地反映了土地的生产力水平。本研究依据 2011 年《苏家屯区耕地地力评价报告》，采用将专家经验和统计知识相结合的层次分析法来确定各指标的权重，结果见表 8-28。

表 8-28　各评价指标的权重

指标	有机质	碱解氮	速效磷	速效钾	pH
权重	0.356 8	0.201 4	0.157 2	0.102 4	0.182 2

（2）指标的标准化

耕地是在自然因素和人为因素共同作用下形成的一种复杂的自然综合体，它受时间、空间因子的制约。在现阶段，这些制约因子的作用还难以用精确的数字来表达。同时，耕地质量本身在"好"与"不好"之间也无截然的界限，这类界限具有模糊性，因此，可以用模糊评价法来计算单因素评价评语。

模糊数学的概念与方法在农业系统数量化研究中得到广泛的应用。模糊子集、隶属函数与隶属度是模糊数学的三个重要概念。一个模糊性概念就是一个子集，模糊子集 A 的取值自 $0\sim1$ 中间的任一数值（包括两端的 0 与 1）。隶属度是元素 x 符合这个模糊性概念的程度。完全符合时隶属度为 1，完全不符合时为 0，部分符合即取 $0\sim1$ 的中间值。而隶属函数 $\mu_A(x)$ 是表示元素 x_i 与隶属度 μ_i 之间的解析函数。根据隶属函数，对于每个 x_i 都可以算出对应的隶属度 μ_i。

应用模糊子集、隶属函数与隶属度的概念，可以将农业系统中大量模糊性的定性概念转化为定量的表示。对不同类型的模糊子集，可以建立不同类型的隶属函数关系。

根据模糊数学的理论，我们将选定的评价指标与耕地地力之间的关系分为戒上型函数、戒下型函数、峰值型函数以及直线型函数四种类型的隶属函数。

戒上型函数模型：

$$y_i = \begin{cases} 0 & u_i \leqslant u_t \\ 1/\left[1+a_i\ (u_i-c_i)\ 2\right], & u_i < c_i, \quad (i=1,\ 2,\ \cdots,\ m) \\ 1 & u_i \geqslant c_i \end{cases} \qquad (8-1)$$

式中，y_i 为第 i 个因素评语；u_i 为样品观测值；c_i 为标准指标值；a_i 为系数；u_t 为指标下限值。

戒下型函数模型：

$$y_i = \begin{cases} 0 & u_t \leqslant u_i \\ 1/\left[1+a_i\ (u_i-c_i)\ 2\right], & u_i > c_i, \quad (i=1,\ 2,\ \cdots,\ m) \\ 1 & u_i \geqslant c_i \end{cases} \qquad (8-2)$$

式中，u_t 为指标上限值。

峰值型函数模型：

$$y_i = \begin{cases} 0 & u_i < u_{t1}\ 或\ u_i > u_{t2} \\ 1/\left[1+a_i\ (u_i-c_i)\ 2\right], & u_{t1} < u_i < u_{t2}, \quad (i=1,\ 2,\ \cdots,\ m) \\ 1 & u_i = c_i \end{cases} \qquad (8-3)$$

式中，u_{t1}、u_{t2} 分别为指标上、下限值。

直线型函数模型：

$$y_i = au_i + b$$

式中，a 为系数；b 为常数。

对于前四种类型的隶属函数，可以用特尔菲法对一组实测值评估出相应的一组隶属度，并根据这两组数据拟和出隶属函数，也可以根据唯一差异原则，用田间试验的方法获得测试值与耕地地力的一组数据，用这组数据直接拟和隶属函数。对于研究区域主要采取前一种方法拟和隶属函数，具体步骤如下（以 pH 为例）：

第一，专家评估。

表 8 - 29　土壤 pH 隶属度值

pH	8.20	7.90	7.60	7.30	7.00	6.70	6.40	6.10	5.80	5.50	5.20
评估值	0.42	0.54	0.82	0.96	1.00	0.95	0.82	0.54	0.42	0.35	0.31

第二，用统计软件计算出参数 a、c。

$$a = 0.865\ 423\ ；\quad c = 6.996\ 127$$

第三，进行显著性检验。

第四，得到 pH 隶属函数。

$$y=1/\left[1+0.865\ 423\ (u\text{-}c)^2\right];\ c=6.996\ 127\ ;\ u_{t1}=5.051,\ u_{t2}=8.22$$

应用以上模糊评价法进行单因子评价，计算出研究区域各评价因子的隶属度如表 8-30 所示。

表 8-30　耕地地力评价指标隶属函数汇总表

函数类型	项目	隶属函数	c	u_t
戒上型	碱解氮（mg/kg）	$y=1/\left[1+4.115\times10^{-3}\ (u\text{-}c)^2\right]$	125.148 6	86.29
戒上型	速效磷（mg/kg）	$y=1/\left[1+2.593\times10^{-3}\ (u\text{-}c)^2\right]$	71.706 85	25.191
戒上型	速效钾（mg/kg）	$y=1/\left[1+1.371\times10^{-3}\ (u\text{-}c)^2\right]$	134.221 9	71.94
戒上型	有机质（g/kg）	$y=1/\left[1+1.843\ 8\times10^{-2}\ (u\text{-}c)^2\right]$	26.015 07	5.835
峰型	pH	$y=1/\left[1+0.865\ 423\ (u\text{-}c)^2\right]$	6.996 127	$u_{t1}=5.051,\ u_{t2}=8.22$

（3）耕地肥力质量综合指数

$$LQI=f\ (s_1,\ s_2\cdots,\ s_q) \tag{8-4}$$

耕地肥力质量综合指数 LQI 定义为土壤系列性质 s_1，s_2，$\cdots$，s_q 的函数，若把土壤性质与耕地肥力质量的关系简化为一种线性关系，则 LQI 可用公式（8-5）来表示，β_i 为权重，ε 是误差项：

$$LQI\cong\beta_0+\beta_1s_1+\beta_2s_2+\cdots+\beta_qs_q+\varepsilon \tag{8-5}$$

$$\Delta LQI=LQI_2-LQI_1 \tag{8-6}$$

式中，LQI 为耕地肥力综合质量指数，其大小就表示耕地肥力的综合肥力等级；LQI_2 和 LQI_1 分别表示不同时期的耕地肥力质量综合指数，根据不同时期的 LQI，可定量计算耕地综合肥力在时间上的变化。

（4）耕地综合肥力等级

根据研究区域在 1980 年以后的 30 年时间 LQI 的变化范围，将耕地综合肥力分为 5 个等级。

表 8-31　耕地综合肥力等级

LQI	0.6 以下	0.6～0.7	0.7～0.8	0.8～0.9	0.9 以上
肥力等级	Ⅴ	Ⅳ	Ⅲ	Ⅱ	Ⅰ

8.7.2　耕地肥力质量综合指数的时空变化特征

根据研究区域 1980 年，2000 年和 2010 年 3 个时期的耕地肥力质量综合指数，采用 Kriging 插值法得到了 3 个时期的耕地肥力质量综合指数空间分布图以及 1980—2010 年、1980—2000 年和 2000—2010 年耕地肥力质量综合指数变化分布图。

研究区域 1980 年耕地肥力质量综合指数平均值为 0.64，等级主要集中分布于Ⅲ级（0.7～0.8）、Ⅳ级（0.6～0.7）和Ⅴ级（0.6 以下），其中Ⅲ级面积最大，为 4 024hm²，占研究区域总耕地面积的比例为 35.87%，次之为Ⅴ级，面积为 3 625hm²，所占比例为 32.30%，Ⅳ级面积为 3 003hm²，所占比例为 26.76%，还有少量的Ⅱ级，面积为 569hm²，占研究区域总面积的5.07%。从空间分布来看，表现出靠近城区耕地肥力质量综合指数主要为0.7～0.8，比如临湖街道的大部分区域。王纲堡乡的耕地肥力质量综合指数主要集中在 0.8～0.9 和 0.9 以上，其中北部地区杨孟达村和金大台村、南部地区的于家窝棚村和大庄科村主要集中于前者，中西部地区的张当村、拉他泡村和马头浪村地区集中于后者。永乐乡的大部分区域耕地肥力质量综合指数集中于 0.6 以下，靠近北部区域在 0.6～0.7，整体表现出中部土壤耕地质量最高，北部次之，南部耕地肥力质量最低，从北到南耕地肥力质量逐渐下降（图 8 - 21）。

到 2000 年，耕地肥力质量综合指数平均值为 0.57，等级等级主要集中于Ⅴ级和Ⅳ级，其中Ⅴ级面积为 7 658hm²，所占比例为 68.25%，Ⅳ级面积为2 621hm²，所占比例为 23.36%，可以看出，研究区域的耕地肥力质量综合指数已经开始下降，Ⅲ级和Ⅱ级也占一定的比例，分别为 7.65% 和 0.74%。从空间分布可以看出，耕地肥力质量综合指数小于 0.6 的区域主要集中于临湖街道的中部大部分区域、王纲堡乡的西部靠近浑河边缘和永乐乡的中东部大部分地区，临湖街道的靠近城区边缘、王纲堡乡的中东部大部分区域和永乐乡的西南部小部分区域主要集中于 0.6～0.7，而临湖街道的东谟家堡村、前谟家堡村、金宝台村和联盟村的部分地区耕地肥力质量综合指数达到 0.7～0.8。

到 2010 年，耕地肥力质量综合指数平均值为 0.75，等级主要集中分布于Ⅲ和Ⅱ级，其中Ⅲ级面积最大，为 4 515hm²，所占比例为 40.24%。与 2000年相比，耕地肥力指数有一定程度的提高。次之为Ⅱ级，面积为 3 290hm²，所占比例为 29.33%。虽然到 2010 年，研究区整体肥力指数有一定的提高，但是Ⅳ级和Ⅴ级所占的比例分别是 14.91% 和 13.20%，还是存在一定比例的肥力水平较低的耕地。从空间分布来看，永乐乡和王纲堡乡的大部分区域的耕地肥力质量综合指数在 0.7～0.8 和 0.8～0.9。永临湖街道的耕地肥力质量综合指数小于 0.6 和在 0.6～0.7，耕地肥力质量综合指数最高的区域出现在永乐乡的小韩台村和大韩台村、临湖街道的东谟家堡村、前谟家堡村、金宝台村。

从不同区域的对比研究可以看出，临湖街道 1980 年的耕地肥力质量综合指数主要集中分布于Ⅲ级和Ⅳ级，面积分别为 1 153hm² 和 2 015hm²，占研究区域总面积的比例分别为 10.27％和 17.96％。到 2000 年，耕地肥力质量综合指数主要集中分布于Ⅴ级，面积为 2 309hm²，所占比例为 20.85％，还有少量的Ⅱ级、Ⅲ级和Ⅳ级，面积分别是 83hm²、442hm² 和 333hm²，所占比例分别是 0.74％、3.94％和 2.97％，1980—2000 年，耕地肥力质量综合指数趋于下降。到 2010 年，土壤耕地肥力质量综合指数仍主要集中分布于Ⅴ级，但面积有所下降，为 1 438hm²，占研究区域耕地总面积的比例为 12.82％。Ⅱ级和Ⅳ级耕地面积比例有所上升，分别是 3.60％和 8.11％，上升比例分别是 2.86％和 5.14％。因此，从总体来看，1980—2000 年，土壤肥力质量趋于下降，而 2000—2010 年在原有基础上有小幅的上升，上升的区域主要在靠近城区的东谟家堡村、前谟家堡村、金宝台村。

王纲堡乡 1980 年耕地肥力质量综合指数主要集中于Ⅲ级，面积为 2 525hm²，所占比例为 22.51％，Ⅱ级面积次之，为 569hm²，所占比例为 5.07％，还有少量的Ⅳ级和Ⅴ级，比例分别是 2.55％和 1.80％，土壤肥力水平要比临湖街道高，处于较高等级。到 2000 年，耕地肥力质量综合指数主要集中于于Ⅳ级和Ⅴ级，面积分别为 1 651hm² 和 1 514hm²，所占比例分别为 14.71％ 和 13.50％，而Ⅲ级所占的比例仅为 3.71％，1980—2000 年，下降了 18.8％，说明到 2000 年，王纲堡乡的耕地肥力水平也出现了明显的下降。到 2010 年，耕地肥力质量综合指数主要集中于Ⅲ级，面积为 1 973hm²，比 2000 年增加了 1 556hm²，次之为Ⅱ级，面积为 1 242hm²，所占比例为 11.07％，2000—2010年，土壤肥力水平有了一定的提升。

永乐乡耕地肥力质量综合指数在 1980 年主要集中于Ⅴ级，耕地面积分别为 3 423hm²，占研究区域总面积的比例分别为 30.50％，土壤肥力水平较低，而到了 2000 年，耕地肥力质量综合指数仍主要集中分布于Ⅴ级，耕地面积为 3 834hm²，所占比例为 34.17％，Ⅳ级次之，面积为 637hm²，所占比例为 5.68％，土壤肥力水平稳中有所下降。到 2010 年，耕地肥力质量综合指数主要集中于Ⅲ级和Ⅱ级，面积分别为 2 128hm² 和 1 644hm²，所占比例分别为 18.96％和 14.65％。而且还有少量的Ⅰ级耕地，面积为 260.96hm²，所占比例为 2.33％，说明 2000—2010 年永乐乡的耕地肥力水平得到了明显的提升。

表 8 - 32　耕地综合肥力指数分布统计表

地区	级别	含量范围（mg/kg）	1980 年		2000 年		2010 年	
			面积（hm²）	百分比（%）	面积（hm²）	百分比（%）	面积（hm²）	百分比（%）
临湖街道	Ⅰ	≥0.9	—	—	—	—	—	—
	Ⅱ	0.8~0.9	—	—	83.19	0.74	404.4	3.60
	Ⅲ	0.7~0.8	1 152.58	10.27	441.59	3.94	413.97	3.69
	Ⅳ	0.6~0.7	2 014.71	17.96	333.08	2.97	910.55	8.11
	Ⅴ	<0.6	—	—	2 309.43	20.58	1 438.37	12.82
王纲堡乡	Ⅰ	≥0.9	—	—	—	—	—	—
	Ⅱ	0.8~0.9	568.78	5.07	—	—	1 242.24	11.07
	Ⅲ	0.7~0.8	2 525.47	22.51	416.82	3.71	1 973.08	17.58
	Ⅳ	0.6~0.7	285.61	2.55	1 650.51	14.71	323.91	2.89
	Ⅴ	<0.6	201.79	1.80	1 514.32	13.50	42.42	0.38
永乐乡	Ⅰ	≥0.9	—	—	—	—	260.96	2.33
	Ⅱ	0.8~0.9	—	—	—	—	1 643.8	14.65
	Ⅲ	0.7~0.8	346.23	3.09	—	—	2 127.88	18.96
	Ⅳ	0.6~0.7	702.66	6.26	637.44	5.68	439	3.91
	Ⅴ	<0.6	3 422.75	30.50	3 834.2	34.17	—	—
合计	Ⅰ	≥0.9	—	—	—	—	260.96	2.33
	Ⅱ	0.8~0.9	568.78	5.07	83.19	0.74	3 290.44	29.33
	Ⅲ	0.7~0.8	4 024.28	35.87	858.41	7.65	4 514.93	40.24
	Ⅳ	0.6~0.7	3 002.98	26.76	2 621.03	23.36	1 673.46	14.91
	Ⅴ	<0.6	3 624.54	32.30	7 657.95	68.25	1 480.79	13.20

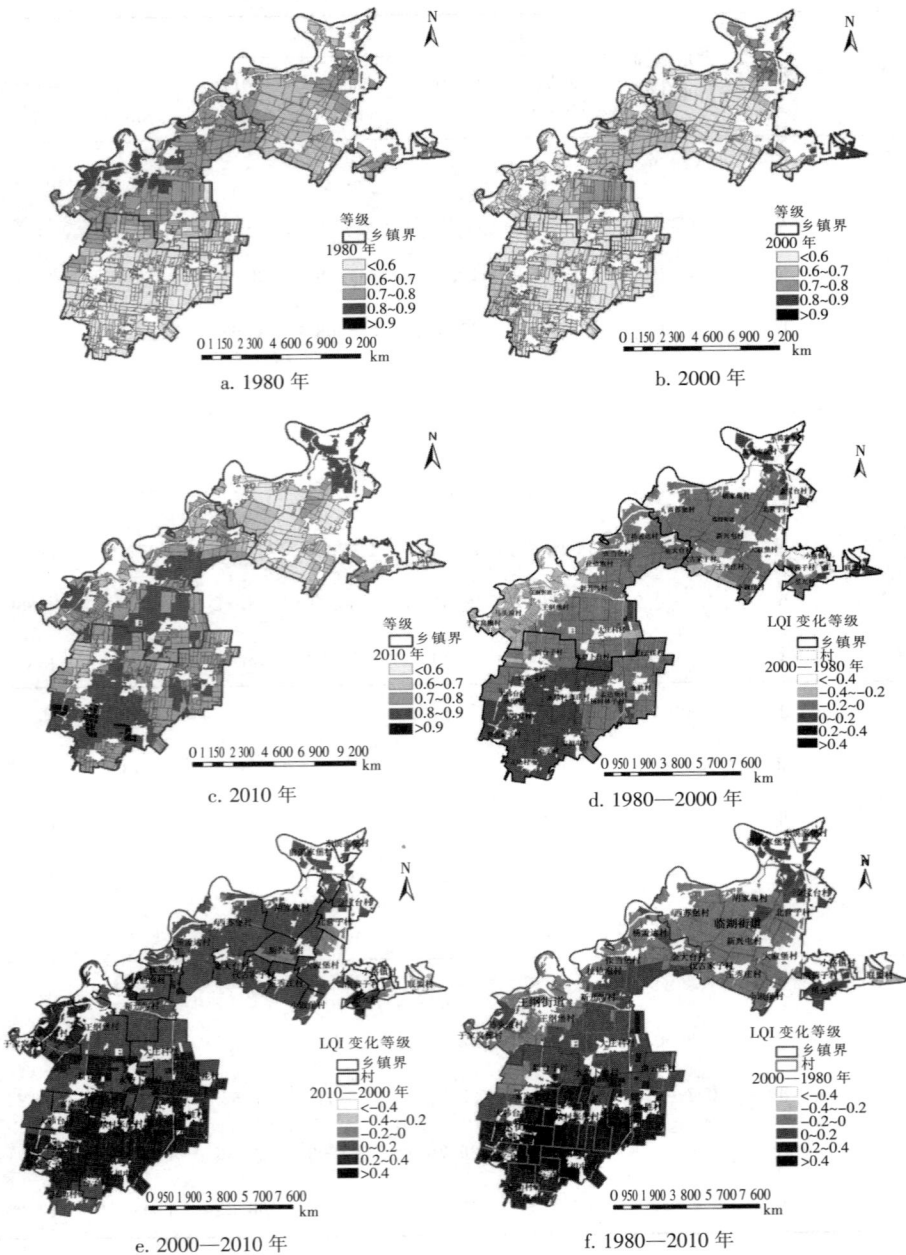

a. 1980 年

b. 2000 年

c. 2010 年

d. 1980—2000 年

e. 2000—2010 年

f. 1980—2010 年

图 8-21　1980—2010 年耕地质量分布及变化图

从耕地肥力质量综合指数空间变化趋势也有很强的规律特征（图 8-21），1980—2000 年，研究区域大部分区域处于下降，变化的幅度在 -0.2～0。王纲堡乡的西南部地区下降的幅度较大，在小于－0.4 的区间内。但也有部分区域呈现上升的趋势，包括永乐乡的中部和临湖街道的靠近城区的北部和南部，上升的幅度在 0～0.2。2000—2010 年，耕地肥力质量综合指数开始快速的上升，上升幅度最快的区域在永乐乡的中部区域和临湖街道的西南部区域，上升幅度在 0.2～0.4。但也有小部分区域出现了下降，下降的幅度是－0.2～－0.4 和小于－0.4，前者主要分布于永乐乡的北营子村和新兴屯村的少部分区域，后者主要分布与永乐乡的联盟村。剩余区域都呈现上升，上升的幅度在 0～0.2。1980—2010 年，近郊区临湖街道呈现了耕地肥力水平的下降趋势，远郊区永乐乡呈现肥力水平的上升趋势，而且距离城市距离越远，肥力水平上升的幅度越大。其中，临湖街道的大部分区域和王纲堡乡的西部和西北部普遍下降－0.2～0，王纲堡乡的南部和永乐乡的北部普遍上升幅度在 0～0.2，而永乐乡的南部大部分区域上升幅度在 0.2～0.4，有少部分区域上升的幅度已经超过了 0.4，包括永乐村、小韩台村、大韩台村和宝相屯村。

表 8－33 耕地综合肥力指数变化统计表

差值范围	1980—2010 年		1980—2000 年		2000—2010 年	
	面积（hm²）	百分比（%）	面积（hm²）	百分比（%）	面积（hm²）	百分比（%）
－0.4 以下	—		—		61.94	0.55
－0.4～－0.2	75.23	0.67	1 175.75	10.48	12.24	0.11
－0.2～0.0	4 014.5	35.78	7 157.29	63.79	360.87	3.22
0.0～0.2	3 800.61	33.87	2 881.35	25.68	6 533.23	58.23
0.2～0.4	2 568.05	22.89	6.19	0.06	4 241.85	37.80
0.4 以上	762.19	6.79	—		10.45	0.09

从不同等级的统计分析可以看出，Ⅱ等耕地中有 58.06% 下降到Ⅲ等地，面积为 330.25hm²，还有少部分变为Ⅳ等，面积为 30.55hm²，占原等别的比例为 5.37%。Ⅲ等地提升为Ⅱ等地的面积较为明显，面积为 1 273.9hm²，所占比例为 31.66%。而低等别的Ⅳ等地继续下降为Ⅴ等地的面积较大，为 1 194.79hm²，而原Ⅴ等地主要提升为Ⅲ等地和Ⅱ等地，面积分别是 1 671.2 hm² 和 1 519.57hm²，所占比例分别是 46.11% 和 41.92%。还有少量的耕地被直接提升为Ⅰ等地，面积为 260.96hm²，主要分布在永乐乡南部的小韩台村和大韩台村。

表 8 - 34 1980—2010 年耕地综合肥力指数等级面积变化

单位：hm², %

1980年耕地质量等级	2010年耕地质量等级										合计（1980年）	
	I		II		III		IV		V			
	面积	比例	面积	比例	面积	比例	面积	比例	面积	比例	面积	比例
II	—	—	207.98	36.57	330.25	58.06	30.55	5.37	—	—	568.78	5.07
III	—	—	1 273.9	31.66	1 739.48	43.22	724.9	18.01	286	7.11	4 024.28	35.87
IV	—	—	288.99	9.62	774	25.77	745.2	24.82	1 194.79	39.79	3 002.98	26.76
V	260.96	7.20	1 519.57	41.92	1 671.2	46.11	172.81	4.77	—	—	3 624.54	32.30
合计 (2010)	260.96	2.33	3 290.44	29.33	4 514.93	40.24	1 673.46	14.91	1 480.79	13.20	11 220.58	100.00

8.8　本章小结

采用地统计学和 GIS 相结合的方法，选择自然条件相对均一的沈阳市郊区苏家屯区临湖街道、王纲堡乡和永乐乡三个区域为例，研究了工业化、城市化进程中，基于人文因素驱动下的 30 年来三个阶段（1980—2000 年、2000—2010 年、1980—2010 年）土壤有机质含量、碱解氮含量、速效磷含量、速效钾含量和 pH 的时空变异特征，为大城市边缘区土壤质量的管理和耕地的可持续利用提供科学依据。研究结果发现农户土地利用行为的变化对研究区域三个阶段的土壤有机质含量、碱解氮含量、速效磷含量、速效钾含量和 pH 的影响显著，最终导致研究区域耕地肥力质量出现了明显的变化。

第一，有机质含量空间分布及变化情况：1980 年土壤有机质等级以 Ⅱ 级（25～30g/kg）和 Ⅲ 级（20～25g/kg）为主，分别占总面积的 42.8% 和 25.8%，其中近郊临湖街道以 Ⅱ 级为主，研究区中部王纲堡乡及永乐乡的北部大片区域以 Ⅲ 级为主，整体北高南低；到 2000 年，土壤有机质等级仍 Ⅱ 级和 Ⅲ 级为主，分别占总面积的 49.0% 和 47.3%，与 1980 年相比，有机质呈现下降的趋势，其中大部分区域下降幅度在 0～5g/kg，但靠近近郊的临湖街道的北部区域下降幅度达到 5～10g/kg，而离中心城区最远的永乐乡的南部部分区域出现了小幅的上升，上升幅度在 0～5g/kg；到 2010 年，研究区域有机质含量继续下降，主要集中于 Ⅲ 级，占总面积的 84.1%。与 2000 年相比，临湖街道和王纲堡乡有机质含量普遍下降 0～5g/kg，永乐乡普遍上升了 0～5g/kg，与 1980 年相比，临湖街道和王纲堡乡北部部分片区普遍下降 5～10g/kg，王纲堡乡的中部、南部和永乐乡的北部部分地区下降幅度在 0～5g/kg，而永乐乡的中部和南部大部分地区出现了有机质的上升，上升幅度在 0～5g/kg。

第二，碱解氮空间分布及变化情况：1980 年土壤碱解氮含量等级主要集中分布于 Ⅲ 级（120～135mg/kg）、Ⅳ 级（105～120mg/kg）和 Ⅴ 级（90～105mg/kg），分别占总面积 13.6%、39.1% 和 47.3%，Ⅲ 级主要集中于王纲堡乡的中部，Ⅳ 级主要集中于王纲堡乡的北部和南部，Ⅴ 级主要分布于临湖街道和永乐乡，整体呈现中部高、南北低的分布格局；到 2000 年，土壤碱解氮含量也主要集中分布于 Ⅳ 级和 Ⅴ 级，分别占总面积 57.0% 和 37.3%，Ⅳ 级的面积有所扩大，主要分布于王纲堡乡、永乐乡的中部、北部和临湖街道的南部，Ⅴ 级主要分布在永乐乡的南部、王纲堡乡靠浑河一侧及临湖街道的中部，与 2000 年相比，研究区域普遍上升幅度为 0～15mg/kg，包括临湖街道、王纲堡乡的东部和永乐乡的中部、北部，出现下降的区域主要是在王纲堡乡的中部和西部地区，其中西部地区下降幅度达到 15mg/kg 以上；到 2010 年，土壤碱解氮含量等级主要集中分布于Ⅲ级和Ⅳ级，分别占总面积 60.1％和 23.6％，其中Ⅲ级主要分布于王纲堡乡的中南部和永乐乡的大部分区域，Ⅳ级主要分布于临湖街道和王纲堡乡的北部，与 2000 年相比，碱解氮含量普遍上升，上升幅度在 0～15mg/kg 和 15～30mg/kg，上升幅度较大是在王纲堡乡和永乐乡，上升幅度较小是在临湖街道，与 1980 年相比，土壤碱解氮含量普遍上升，永乐乡的上升幅度在 0～15mg/kg 和 15～30mg/kg，永乐乡的北部在 15～30mg/kg，中部和南部在 0～15mg/kg，永乐乡大部分区域上升幅度在 15～30mg/kg，有部分区域甚至上涨幅度大于 30mg/kg。

第三，土壤速效磷空间分布及变化情况：1980 年土壤速效磷等级分布于Ⅵ级（＜20mg/kg），占总面积 91.1％，部分较高区域分布于临湖街道靠近浑河一侧；到 2000 年，土壤速效磷主要集中于Ⅲ级（40～50mg/kg）、Ⅳ级（30～40mg/kg）、Ⅴ级（20～30mg/kg）和Ⅵ级，分别占总面积 16.4％、21.4％、22.0％和 35.2％，Ⅲ级分布于永乐乡中西部、Ⅳ级分布于永乐乡的南部，Ⅴ级分布永乐乡的中北部和王纲堡乡的中西部，与 1980 年相比，大部分区域速效磷含量平均上升幅度在 0～20mg/kg，永乐乡的中西部地区上升幅度达到 20～40mg/kg；到 2010 年，土壤速效磷等级分布主要集中分布于Ⅰ级（≥60mg/kg）、Ⅱ级（50～60mg/kg）、Ⅲ级和Ⅳ级，分别占总面积 24.5％、26.5％、27.9％和 16.0％，与 2000 年相比，大部分区域速效磷含量上升幅度在 20～40mg/kg，与 1980 年相比，临湖街道和王纲堡乡的上升幅度在 20～40mg/kg，永乐乡的上升幅度在 40～60mg/kg，中部部分区域甚至上升幅度大于 60mg/kg。

第四，土壤速效钾空间分布及变化情况：1980 年土壤速效钾含量等级主要分布于Ⅱ（160～180mg/kg）、Ⅲ（140～160mg/kg）和Ⅳ（120～140mg/kg）级，分别占总面积 34.7％、33.5％和 25.0％，速效钾含量空间分布从北向南依次降低；到 2000 年，土壤速效钾含量主要集中于Ⅴ级（100～120mg/kg）和Ⅵ级（＜100mg/kg），分别占总面积 47.5％和 44.9％，与 1980 年相比，土壤速效磷含量出现了显著下降的趋势，其中临湖街道和王纲堡乡的大部分区域下降幅度为大于 60mg/kg，王纲堡乡的南部和永乐乡的北部下降幅度在 30～60mg/kg，永乐乡的中南部地区下降幅度在 0～30mg/kg；到 2010 年，土壤速效钾含量等级主要分布于Ⅲ、Ⅳ和Ⅴ级，分别占总面积 32.6％、32.7％和 27.4％，空间上呈现出从北向南依次增长的趋势，与 2000 年相比，临湖街道和王纲堡乡的北部上升幅度在 0～30mg/kg，而王纲堡乡的南部和永乐乡的大部分区域上升幅度大于 30mg/kg。

第五，土壤 pH 空间分布及变化情况：1980 年土壤 pH 等级主要集中分布于Ⅲ 级（7.0～7.5）、Ⅳ级（6.5～7.0）、Ⅴ级（6.0～6.5）和Ⅵ级（＜6.0），分别占总面积 19.1％、20.5％、37.5％、22.9％，空间上 pH 从临湖街道→王纲堡乡→永乐乡逐渐降低，临湖街道的 pH 在 7.0～7.5，显中性，永乐乡 pH 小于 6.0，显酸性；到 2000 年，土壤 pH 等级主要集中于Ⅴ级，占总面积 63.8％，主要集中于王纲堡乡和永乐乡的北部，永乐乡的南部 pH 在 6.5～7.0，从北到南，pH 逐渐升高，与 1980 年相比，临湖街道靠近中心城区部分 pH 下降幅度大于 1，临湖街道的南部下降幅度在 0.5～1.0，王纲堡乡的 pH 下降幅度在 0～0.5，而永乐乡 pH 区域上升，其中永乐乡的北部上升幅度在 0～0.5，南部上升幅度大于 0.5；到 2010 年，土壤 pH 等级主要集中分布于Ⅴ级和Ⅵ级，所占比例分别为 32.0％和 58.8％，空间上越靠近城区，土壤 pH 越小，土壤显酸性，与 2000 年相比，大部分区域 pH 下降 0～0.5，与 1980 年相比，临湖街道和王纲堡乡的大部分区域 pH 下降幅度最大，大于 1，而永乐乡南部的部分区域土壤 pH 上升幅度在 0～0.5，甚至有的区域大于 0.5，表现出，越靠近中心城区，土壤 pH 下降幅度越大。

第六，耕地肥力质量综合指数空间分布及变化情况：1980 年耕地肥力质量综合指数等级主要集中分布于Ⅲ级（0.7～0.8）、Ⅳ级（0.6～0.7）和Ⅴ级（0.6 以下），其中Ⅲ级耕地面积最大，为 4 024.28hm²，占研究区域总耕地面积的比例为 35.87％，次之为Ⅴ级，面积为 3 624.54hm²，所占比例为 32.30％，Ⅳ级面积为 3 002.98hm²，所占比例为 26.76％。从空间分布来看，近郊区临湖街道的耕地肥力质量综合指数主要为 0.7～0.8，研究区域中部王纲堡乡的耕地肥力质量综合指数主要集中在 0.8～0.9 和 0.9 以上两个区间，而远郊区永乐乡的耕地肥力质量综合指数较低，大部分区域低于 0.6，整体呈现北高南低的空间分布规律。到了 2000 年，研究区域的耕地肥力质量综合指数已经开始下降，耕地肥力质量综合指数等级等级主要集中于Ⅴ级和Ⅳ级，其中Ⅴ级面积为 7 657.95hm²，所占比例为 68.25％，Ⅳ级面积为 2 621.03hm²，所占比例为 23.36％。从空间变化来看，王纲堡乡的西南部地区下降的幅度较大，在小于−0.4 的区间内，而临湖街道的大部分区域下降幅度在−0.2～0，但也有部分区域呈现上升的趋势，包括永乐乡的中部和临湖街道的靠近城区的北部和南部，上升的幅度在 0～0.2。到 2010 年，耕地肥力质量综合指数出现了快速提高的态势，特别是远郊区永乐乡的中部区域上升幅度在 0.2～0.4，同时也有部分下降的趋势，主要分布于近郊临湖街道的联盟村等，整体呈现出离市区越近耕地肥力质量综合指数下降的幅度越大，离市区越远耕地肥力质量综合指数上升的幅度越大，到 2010 年整体呈现南高北低的分布规律。

从以上的研究结果可以看出，研究区域土壤肥力质量在时间上和空间上都存在着显著的差异。从时间上，土壤有机质呈现下降的趋势，土壤碱解氮、速效磷含量呈现上升的趋势，土壤速效钾呈现先下降后上升的趋势，土壤 pH 呈下降趋势，原因在于通过第二次全国土壤普查后，研究区域大部分地区表现出缺氮和缺磷情况，是制约农业增产的主要因素，农户通过增施氮肥和磷肥达到了农业增产目的且效果明显，随着农户种植作物品种的增加，对于土壤中钾元素的消耗量增加，2000 年以后，农户开始增施钾肥，土壤 pH 的下降与农户大量施用氮肥有关。在空间上，离市区越近，土壤养分含量变化的幅度越大。这种演变特点明显与传统的耕地土壤肥力变化特点不同，传统的土壤肥力变化特征是距离城市越近，由于土地利用集约化程度较高，土壤肥力应趋于上升趋势，且变化幅度较小。形成这种变化特征与郊区农户种植作物种类、耕作和施肥方式、农业生产投入变化等因素密切相关，而这些因素的变化主要是由于农户所处的区位不同造成的，而区位的不同表示受工业化、城市化影响的不同以及由此产生的农户所处的社会经济、政策等外部环境的不同，最后导致土壤养分和土壤肥力的高低距离市区的不同而变化不同。

第九章　结论及政策建议

本章对前面各章的分析内容做一简要的总结和归纳，以期获得一些基本的研究结论，并在此基础上针对本研究蕴涵的对未来工业化、城市化进程中农户土地利用行为及耕地质量保护的制度和政策调整有益的认知做一些讨论。

9.1　结论

工业化、城市化的实质是一系列社会经济及政策因素的变化，这些因素的变化影响了农户土地利用行为的演替，最终导致耕地质量的时空演变规律。本研究以沈阳市郊区苏家屯区的临湖街道、王纲堡乡和永乐乡三个区域为研究对象，利用 1983—2015 年研究区域社会经济统计数据和 2010 年对研究区域 238 户农户调查数据，以及 1980 年、2000 年和 2010 年三期研究区域耕地土壤肥力数据，采用农户调查法、地统计学分析法、社会统计分析法、计量经济学、实验分析法等分析方法，从农户土地利用行为影响因素及传导机制、农户土地利用行为时空响应规律和农户土地利用行为对耕地质量变化影响机制等方面对工业化、城市化—农户土地利用行为—耕地质量三者之间的耦合关系进行研究。主要的研究结论如下：

第一，由于工业化、城市化进程改变了农户所处的外部环境和内部环境，其实质是由一系列的社会经济及政策因素的变化构成，其中外部环境包括城市规模的扩张、社会经济结构调整、农产品与生产资料价格改变、政策制度安排的变化等，内部环境包括农户拥有的土地、劳动力、资本、技术等生产要素数量的变化，把这些因素具体化为 12 个可以量化的影响因子，结果显示不同影响因子的作用方向、影响程度与显著性表现均有所不同。在这些因子的共同作用下，农户土地利用目标产生差异，直接导致农户土地利用行为时空变化规律。

第二，通过对研究区域社会经济统计数据研究表明，在时间上，研究区域农户集约边际相对较低的粮食作物的种植面积在逐渐减少，其利用程度和投入强度较低（集约利用度低）；集约边际相对较高的经济作物的播种植面积逐渐增加，其利用程度高和投入强度较大（集约利用度较高）。通过对研究区域农户调查研究发现，在空间上研究区域农户土地利用行为呈现近郊区是"以兼业为主、以农为辅型"的农户，农户以种植玉米等大田作物为主，土地利用程度低，土地投入强度小；研究区域中部的王纲堡乡的农户以种植玉米和陆地蔬菜为主，土地利用程度较高，土地投入强度较大；远郊区是"以农为主型"的农户。农户以种植陆地蔬菜和大棚蔬菜为主，土地利用程度最高，土地投入强度最大。农户土地利用行为从中心城区向外形成圈层结构，在空间上呈现"反屠能圈"式的分布模式，这是古典农业区位论的一种特殊的表现形式。

第三，农户对耕地质量变化和重要程度的关注程度较高，对于耕地所有权主体和质量保护责任主体的认知更加准确，农户对耕地质量保护前景的判断并不乐观，在改善耕地质量方式上的判断还存在一定的误区，但农户耕地质量保护意愿是较为强烈的。从不同区域的比较可以得出，农户耕地质量保护认知行为存在较为明显的差异，永乐乡农户耕地质量保护认知行为要好于临湖街道和王纲堡乡的农户。从影响农户耕地质量认知行为差异的因素分析中可以看出，土地调整次数、农产品价格、农户参与技术培训的次数和家庭中农业收入的比例4个变量是导致农户耕地质量保护认知行为差异的主要方面。其中土地调整次数主要影响农户耕地质量的认知、判断和意愿，农户参与技术培训次数主要影响农户耕地质量感知、认知和判断，同时从事农业生产的年期是影响农户耕地质量感知的主要因素，农资产品价格是影响农户耕地质量保护意愿的主要因素。农户对耕地质量认知、行为决策响应具有一定的一致性，对耕地质量保护政策认知与意愿是影响其行为决策响应的主要方面，不同区域在影响因素、作用方向和程度上都存在明显差异。

第四，研究区域农户土地利用行为变化与耕地土壤肥力质量变化有显著的相关关系，改种经济作物对土壤养分含量的提高有显著的正向影响；农户土地利用程度的提高，对土壤养分含量增加具有显著的负向影响；农户土地投入的增加，对土壤养分含量提高有显著的正向影响。由于农户土地利用行为对耕地土壤肥力质量的5个具体的肥力因子的作用方向和影响程度不同，造成耕地质量空间变异性的特征规律。

第五，通过对研究区域土壤采样点数据研究发现，在农户土地利用行为的影响下，在时间上，研究区域耕地土壤肥力质量中土壤有机质含量趋于下降，土壤pH趋于降低，均值从1980年的24.94g/kg和6.33，分别下降到2010年的22.80g/kg和5.92；碱解氮和有效磷的含量逐渐上升，均值从1980年的109.38mg/kg和11.46mg/kg，分别上升到2010年的126.80mg/kg和54.31mg/kg；速效钾含量先下降后上升，均值从1980年的149.58mg/kg，下降到2000年的103.62mg/kg，然后再上升到2010年的134.29mg/kg。从空间上看，土壤有机质含量、pH离市区越近，下降的幅度越大，离市区越远，下降的幅度越小；土壤速效养分含量离市区越近，上升的幅度越小，离市区越远，上升的幅度越大。

通过以上研究，从理论和实证两个方面揭示了工业化、城市化（实质上是社会、经济及政策因素的变化）—农户土地利用行为变化（实质是作物选择行为、土地利用程度行为和土地投入强度行为）—耕地质量（实质是耕地土壤肥力质量）三者之间的耦合关系。

9.2　政策建议

针对以上得到的研究结论，基于土地资源可持续发展理论，本研究认为要建立规范农户土地利用行为和保护耕地质量，首先，应深化土地制度改革，包括规范政府征地行为、完善土地承包制度、加速土地使用权的流转、促进土地的规模经营、稳定农户土地利用预期；其次，政府应通过农业宏观政策调控，例如调整农业生产结构、加强农业投入，采取补贴、保护价收购，控制农业基本生产资料的价格，减轻农户负担等措施，来提高农业生产比较利益；再次，健全农业生产社会化服务体系，通过农户的培训和加强技术推广，提高农户生产经营素质。

9.2.1　深化土地制度改革，稳定农户对土地利用收益预期

9.2.1.1　深化农村土地产权制度改革，稳定土地承包期

从调查研究中可以看出，土地作为农民生产和发展的最重要的资源基础，农户也希望通过对它增加长期性投资，能够持续利用以获得持久的效益。虽然现行的农村土地产权虽然已明确规定把农村土地承包期延长至 30 年，但是，随着工业化、城市化进程的加快，研究区域的土地被征收的频次也逐渐增加，农户的土地承包期经常被打断，不断地被调整。这样农户难以对土地形成合理预期，害怕其对土地的长期投资化为乌有，成为别人的"囊中之物"，便不会对土地进行长期性的投资，引发农户对土地进行掠夺性、粗放性的经营。因此，让农户对土地形成一个合理的预期，是促使农户对土地肥力维护的根本动力所在。要以法律的形式对农户的土地产权界限进行确认，同时要切实落实土地承包政策，稳定和延长农户对土地的承包期。

同时，从分析的结果可以看出，由于我国工业化、城市化进程的加快，大量城市周边的土地被征用，用于城市发展和工业建设用地，这样就造成了城市周边耕地产权的不稳定，在这种情况下，很多农户认为，保护耕地质量是没有

意义的，因为家里耕种的土地在未来几年内可能会被征用，现在保护耕地质量是浪费人力和物力。因此，应该通过规范政府的征地行为、划定永久基本农田等方式，确保城市周边耕地产权的稳定性，这样农户才敢于向土地中投入更多的人力和物力。

9.2.1.2 规范政府征地行为，适度控制城市规模的扩展

城市规模的扩展是工业化、城市化发展的必然结果，而城市扩展需要的土地资源主要来源于对城市周边农村集体土地的征收或征用，从研究区域的调查可以看出，在征收农村集体土地过程中，地方干部盲目性、随意性和侵害农民权益问题比较突出，造成城市周边大量优质耕地非农化，同时出现了失地农民、土地承包经营权不稳定和农户保护耕地积极性不高等问题。因此，在城市发展过程中，首先应通过制定合理的土地和城市发展的相关规划，严格控制城市规模的扩张。其次，在政府征收农村集体土地的过程中，应尊重农户知情权和土地承包经营权，通过建立完善的征地程序和有效的约束机制，避免政府滥用土地征用权。

9.2.1.3 积极引导耕地流转，适度扩大有经营能力农户的生产规模

在我国现行的农村土地分配制度中，土地一般按人口和劳动力平均分配，在利用规模上，农户占有的土地在总体上依然呈现高度平均化，土地细碎化现象严重。土地细碎化一方面造成了对大型农机具数量减少，技术状态严重下降，耕层变浅，犁底层上移以及土壤物理性状恶化，加大了土壤退化的可能性；另一方面，会制约农户对土地的投资欲望，限制农户投资能力的提高，甚至会造成土地撂荒问题的出现。随着工业化、城市化进程的加快，农村劳动力市场和土地资源流转市场的逐渐放开，在研究区域，兼业农户使大量的土地粗放利用，专业农户要扩大生产却难以承包到土地。因此，政府应该在研究区域建立新的资源配置方式，使兼业农户出让部分耕地，就能为专业农户扩大经营规模提供可能。建立农用地产权流转机制，采取一定的措施推动和加快耕用地流转，促进土地的规模经营，提高农用地集约经营水平，改善农用地质量，最终达到在利用中保护耕地的目标。

另外，从规模报酬所处的阶段来看，大城市郊区大部分农户的生产规模偏小，这就需要根据不同兼业程度农户的特点有选择地扩大农户的生产规模，这里主要是研究区中部和远郊区的农户。扩大生产规模需要的前提条件是：促进土地的适度集中。从目前的实践来看，建立完善的农地流转市场促进土地流转是一条有效的途径。首先，明确界定农村土地产权，这是农地顺利流转的前

提，应该以法律的形式明确界定农民承包的土地的权利，使农户真正享有对土地的占有权、使用权、收益权、处分权。其次，建立土地使用权流转机制，土地流转应当在当地政府组织下进行，遵循自愿和有偿的原则，确保土地流转的安全性。最后，政府要为农地流转提供各种服务，做一个服务型的政府，加大资本的投入。

9.2.2　完善农业宏观调控政策，提高农业生产比较收益

9.2.2.1　增加对农村的投入和经济刺激，降低农民务农的机会成本和提高农业生产的比较收益

根据农户土地利用行为时空演替规律的研究结论可以看出，农户土地利用行为在空间上呈现"反屠能圈"式的分布模式，其主要原因在于近郊区农户农户从事农业生产的积极性不高，其劳动力从事非农产业的收入要远高于农业生产。虽然近几年，国家采取农业税的减免、增加种植补贴，对促进农户从事农业生产的积极性发挥了很大作用。但要真正降低农民务农的机会成本，增加农民的收入，使农业这个产业具备财富积累能力，除要增加对农业的转移支付以外，还要增加对农业投入。首先，应该增加对农业硬环境——农业基础设施的投入，在充分了解农户对农业基础设施需求的意愿基础上，通过改善农村道路、农田水利设施等方面，为提高农作物的产量提供很好的物质基础。其次，应增加对农业软环境——农业技术推广的投入，加强农业技术的投入力度，提高技术推广的有效程度，提高农户对新技术的把握能力。通过以上两个方面，降低农民务农的机会成本。

另外，随着工业化、城市化进程的加快，研究区域的非农就业机会增加，劳动力机会成本的日益增加，农业与非农产业生产效益的反差越来越大，"种地不划算"是越来越多的农户农业经营积极性不高、动力不足的主要原因，兼营、抛荒可能增加，要么就是采取粗放经营，掠夺性地使用土地，结果造成土地肥力下降。因此，为了提高农户进行农业生产的积极性，就要提高耕地经营的比较效益，即建立一种能自动运行和发挥作用的利益驱动和调控机制，把耕地保护的目标要求融合到农户土地经营的分散行为中，使他们都在这只无形的手的协调指挥下，自觉地在耕地利用中实现有效地保护。

同时，从研究结果的分析可以看出，农产品价格的上升可以提高农户保护耕地质量的积极性，但是农产品价格的过快上涨又会增加城市居民的生活成本，因此国家对于农产价格的上涨进行了宏观调控。但现实的情况是农资产品价格处于一个过快上涨的趋势，农产价格还处于较低水平，两者存在较大的差

异，因此，农户的收入会受到很大程度的影响，这必然会影响到农户对于耕地质量保护的积极性。因此，如何制定更为合理的农产品和农资产品的价格机制就显得非常重要。

9.2.2.2 应进一步优化农业产业的合理布局，达到生态服务、景观文化和旅游观光功能相互协调发展的现代都市农业

本研究近郊区主要以种植大田作物为主，土地利用粗放，对都市居民来说，这样的土地利用方式有着更好的景观视觉美学效果，可以为都市居民营造田园城市景观起到积极的作用。同时，大田作物比蔬菜种植的水肥要投入少，有利于生态环境保护，因此，应该在农户现有土地利用方式的基础上，积极引导农户种植有观赏、休闲、科普价值和更高生态服务价值的大田作物、花卉、果园等。这样既可以保证都市农业的生态服务和景观功能的发挥，还可以通过都市居民到该区域的旅游观光，增加农户的收入，提高农民对于土地保护的积极性，有利于土地资源合理利用；对于研究区中部和远郊区域，主要以种植经济作物为主，土地利用程度高，土地投入强度大，而且陆地蔬菜和大棚蔬菜的种植已经初具规模，这样的土地利用方式为发展规模化生态农业和现代设施农业提供很好的基础，因此，应通积极引导当地的农户通过发展生态型的高效农业，特色种植业壮大农村经济，促进农户增收，实现对土地资源的保护和可持续利用。

9.2.3 健全农业生产社会化服务体系，增强农户获取农业收益的能力

加大科技投入和推广力度，特别是测土配方施肥技术的推广和应用大城市郊区农户纯技术效率都很低，这也是当前农土地利用效率的一个重要因素。提高纯技术效率关键是加大农业科技的投入，加强农业技术的推力度，提高技术推广的有效程度，提高农户对技术把握能力。因此，应该进一步加大农业科技投入推广力度，并通过送技术下乡活动以及电视、广播、报纸、网络等媒体进行农业科技宣传，提高农户对农业技术的把握能力。同时，要合理引导农户科学的进行土地投入，特别是对于肥料的科学投入，原因在于：一是作物增产曲线证实了肥料报酬递减律的存在。因此，对某一作物品种的肥料投入量应有一定的限度。在缺肥的中低地区，施用肥料的增产幅度大，而高产地区，施用肥料的技术要求则比较严格。肥料的过量投入，不论是哪类地区，都会导致肥料效益下降，以致减产的后果。因此，确定最经济的肥料用量是配方施肥的核心。二是作物生长所必需的多种营养元素之间有一定的比例。有针对性地解决

限制当地产量提高的最小养分，协调各营养元素之间的比例关系，纠正过去单一施肥的偏见，实行氮、磷、钾和微量元素肥料的配合施用，发挥诸养分之间的互相促进作用，是配方施肥的重要依据。三是在养分归还（补偿）学说的指导下，配方施肥体现了解决作物需肥与土壤供肥的矛盾。作物的生长，不但消耗土壤养分，同时消耗土壤有机质。因此，正确处理好肥料（有机与无机肥料）投入与作物产出、用地与养地的关系，是提高作物产量和改善品质，也是维持和提高土壤肥力的重要措施。

同时，从计量模型分析的结果可以看出，农业技术培训在农户耕地质量保护认知行为中发挥着重要作用。特别是研究区域目前正在推广的测土配方施肥技术，通过对农户的培训，使农户对自己耕种的耕地质量状况和耕地质量保护方式有了更为深刻的认识。但是，现有的农业技术推广还存在农户的积极性不高，基层农业技术推广部门缺少人力和物力，很难有效地开展农业技术推广活动等问题。因此，如何能将农业技术推广活动有效的开展，仍是现在农业部门急需要解决的一个现实问题。

参 考 文 献

毕芳英 . 2005. 耕地保护的 PSR 机理研究 . 武汉：华中农业大学 .

蔡基宏 . 2005. 基于农户模型的农民耕作行为分析 . 福州：福建师范大学 .

蔡运龙 . 2001. 土地利用土地覆被变化研究寻求新的综合途径 . 地理研究，20（6）：643 - 650.

曹东杰，顾玉泉，朱恩，等 . 2008. 上海市金山区耕地质量时空变化与提高途径 . 上海农业学报，24（1）：95 - 98.

陈风波 . 2005. 江汉平原农村经济发展与农户行为变迁 . 武汉：华中农业大学 .

陈海，王涛，梁小英，高海东 . 2009. 基于 MAS 的农户土地利用模型构建与模拟——以陕西省米脂县孟岔村为例 . 地理学报，64（12）：1448 - 1456.

陈海，杨维鸽，梁小英，王涛 . 2010. 基于 Multi-Agent system 的多尺度土地利用变化模型的构建与模拟 . 地理研究，29（8）：1519 - 1527.

陈军民 . 2010. 不同收入农户的基本特征分析——基于河北省某县 3 个村 259 户农户的调查 . 安徽农业科学，38（11）：5948 - 5951.

陈美球，彭云飞，周丙娟 . 2008. 不同社会经济发展水平下农户耕地流转——基于江西省 21 个村 952 户农户的 . 资源科学，30（10）：1491 - 1496.

陈美球，肖鹤亮，何维佳，邓爱珍，周丙娟 . 2008. 耕地流转农户行为影响因素的实证分析——基于江西省 1 396 户农户耕地流转行为现状的调研 . 自然资源学报，23（3）：369 - 374.

陈秧分，刘彦随，李裕瑞 . 基于农户生产决策视角的耕地保护经济补偿标准测算 . 2010. 中国土地科学，24（4）：4 - 8，31.

陈志刚，曲福田，韩立，高艳梅 . 2010. 工业化、城镇化进程中的农村土地问题：特征、诱因与解决路径 . 经济体制改革，（5）：93 - 98.

段德武，陈印军，翟勇，杨瑞珍，等 . 2011. 中国耕地质量调控技术集成研究 . 北京：中国农业科学技术出版社 .

方鹏，黄贤金，陈志刚 . 2003. 区域农村土地市场发育的农户行为响应与农业土地利用变化——以江苏省苏州市、南京市、扬州市村庄及农户调查为例 . 自然资源学报，18（3）：319 - 325.

冯艳芬，董玉祥，王芳 . 2010. 大城市郊区农户弃耕行为及影响因素分析——以广州番禺区农户调查为例 . 自然资源学报，25（5）：722 - 734.

冯艳芬，王芳，杨木壮 . 2010. 基于农户行为的耕地利用影响评价方案设计 . 安徽农业科学，38（9）：4729 - 4730，4780.

高海东，陈海，郜静，王涛 . 2009. 基于博弈论的农户土地利用行为研究——以陕西省米

脂县孟岔村为例 . 干旱地区农业研究，27（5）：245 - 250.

高艳梅，曲福田，张效军 . 2008. 工业化、城市化影响下的农地质量变化研究 . 中国农业资源与区划，29（2）：26 - 32.

高艳梅 . 2006. 工业化、城市化对农地质量影响研究 . 南京：南京农业大学 .

葛向东，彭补拙，濮励杰，等 . 2002. 长江三角洲地区耕地质量变化的初步研究——以锡山市为例 . 长江流域资源与环境，11（1）：47 - 51.

巩前文，张俊飚，李瑾 . 2008. 农户施肥量决策的影响因素实证分析——基于湖北省调查数据的分析 . 农业经济问题，（10）：63 - 68.

国家农用地分等定级估价办公室，国土资源部土地整治重点实验室 . 2007. 中国耕地质量保护研究进展 . 北京：地质出版社 .

韩长赋 . 2004. 我国工业化、城镇化进程中的土地问题 . 求实，（22）：6 - 10.

韩书成，谢永生，郝明德，淮励杰 . 2005. 不同类型农户土地投入行为差异研究 . 水土保持研究，（10）：83 - 86.

郝仕龙，李壁成，于强 . 2005. PRA 和 CIS 在小尺度土地利用变化研究中的应用 . 自然资源学报，20（2）：309 - 315.

洪波，陈浩 . 2007. 耕地非农化对粮食生产影响研究——基于耕地质量变化角度的分析 . 江西农业学报，19（4）：127 - 129.

胡豹 . 2004. 农业结构调整中农户决策行为研究 . 杭州：浙江大学 .

胡苏云，王振 . 2004. 农村劳动力的外出就业以及对农户的影响——安徽省霍山县与山东省牟平县的比较分析 . 中国农村经济，（1）：34 - 40.

虎陈霞，傅伯杰，陈利顶，连纲 . 2009. 黄土丘陵区农户生产决策行为和对土地政策的认知分析 . 生态环境学报，18（2）：554 - 559.

黄河清，潘理虎，王强，郑林 . 2010. 基于农户行为的土地利用人工社会模型的构造与应用 . 自然资源学报，25（3）：353 - 367.

江永红，宇振荣，马永良 . 2001. 秸秆还田对农田生态系统及作物生长的影响 . 土壤通报，32（5）：209 - 213.

靳艳艳 . 2009. 农地流转对农户农地投入的影响研究 . 武汉：华中农业大学 .

康云海 . 1998. 农户产业化中的农户行为分析 . 农业技术经济，（1）：6 - 11.

孔祥斌，李翠珍，梁颖，王洪雨 . 2010. 基于农户用地行为的耕地生产力及隐性损失研究 . 地理科学进展，29（7）：869 - 877.

孔祥斌，李翠珍，张凤荣，郧文聚 . 2010. 基于农户土地利用目标差异的农用地利用变化机制研究 . 中国农业大学学报，15（4）：57 - 64.

孔祥斌，刘灵伟，秦静，苗宇新 . 2007. 基于农户行为的耕地质量评价指标体系构建的理论与方法 . 地理科学进展，26（4）：75 - 85.

孔祥斌，刘灵伟，秦静基 . 2008. 基于农户土地利用行为的北京大兴区耕地质量评价 . 地理学报，（8）：856 - 868.

孔祥斌，张凤荣，王茹，徐艳 . 2003. 基于 GIS 的城乡交错带土壤养分时空变化及格局分析——以北京市大兴区为例.生态学报,23(11):2210-2218.

孔祥斌,张凤荣.2008.中国农户土地利用阶段差异及其对粮食生产和生态的影响.地理科学进展,27(2):112-119.

孔祥斌.2003.华北集约化农区土地利用变化及其可持续评价——以河北省研究区域为例.北京:中国农业大学.

孔祥斌.2012.区域农户土地利用转型对耕地质量的影响.北京:科学出版社.

赖存理.2000.农村劳动力流动及其对土地利用的影响:以浙江为例的分析.浙江学刊,(5):81-85.

李保国.1995.土壤变化及其过程的定量化.土壤学紧张,23(2):33-42.

李翠珍,孔祥斌,秦静,李建春,马嵩.2008.大都市区农户耕地利用及对粮食生产能力的影响.农业工程学报,24(1):101-107.

李福兴.2002.我国西部地区耕地退化现状及其防治对策.水土保持学报,16(1):1-10.

李虹,章政,田亚平.2005.南方丘陵区水土保持中的农户行为分析——以湖南省衡南县为例.农业经济问题,(2):62-65.

李明艳,陈利根,马贤磊.2009.不同兼业水平农户土地利用行为研究——以江西省为例.江西农业学报,21(10):185-188.

李涛,孔祥斌,梁颖,秦静.2010.基于农户决策行为的耕地质量评价理论与方法构建.中国农业大学学报,15(3):101-107.

李文卓,谢永生,刘涛,赵连武,何毅锋.2009.黄土高原沟壑区农户土地利用结构变化与效益分析.水土保持研究,16(3):159-163.

李效顺,曲福田,谭荣,姜海,蒋冬梅.2009.中国耕地资源变化与保护研究——基于土地督察视角的考察.自然资源学报,(3):387-401.

梁流涛,曲福田,诸培新,马凯.2008.不同兼业类型农户的土地利用行为和效率分析——基于经济发达地区的实证研究.资源科学,10(15):25-15,32.

刘洪彬,王秋兵,等.2012.农户土地利用行为特征及其影响因素研究.中国人口资源与环境,22(10):111-117.

刘洪彬,王秋兵;董秀茹,等.2012.城乡结合部区域农户土地利用行为差异及其政策启示——以沈阳市苏家屯区238户农户调查为例.经济地理,(5):113-119.

刘洪彬,于国锋;王秋兵,等.2012.大城市郊区不同区域农户土地利用行为差异及其空间分布特征——以沈阳市苏家屯区238户农户调查为例.资源科学,(5):879-888.

刘小平.1999.县级耕地质量经济评价的理论与方法研究——以江苏扬中市为例.地域研究与开发,18(2):22-28.

刘友兆,马欣,徐茂.2003.耕地质量预警.中国土地科学,17(6):9-12.

鲁彩艳,陈欣,史奕,等.2005.东北黑土资源质量变化特征研究概述.农业系统科学与综合研究,21(3):182-184.

马骥,蔡晓羽.2007.农户降低氮肥施用量的意愿及其影响因素分析——以华北平原为例.中国农村经济,(9):9-16.

马玲玲 . 2010. 半干旱地区基于遥感与农户调查的耕地撂荒原因探究——以内蒙古和林格尔县为例 . 呼和浩特：内蒙古师范大学 .

马鹏红，黄贤金，于术桐，邬震 . 2004. 江西省上饶县农户水土保持投资行为机理与实证模型 . 长江流域资源与环境，13（6）：568 - 572.

马玉芳 . 2008. 毛乌素沙地农户土地资源利用行为及对荒漠化影响研究 . 北京：北京林业大学 .

满明俊，李同昇 . 2010. 农户采用新技术的行为差异、决策依据、获取途径分析——基于陕西、甘肃、宁夏的调查 . 科技进步与对策，27（15）：58 - 63.

梅建明 . 2003. 工业化进程中的农户兼业经营问题的实证分析——以湖北省为例 . 中国农村经济，（6）：58 - 66.

欧阳进良，宋春梅，宇振荣，张凤荣 . 2004. 黄淮海平原农区不同类型农户的土地利用方式选择及其环境影响——以河北省研究区域为例 . 自然资源学报，19（1）：1 - 11.

欧阳进良，宇振荣，张凤荣 . 2003. 基于生态经济分区的土壤质量及其变化与农户行为分析 . 生态学报，23（6）：1147 - 1155.

欧阳进良 . 2005. 农户土地利用持续性评价与政策选择——以河北省研究区域为例 . 北京：中国农业大学 .

秦明周，陈云增 . 2001. 快速城市化地区土地利用及其对土壤质量的影响——以广州市为例 . 农业现代化研究，22（2）：119 - 122.

秦明周 . 1999. 红壤丘陵区农业土地利用对土壤肥力的影响及评价 . 山地学报，17，（1）：71 - 75.

曲福田 . 2001. 经济发展与土地可持续利用 . 北京：人民出版社 .

曲福田 . 2011. 土地经济学 . 北京：中国农业出版社 .

屈艳芳，郭敏 . 2002. 农户投资行为实证研究 . 上海经济研究，（4），17 - 27.

戎晓红 . 2007. 雅安市雨城区退耕还林工程中农户行为分析 . 成都：四川农业大学 .

茹敬贤 . 2008. 农户施肥行为及影响因素分析——以河南新乡县为例 . 杭州：浙江大学 .

沈斌强 . 2007. 县域农用地标准样地体系构建与耕地质量监控研究——以广东潮安县为例 . 南京：南京农业大学 .

石彦 . 2009. 基于农户行为的耕地保护研究——以重庆市九龙坡区为例 . 重庆：西南大学 .

时旭辉 . 1997. 农村土地制度问题的调查与思考 . 中国农村经济，（2）：58 - 60.

宋建辉 . 2009. 农户经营行为与农业污染关系研究 . 保定：河北农业大学 .

宋乃平 . 2004. 农牧交错带农牧户土地利用选择机制及其环境效应 . 北京：中国农业大学 .

宋乃平 . 2007. 农牧交错带农牧户土地利用选择机制研究 . 北京：科学出版社 .

孙会首，黄贤金，钟太洋 . 2004. 区域农业市场化发展对水土流失的影响——以江西省为例 . 长江流域资源与环境，13（6）：573 - 578.

孙亚清 . 2005. 风险、策略与制度演变路径：农户视角 . 北京：中国农业大学 .

谭淑豪，李力，徐挨辉，吴淑秀 . 2001. 经济改革背景下的区域土地退化研究——以江西省耕地退化为例 . 中国土地科学，15（3）：31 - 34.

谭淑豪，曲福田，黄贤金．2001．市场经济环境下不同类型农户土地利用差异及土地保护政策分析．南京农业大学学报，24（2）：140-144．

谭淑豪，谭仲春，黄贤金．2004．农户行为与土壤退化的制度经济学分析．土壤，36（2）：141-144．

唐毅，马礼．2007．一种度量耕地质量的新方法——以河北省沽源县为例．首都师范大学学报（自然科学版），28（6）：64-67．

王昉．2003．工业化、城镇化进程中的农村土地问题——对上海近郊农村的调查分析．上海经济研究，（3）：24-28．

王昉．2003．工业化、城镇化进程中的农村土地问题——对上海近郊农村的调查分析．上海经济研究．（3）：24-27，35．

王建革，陆建飞．1998．华北平原土壤肥力的变化与影响因素分析．农村生态环境，14（3）：12-16．

王利文．2003．北方生态脆弱地区土地可持续利用研究．中国农村经济，（12）：58-63．

王鹏，黄贤金，张兆干．2004．江西红壤区农业产业政策改革的农户行为响应与水土保持效果分析——以江西省上饶县村庄及农户调查为例．地理科学，24（3）：326-332．

王鹏，黄贤金，张兆干．2003．生态脆弱地区农业产业结构调整与农户土地利用变化研究——以江西省上饶县为例．南京大学学报（自然科学版），39（6）：814-821．

王鹏，田亚平，张兆干．2002．湘南红壤丘陵区农户经济行为对土地退化的影响——以祁东县紫云村为例．长江流域资源与环境，11（4）：370-375．

王强．2009．基于农户土地利用决策行为分析的鄱阳湖区耕地利用变化研究．南昌：江西师范大学．

王强．2009 基于农户土地利用决策行为分析的——鄱阳湖区耕地利用变化研究．南昌：江西师范大学．

王涛，陈海，白红英，高海东．2009．基于 Agent 建模的农户土地利用行为模拟研究——以陕西省米脂县孟岔村为例．自然资源学报，24（12）：2056-2066．

王卫，李秀彬．2002．中国耕地有机质含量变化对土地生产力影响的定量研究．地理科学，22（1）：24-28．

王效举，龚子同．1998．红壤丘陵小区域不同利用方式下土壤变化的评价和预测．土壤学报，35（1）：135-139．

王雨濛，吴娟，张安录．2010．我国耕地资源问题与实现有效保护的耕地补偿机制探讨．农业现代化研究，（1）：29-33．

魏卓．2005．北京山区农村劳动力转移对土地利用影响的实证研究．北京：中国农业大学．

邬震，黄贤金，章波，土鹏，刘长胜．2004．江西红壤区农户水土保持行为机理——以兴国县为例．南京大学学报（自然科学版），40（3）：370-377．

吴冲．2007．农户新技术选择行为的影响因素分析及对策建议．上海农村经济，（4）：16-18．

吴克宁，韩春建，孙志英，吕巧灵，付巧玲，李玲．2007．城市化过程中土壤肥力的时空变化分析．土壤通报，38（2）：242-246．

吴连翠，蔡红辉．2010．粮食补贴政策对农户种植决策行为影响的实证分析——基于安徽省17个地市421户农户的调查数据．经济与管理，24（7）：33-38．

吴群，郭贯成，刘向南，李永乐．2010．中国耕地保护的体制与政策研究．北京：科学出版社．

郗静 曹明明，陈海．2009．智能体模型在微观土地利用行为模拟中的应用及启示．地理与地理信息科学，25（4）：56-60．

刑安刚．2005．种植结构调整中的农户行为响应．武汉：华中农业大学．

许家伟，陈郁，乔家君．2010．基于田野调查的农户农业生产区位分析——以河南省巩义市吴沟村为例．河南科学，28（4）：501-504．

许经勇．2009．中国农村经济体制变迁60年研究．厦门：厦门大学出版社．

杨海龙，吕耀，焦雯君，阂庆文．2010．传统农业地区土地利用方式变化的驱动因子分析——基于贵州省从江县农户行为的实证研究．资源科学，32（6）：1050-1056．

杨海龙，吕耀，焦雯君，闵庆文．2010．传统农业地区土地利用方式变化的驱动因子分析——基于贵州省从江县农户行为的实证研究．资源科学，32（6）：1050-1056．

杨庆媛，周滔，张鹏飞，刘燕．2010．耕地保护社会约束机制建设探讨．创新，（4）：60-64．

杨维鸽，陈海，杨明楠，张波，庞国伟．2010．基于多层次模型的农户土地利用决策影响因素分析——以陕西省米脂县高西沟村为例．自然资源学报，25（4）：646-656．

杨维鸽．2010．基于CA-Markov模型和多层次模型的土地利用变化模拟和影响因素研究——以陕西省米脂县高西沟村为例．西安：西北大学．

姚洋．2000．集体决策下的诱导性制度变——中国农村地权稳定性演化的实证分析．中国农村经济，（2）：11-19，80．

余桂南．2008．农户耕地生产行为及影响因素研究——以内江市中区为例．成都：四川农业大学．

余振国，袭燕燕，李晓妹．2003．论耕地质量、种粮效益与我国粮食安全．资源开发与市场，（1）：3-6．

俞海，黄季棍，Scott Rozelle，Loren Brandt，张林秀．2003．地权稳定性土地流转与农地资源持续利用．经济研究，（9）：82-92．

俞海．2002．农地制度及改革对土壤质量演变的影响．北京：中国农业科学院．

翟文侠，黄贤金，张强．2004．WTO框架下我国产业升级与耕地质量保护研究．土壤，36（2）：136-140．

翟文侠，黄贤金．2005．农户水土保持行为机理：研究进展与分析框架．水土保持研究，12（6）：108-112．

翟文侠，黄贤金．2006．退耕还林政策实施的农户水土保持行为响应研究——以江西省丰城市梅林镇为例．云南地理环境研究，18（2）：33-39．

张国印，孙世友，张志鹏．2000．施肥耕作等农业措施对土壤质量的影响．河北农业科学，

4（3）：16－22.

张乐杰.2007.农户耕地利用与耕地保护研究——基于理论的探讨与伊宁市的实证.乌鲁木齐：新疆农业大学.

张丽君，黄贤金，钟太洋等.2005.区域农户农地流转行为对土地利用变化的影响——以江苏省兴化市为例.资源科学，27（5）：40－45.

张启明.1997.农户行为分析与农业宏观调控政策.中国农村经济，（6）：35－38.

张谦元，梁海燕.2010.西北地区土壤污染治理与制度完善.中国资源综合利用，（10）：52－56.

张晓平.1999.农村土地可持续利用的农户行为分析.河南大学学报（自然科学版），29（4）：61－64.

张晓山，李周.2009.新中国农村60年的发展与变迁.北京：人民出版社.

张衍毓，史衍玺，王静，刘庆，方琳娜.2008.基于RS和PRA的横山县耕地质量综合评价研究.测绘学报，33（2）：133－136.

张衍毓，王静，史衍玺，李玉环.2006.基于农户的耕地质量认识及其响应机制研究.资源科学，28（2）：74－81.

张银岭.2009.江汉平原耕地资源利用效率研究.武汉：华中农业大学.

张贞，魏朝富，李萍，倪九派.2009.四川盆地丘陵区农户行为对耕地质量的影响.农业工程学报，25（4）：230－236.

张忠明，钱文荣.2008.不同土地规模下的农户生产行为分析——基于长江中下游区域的实地调查.四川大学学报（社会科学版），154（1）：87－93.

赵登辉，丁振国.1998.农户经济行为的分析与土地可持续利用.中国人口·资源与环境，8（4）：51－55.

赵杰，赵士洞.2003.参与性评估法在小尺度区域土地利用变化研究中的应用——以科尔沁沙地勒甸子村为例.资源科学，25（5）52－57.

赵其国，周生路，吴绍华，等.2006.中国耕地资源变化及其可持续利用与保护对策.土壤学报，43（4）：662－672.

钟太洋，黄贤金，马其芳.2007.区域兼业农户水土保持行为特征及决策模型研究.水土保持通报，25（6）：96－100.

钟太洋，黄贤金，翟文侠.2005.政策性地权安排对土地利用变化的影响研究.南京大学学报（自然科学版），41（4）435－444.

钟太洋，黄贤金，翟文侠.2006."退耕还林"政策驱动下的农户土地转用决策及其土地利用变化影响研究.亚热带水土保，18（3）：8－11.

钟太洋，黄贤金.2007.农户层面土地利用变化研究综述.自然资源学报，22（3）：341－352.

钟晓兰，周生路，赵其国.2006.城乡结合部土壤污染及其生态环境效应.土壤，（2）：122－134.

周伟，曾云英，钟祥浩.2006.西藏农牧区农户土地决策与土地覆被变化研究.地域研究与开发，25（3）：85-89.

朱建强，刘文生，闫光荣．2010. 酒泉市耕地质量现状与测土配方施肥实证研究．农业科技与信息，（17）：37-38.

朱民，尉安宁，刘守英．1997. 家庭责任制下的土地制度和土地投资．经济研究，（10）：62-69.

朱文转．2009. 惠州市土壤污染特征及其空间格局分析．广州：中山大学.

诸培新 曲福田．1999. 农户经济行为、土地投入类型及土地资源可持续利用．中国农业资源区划，20（5）：44-47.

诸培新，曲福田．1999. 农户层次土壤侵蚀成本理论分析．生态农业研究，7（2）：9-13.

诸培新，曲福田．1999. 土地持续利用中的农户决策行为研究．中国农村经济．（3）：32-40.

Abizaid C，Coomes O T. 2004. Land use and forest fallowing dynamics in seasonally dry tropical forests of the southern Yucatan Peninsula，Mexico. Land UsePolicy，21（1）：71-84.

Adesina AA，Mbila D，Nkamleu G B. 2000. Econometric analysis of the determinants of adoption of alley farming by farmers in the forest zone of southwest Cameroon. Agriculture，Ecosystems & Environment，80（3）：255-265.

Alix-Garcia J，Janvry A D，Sadoulet E. 2005. A tale of two communities：Explaining deforestation in Mexico. World Development，33（2）：219-235.

Amacher G S，Hyde W F，Kanel K R. 1996. Household fuel wood demand and supply in Nepal's Terai and Mid-hills：choice between cash outlays and labor opportunity. World Development，24（11）：1725-1736.

Angelsen A. 1999. Agricultural expansion and deforestation modelling the impact of population，market forces and property rights. Journal of Development Economics，58（1）：185-218.

Angelsen A. 2001. Playing games in the forest：state-local conflicts of land appropriation. Land Economics，77（2）：285-299.

Annetts J E，Audsley E，Mayr T，et al. 2003. Modelling the spatial distribution of agricultural land use at the regional scale. Agriculture，Ecosystems & Environment，95（2-3）：465-479.

Bacon P J，Cain J D，Howm-d D C. 2002. Belief network models of land manager decisions and land use change. Journal of Environmental Management，65（1）：1-23.

Barbieri A，Bilsborrow R，Pan W. 2005. Farm Household Lifecycles and Land Use in the Ecuadorian Amazon. Population and Environment，27（1）：1-27.

Beek K J，Bennema J. 1972. Land evaluation for agricultural land use planning：an ecologicalthodology. Department of Soil Science and Geology，Agricultural University，Wageningen，the Netherlands.

Besley. Timothy. 1995. Properly Rights and Investment Incentives：Theory and Evidence from

China. The Journal of Policy Economy，103（5）：903－937.

Brown S，Shrestha B. 2000. Market-driven land-use dynamics in the middle mountains of Nepal. Journal of Environmental Management，59（3）：217－225.

Cellrich M，Baur P，Koch B，et al. 2007. Agricultural land abandonment and natural forest re-growth in the Swiss mountains：A spatially explicit economic analysis. Agriculture，Ecosystems & Environment，118（1－4）：93－108.

Charles W Schmidt. 1998. New problems caused by city expend. Environmental health perspectives，106（6）：114－121.

Chosh N. 2004. Reducing dependence on chemical fertilizers and its financial implications for farmers in India. Ecological Economics，49（2）：149－162.

Coxhead I，Shively G，Shuai X. 2002. Development policies，resource constraints，and agricultural expansion on the Philippine land frontier. Environment and Development Economics，7（3）：341－363.

Daniels，T. 1999. When city and country collide：managing growth in the metropolitan fringe. Washington：Island press.

David. J. 2002. Threatened and Endangered Species on U. S. Department of Defense Lands in the Arid West. USA Arid Land Research and Management，16：259－276.

Dijk T V. Scenarios of Central European land fragmentation. Land Use Policy，2003，20（2）：149－158.

Doran，J W. 2002. Soil health and global sustainability：Translating science into Practice. Agriculture. Ecosystem and Environment，88：119－127.

Duffy S B，Corson M S，Grant W E. 2001. Simulating land-use decisions in the La Amistad Biosphere Reserve buffer zone in Costa Rica and Panama. Ecological Modelling，140（1－2）：9－29.

Evah M uragea，Nancy K，et al. 2000. Diagnostic indicators of soil quality in productive and non-productive smallholder's fields of Kenya's Central Highlands. Agriculture Ecosystems & Environment，79：1－8.

Evans T P，Kelley H. 2004. Multi-scale analysis of a household level agent-based model of landcover change. Journal of Environmental Management，72（1／2）：57－72.

Evans T P，Manire A，Castro F D，et al. 2001. A dynamic model of household decision-making and parcel level landcover change in the eastern Amazon. Ecological Modelling，143（1－2）：95－113.

Fisher Monica，Shively Gerald. 2005. Can income programs reduce tropical forest pressure? Income shocks and forest use in Malawi. World Development，33（7）：1115－1128.

Fujisaka S，Bell W，Thomas N，et al. 1996. Slash-and-burn agriculture，conversion to pasture，and deforestation in two Brazilian Amazon colonies. Agriculture，Ecosystems & Environment，59（1－2）：115－130.

Gellrich M, Zimmermann N E. 2007. Investigating the regional-scale pattern of agricultural land abandonment in the Swiss mountains: A spatial statistical modelling approach. Landscape and Urban Planning, 79 (1): 65 - 76.

Geoghegan J, Villar S C, Klepeis P, et al. 2001. Modeling tropical deforestation in the southern Yucatan peninsular region: comparing survey and satellite data. Agriculture, Ecosystems & Environment, 85 (1 - 3): 25 - 46.

Gerald S, Stetano P. 2004. Agricultural intensification, local labor markets, and deforestation in the Philippines. Environment & Development Economics, 9 (2): 241 - 266.

Gideon Kruseman J B. 1998. Agrarian policies for sustainable land use: bio-economic modelling to assess the effectiveness of policy instruments. Agricultural Systems, 58 (3): 465 - 481.

Godoy R, O'neill K, Groff S. 1997. Household determinants of deforestation by Amerindians in Honduras. World Development, 25 (6): 977 - 987.

John L Pender, John M Kerr. 1998. Determinants of farmer's indigenous soil and water conservation investments in semi-arid India. Agricultural Economics, 19: 113 - 125.

Kaihura F B S, L K Kullaya M, Kilasara J B, Aune B R. 2003. Soil quality effects of accelerated erosion and management systems in three eco-regions of Tanzania. Soil & Tillage Research, 53: 59 - 70.

Kaoneka A R S, Solberg B. 1997. Analysis of deforestation and economically sustainable farming systems under pressure of population growth and income constraints at the village level in Tanzania. Agriculture, Ecosystems & Environment, 62 (1): 59 - 70.

Ketterings Q M, Wibowo T T, Noordwijk M V, et al. 1999. Farmers' perspectives on slash-and-burn as a land clearing method for small-scale rubber producers in Sepunggur, Jambi Province, Sumatra, Indonesia. Forest Ecology and Management, 120 (1 - 3): 157 - 169.

Korka Oru-ania C. 2002. Modelling farmers' land use decisions. Applied Economics Letters, 9 (7): 453 - 457.

Kristensen S P. 2003. Multivariate analysis of landscape changes and farm characteristics in a study area in central Jutland, Denmark. Ecological Modelling, 168 (3): 303 - 318.

Li, Guo, Scott Rozelle, Loren Brandt. 1998, . Tenure Land right and Farmer Investment Incentives in China. Agricultural Economics, (19): 63 - 71.

Lin J Y. 1992, . Rural Reforms and Agricultural Growth in China. The American Economic Review, 82: 34 - 51.

M Timm Hoffman, Simon Todd. 2000. A national review of land degradation in South Africa: The influence of Biophysical and socio-economic factors. Journal of Southern African Studies, 26 (4): 743 - 759.

Mahapatra K, Kant S. 2005. Tropical deforestation: a multinomial logistic model and some country-specific policy prescriptions. Forest Policy and Economics，7 (1)：1 - 24.

Maikhuri R K，Nautiyal S，Rao K S. 2001. Conservation policy-people conflicts：a case study from Nanda Devi Biosphere Reserve (a world heritage site)，India. Forest Policy and Economics，2 (3 - 4)：355 - 365.

Marlow Vesterby，Ralph E. 1991. Heimlich Land Use Demographic Change：Results from Fast-Growth Countries. Land Economics，67 (3)：279 - 291.

Meitens B，Sundea-lin W D，NdoyeEric O，et al. 2000. Impact of macroeconomic change on deforestation in South Cameroon：Integration of household survey and remotely-sensed data. World Development，28 (6)：983 - 999.

Mottet A，Ladet S，Coque N，et al. 2006. Agricultural land-use change and its drivers in mountain Landscapes：A case study in the Pyrenees. Agriculture，Ecosystems& Environment，114 (2 - 4)：296 - 310.

Muller D，Zeller M. 2002. Land use dynamics in the central highlands of Vietnam：a spatial model combining village survey data with satellite imagery interpretation. Agricultural Economics，27 (3)：333 - 354.

Mulley B G G，UnruhJon D. 2004. The role of off-farm employment in tropical forest conservation：labor，migration，and smallholder toward land in western Uganda. Journal of Environmental Management，71 (3)：193 - 205.

Niroula G S，Thapa G B. 2005. Impacts and causes of land fragmentation，and lessons learned from land consolidation in South Asia. Land Use Policy，22 (4)：358 - 372.

Odihi J. 2003. Deforestation in afforestation priority zone in Sudano-Sahelian Nigeria. Applied Ceography，23 (4)：227 - 259.

Omamo S W，William S J C，O bare G A，et al. 2002. Soil fertility management on small fauns in A frica：Evidence from Nakura District Kenya. Food Policy，(27)：159 - 170.

Overmans K P，Verburg P H. 2006. Multilevel modelling of land use from held to village level in the Philippines. Agricultural Systems，89 (2 /3)：435 - 456，22.

Overmars K P，Verburg P H. 2005. Analysis of land use drivers at the watershed and household Ievel：Linking two paradigms at the Philippine forest fringe. International Journal of Geographical Information Science，19 (2)：125 - 152.

Pan W K Y，Bilsborrow R E. 2005. The use of a multilevel statistical model to analyze factors influencing land use：a study of the Ecuadorian Amazon. Global& Planetary Change，47 (2 - 4)：232 - 252.

Pan W K Y，Walsh S J，Bilsborrow R E. 2004. Farm-level models of spatial patterns of land use and land cover dynamics in the Ecuadorian Amazon. Agriculture，Ecosystems & Environment，101 (2 - 3)：117 - 134.

Parks P J. 1995. Explaining irrational land use：Risk aversion and marginal agricultural land. Journal of Environmental Economics & Management，28 (1)：34 - 47.

Pichon F J. 1997. Settler households and land-use patterns in the Amazon frontier: Farm-level evidence from Educator. World Development, 25 (1): 67 - 91.

Qu Y. 2004. The farm household's choice of land use type and its effectiveness on land quality and environment in Huang-Huai-Hai Plain. Journal of Natural Resources (in Chinese), 19 (1): 1 - 11.

Rasul Colam, Thapa Copal B, Zoebisch Michael A. 2004. Determinants of land-use changes in the Chittagong Hill Tracts of Bangladesh. Applied Ceography, 24 (3): 217 - 240.

Reij C, Tappan C, Belemvire A. 2005. Changing land management practices and vegetation on the Central Plateau of Burkina Faso (1968 - 2002). Journal of Arid Environments, 63 (3): 642 - 659.

Romero H, IhI M, Rivera A. 1999. Rapid urban growth, land-use changes and air pollution in Santiago, Chile. Atmospheric Environment, 33 (24 - 25): 4039 - 4047.

Rudel T K, Coomes O T, Moran Emilio, et al. 2005. Forest transitions towards a global understanding of land use change. Global Environmental Change Part A, 15 (1): 23 - 31.

Ruerd Ruben A R. 2001. Technical coefficients for bioeconomic farm household models: a metamodeling approach with applications for Southern Mali. Ecological Economics, (35): 427 - 441.

S Barrett. 1991. Optimal soil conversation and reform of agricultural pricing policy. Journal of Development Econimics, (4): 167 - 187.

Sankhayan P L, Curung N, Sitaula B K, et al. 2003. Factors determining intercropping by rubber smallholders in Sri Lanka: a logit analysis. Agriculture, Ecosystems &. Environment, 94 (1): 105 - 116.

Scott M Swinton. 2002. Capturing household level spatial influence in agricultural management using random effects regression. Agricultural Economics, (27): 371 - 381.

Shepherd K D. 1998. Soil fertility management in west Kenya: Dynamic simulation of productivity, profitability and sustainability at different resource endowment levels. Agriculture, Ecosystems and Environment, (71): 131 - 145.

Shiar A J. 2002. Food security and land use deforestation in northern Guatemala. Food Policy, 27 (4): 395 - 414.

Shrotriya G C. 2000. Fertilizer promotion in fruit and vegetable crops. Fertilizer Marketing News, FAI, 31 (8): 172 - 175.

Sidibe A. 2005. Farm-level adoption of soil and water conservation techniques in northern Burkina Faso. Agricultural Water Management, (71): 211 - 224.

Simmons C S. 1997. Forest management practices in the Bayano region of Panama: Cultural variations. World Development, 25 (6): 989 - 1000.

Soini E. 2005. Land use change patterns and livelihood dynamics on the slopes of Mt. Kilimanjaro, Tanzania. Agricultural Systems, 85 (3): 306 - 323.

Staal S J, Baltenweck I, Waithaka M M, et al. 2002. Location and uptake integrated household and GIS analysis of technology adoption and land use, with application to smallholder dairy farms in Kenya. Agricultural Economics, 27 (3): 295 - 315.

Swinton S M. 2002. Capturing household-level spatial influence in agricultural management using random effects regression. Agricultural Economics, 27 (3): 371 - 381.

Tan S H, Heerink N, Qu F. 2006. Land fragmentation and its driving forces in China. Land Use Policy, 23 (3): 272 - 285.

Tasser E, Walde J, Tappeiner U, et al. 2007. Land-use changes and natural reforestation in the Eastern Central Alps. Agriculture, Ecosystems&Environment, 118 (1 - 4): 115 - 129.

Thapa K K, Bilsborrow R E, Murphy Laura. 1996. Deforestation, land use, and women's agricultural activities in the Ecuadorian Amazon. World Development, 24 (8): 1317 - 1332.

William K Y P. 2004. Farm-level models of spatial patterns of land use and land cover dynamics in the Ecuadorian Amazon. Agriculture, Ecosystems and Environment, (101): 117 - 134.

Wright L Eetal. 1993. LESA-Agricultural land evaluation and site assessment. Journal of Soil and Water Conservation.

Wu J, Adams R M, Kling C L, et al. 2004. From micro level decision to space change: an assessment of agricultural conserve. American Journal of Agricultural Economics, 86 (1): 26 - 41.

Xiao J, Shen Y, Ce J, et al. 2006. Evaluating urban expansion and land use change in Shijiazhuang, China, by using CIS and remote sensing. Landscape and Urban Planning, 75 (1 - 2): 69 - 80.

Zbinden S, Lee D R. 2005. Paying for environmental services: An analysis of participation in Costa Rica's PSA Program. World Development, 33 (2): 255 - 272.

图书在版编目（CIP）数据

基于农户微观视角下的耕地质量变化驱动机制研究 /
刘洪彬，吕杰，王秋兵著 . —北京：中国农业出版社，
2018.5

ISBN 978-7-109-24067-4

Ⅰ . ①基… Ⅱ . ①刘… ②吕… ③王… Ⅲ . ①耕地保
护—研究—中国 Ⅳ . ①F323.211

中国版本图书馆 CIP 数据核字（2018）第 078197 号

中国农业出版社出版
（北京市朝阳区麦子店街 18 号楼）
（邮政编码 100125）
责任编辑 刘明昌

中国农业出版社印刷厂印刷 新华书店北京发行所发行
2018 年 5 月第 1 版 2018 年 5 月北京第 1 次印刷

开本：700mm×1000mm 1/16 印张：14
字数：270 千字
定价：45.00 元
（凡本版图书出现印刷、装订错误，请向出版社发行部调换）